O RETORNO DA
ARQUITETURA SAGRADA

O RETORNO DA
ARQUITETURA SAGRADA

A Razão Áurea e o Fim do Modernismo

Herbert Bangs

Tradução:
BRUNO COSTA

Editora
Pensamento
SÃO PAULO

Título do original: *The Return of Sacred Architecture.*

Copyright © 2007 Herbert Bangs.

Publicado pela primeira vez nos USA por Bear & Co., uma divisão da Inner Traditions International.

Coordenação editorial: Denise de C. Rocha Delela e Roseli de S. Ferraz
Preparação de originais: Roseli de S. Ferraz
Revisão técnica: Newton Roberval Eichemberg
Revisão: Claudete Agua de Melo

Todas as fotografias foram tiradas pelo autor, salvo expressa indicação em contrário, e nesses casos o autor fez o máximo que pôde para obter direitos de copyright e obter permissão. Aqueles que, não obstante, acreditam poder reivindicar certos direitos deverão se dirigir a Inner Traditions International, Rochester, Vermont.

As imagens nas páginas 34, 41, 197 e 279 são cortesia da Wikimedia Commons, GNU Free Document License. Para uma cópia da licença GNUFDL, dirigir-se a http://en.wikipedia.org/wiki/GNU_Free-Documentation_license

Dados Internacionais de Catalogação na Publicação (CIP)
(Câmara Brasileira do Livro, SP, Brasil)

Bangs, Herbert, 1927 –
  O retorno da arquitetura sagrada : a razão áurea e o fim do modernismo / Herbert Bangs ; tradução de Bruno Costa. – São Paulo : Pensamento, 2010.

  Título original: The return of sacred architecture: the golden ratio and the end of modernism.
  Bibliografia.
  ISBN 978-85-315-1685-6

1. Arquitetura moderna – século 20 – Filosofia I Título.

10-08453   CDD-720.1

Índices para catálogo sistemático:
1. Arquitetura moderna : Filosofia   720.1

O primeiro número à esquerda indica a edição, ou reedição, desta obra. A primeira dezena à direita indica o ano em que esta edição, ou reedição, foi publicada.

Edição	Ano
1-2-3-4-5-6-7-8-9	10-11-12-13-14-15-16

Direitos de tradução para o Brasil
adquiridos com exclusividade pela
EDITORA PENSAMENTO-CULTRIX LTDA.
Rua Dr. Mário Vicente, 368 — 04270-000 — São Paulo, SP
Fone: 2066-9000 — Fax: 2066-9008
E-mail: pensamento@cultrix.com.br
http://www.pensamento-cultrix.com.br
que se reserva a propriedade literária desta tradução.
Foi feito o depósito legal.

Dedico este livro a todos os arquitetos e estudantes
de arquitetura que se encontram hoje tão confusos e
desorientados quanto eu mesmo estive um dia.
Espero que a minha experiência possa encurtar o seu caminho
para um entendimento adequado.

SUMÁRIO

A Catedral de Chartres.

PREFÁCIO

Depois de ler este livro apaixonante e mais significativo do que aparenta ser, é provável que você nunca mais dirija os olhos para a arquitetura, ou pense sobre ela, do mesmo modo que fazia antes.

Os arcos dourados do McDonald's.

A maioria de nós sabe que há algo de muito errado na arquitetura moderna. Grande parte dela é apenas feia; uma parte ainda maior é morta, vazia e tediosa. E quando enormes quantias de dinheiro são gastas em algum monumento, seja ele nacional, cívico, corporativo ou pessoal, o resultado é frequentemente uma desarmonia meramente decorativa e/ou uma "originalidade" pretensiosa e afetada.

Mas qual é a especificidade que distingue entre o bom, o ruim, o feio... e o disfuncional? Depois de ler este livro, você saberá. Você entenderá o que "funciona" e o que não funciona, assim como as *razões* para um caso e para o outro. Não é uma simples questão de opinião, com algumas opiniões, quem sabe, mais bem informadas do que outras. Entretanto, por mais politicamente correto que possa parecer pensar assim, por mais profundamente arraigado que esse clichê esteja em nossa psique coletiva,

9

é preciso destacar com muita ênfase que "a beleza *não* está totalmente nos olhos de quem vê".

Todos sabem que Marilyn Monroe era uma linda mulher e que Eleanor Roosevelt não era ("... totalmente nos olhos de quem vê", com certeza! Como tal absurdo criou raízes, ou, até mesmo, como chegou a ser proferido pela primeira vez?). A Nona Sinfonia de Beethoven é uma peça musical mais bela que o hino nacional dos Estados Unidos ["The Star-Spangled Banner"]. A Catedral de Chartres é uma construção mais bela que o Walmart ou o McDonald's da sua vizinhança. Se você não sabe isso – em suas entranhas, no seu coração, na sua alma – que Deus o ajude, porque ninguém mais poderá ajudá-lo.

É óbvio que poucas pessoas discutirão esse fato. Quando todos os espectadores contemplam em uníssono, não se trata mais de uma questão de opinião. Mas discernir os critérios objetivos com os quais esses julgamentos de natureza universal são feitos não é assim tão fácil, especialmente em um meio cultural que dá pouco valor às artes em geral e, na verdade, desconfia da emoção. A exposição clara e reveladora desses critérios e sua aplicação à arquitetura passada e presente é apenas um dos muitos fatores que distinguem *O Retorno da Arquitetura Sagrada* de alguns outros poucos livros que fornecem uma visão consistente sobre o assunto.

Por isso, a próxima questão se impõe por si própria: se existem critérios objetivos, se eles são conhecidos, por que uma parcela tão grande da arquitetura contemporânea é feia, morta ou afetada? Essa é, definitivamente, uma questão mais social e filosófica do que científica.

Não faz muito tempo a arquitetura era tipicamente a mais elevada e completa forma de expressão artística de uma civilização sofisticada. Ela proporcionava o arcabouço em cujo âmbito as outras formas de arte se manifestavam. Era para a arquitetura que a parte mais importante da criatividade de qualquer sociedade se direcionava; ela expressava, como um tesouro visível, a alma dessas sociedades. De fato, se não tivéssemos nenhuma história escrita, ainda assim poderíamos ter uma ideia muito boa da essência viva de qualquer civilização graças apenas à simples e cuidadosa observação de onde suas energias criativas eram aplicadas: a energia criativa do Antigo Egito foi para os seus templos, pirâmides e tumbas; a de Roma se destinou às estradas, aos projetos cívicos grandiosos e aos coliseus; e a nossa, hoje em dia, é canalizada para os elaborados sistemas de defesa contra mísseis das forças armadas e para os produtos descartáveis projetados para alimentar nossa cultura materialista acionada pela voracidade consumista.

Em uma era de progresso tecnológico sem precedentes, a arquitetura perdeu a sua posição até então predominante. Milhares de pessoas fazem peregrinações para conhecer as catedrais góticas europeias, o Taj Mahal e os templos da Índia, as pirâmides, os templos e tumbas do Egito. Mas ninguém vem aos Estados Unidos apenas para ver o Walmart ou a Wall Street (para a Disneylândia talvez, pobres tolos! Mas isso é outra história). Ninguém vai à França para conhecer os subúrbios de Paris, ou à Inglaterra para testemunhar os mais modernos conjuntos residenciais. Em nosso tempo de maravilhas de alta tecnologia e de triunfos do *design* – ônibus espaciais, computadores e Ferraris –, a estrutura moderna harmoniosa é uma raridade (em geral, é uma construção ou casa privada, muitas vezes seguindo algum estilo tradicional familiar, ou se baseando nele: em outras palavras, uma versão tecnologicamente sofisticada de algo enraizado no passado). Um edifício público que nos toca emocionalmente e que seja estritamente contemporâneo é algo ainda mais raro. E até mesmo os poucos que se qualificam para essa honrosa posição estão cercados por restrições. O brilho da superfície muitas vezes disfarça uma anatomia interna disfuncional; um edifício pode ter uma boa aparência, mas não cumpre a função para a qual foi projetado.

Em outras palavras, todos os observadores enxergam a "beleza" correta, mas é uma beleza apenas superficial. Herbert Bangs não hesita em criticar até mesmo as "vacas sagradas" da nova arquitetura, tais como Le Corbusier, Philip Johnson, Mies van der Rohe e, em menor grau, Frank Lloyd Wright, e suas cuidadosas análises provocam uma série de momentos de "eureka!" (Ah! Eu *sabia* que existia alguma falsificação ali! Só não conseguia apontá-la.)

Então, o que deu errado? Parte da resposta é formal: a Catedral de Chartres (na verdade, toda a arquitetura sagrada do passado) é construída sobre certos princípios matemáticos, harmônicos e geométricos demonstráveis. E até mesmo a arquitetura secular do passado, como uma mansão de campo ou um palácio renascentista, faz uso dos mesmos princípios, enquanto o Walmart e o McDonald's não. Enquanto isso, quase todos os arquitetos contemporâneos nem sequer aprenderam esses princípios, nada conheceram sobre eles e não dão nenhuma importância. A descrição de Bangs sobre o treinamento típico do arquiteto é particularmente esclarecedora.

A outra parte da resposta parece óbvia, mas não é. A arquitetura do passado que sobreviveu até hoje é ostensivamente religiosa (ou sagrada), enquanto praticamente toda a arquitetura contemporânea é laica. Isso, para os defensores da modernidade, é considerado como prova do Avanço da Aprendizagem, uma vez que a palavra *sagrado* se tornou pouco mais que um sinônimo educado, um eufemismo, para *supersticioso*. A arquitetura contemporânea – não importa quão feia, morta, enfadonha ou disfuncional ela seja – é "científica" e, portanto, representa um grande passo à frente na evolução humana.

Mas a distinção é ilusória; não se trata de um conflito entre superstição e razão, nem entre a ciência esclarecida de hoje e a credulidade primitiva e desacreditada, mas entre sistemas de crença antagônicos. O pseudoconflito foi resumido e solucionado de modo involuntário pelo subestimado e esquecido filósofo norte-americano, o presidente Calvin ("o Silencioso Cal") Coolidge, que declarou: "O homem que constrói uma fábrica constrói um templo; o homem que nela trabalha a venera, e cada trabalhador merece não desprezo e repreensão, mas reverência e louvor." E, em um estado de espírito semelhante: "Civilização e lucro seguem de mãos dadas."

Algumas linhas de diálogo cômico podem valer trezentas páginas de vigorosas análises sociológicas ou filosóficas. Em uma comédia de 1983, *Trading Places*, Dan Ackroyd interpreta um jovem executivo pretensioso, irascível e intolerante. A caminho do trabalho, numa limusine dirigida por um chofer, e acompanhado por seu pai e seu tio, ambos multimilionários gananciosos, a certa altura do diálogo ele afirma, exaltado: "Dinheiro não é tudo!"

"Cresça!", repreende seu tio.

Os velhos deuses foram destronados, e não é mais papel do arquiteto (ou, aliás, do artista, do poeta, do dançarino, do músico) invocá-los em cerimônias e rituais. O arquiteto não precisa mais recorrer à complexa geometria tridimensional para produzir o efeito emocional desejado. Sua tarefa foi simplificada, reduzida a duas dimensões, reduzida a um simples *slogan*: "O Sagrado Lucro Final pois a Igreja do Progresso é a única e verdadeira Igreja."

É pouco provável que Herbert Bangs seja a primeira pessoa a constatar e a lamentar a abrupta decadência artística e a redução da importância social da arquitetura, nem é o primeiro a abrir caminho em meio à verborragia dos jargões arquitetônicos-padrão para atingir a raiz do problema. Não faltam críticos, alguns deles eloquentes, bem informados e clamorosos (por exemplo, o Príncipe Charles e o falecido Lewis Mumford). Mas, ao contrário de Herbert Bangs, poucos falam com base em uma vida inteira de experiência profissional com a arquitetura. E são em número ainda menor aqueles que são capazes de fornecer um diagnóstico convincente... ou um prognóstico para uma eventual cura possível.

É evidente por si mesmo que uma nova era de iluminismo arquitetônico (ou de qualquer outro tipo) não será iniciada pelo Walmart, por Wall Street ou por Washington, D. C. Mas os princípios sobre os quais a arquitetura sagrada do passado se fundou são eternos, e não há nada que impeça as pessoas de terem acesso a eles novamente, de uma maneira adequada à nossa era, que é muito diferente e cuja orientação é tecnológica. O progresso tecnológico deveria ser um aliado da civilização, e não sua antítese.

Uma vez que tenha absorvido *O Retorno da Arquitetura Sagrada*, você compreenderá por que a grande arquitetura do passado ainda atrai e arrebata, e por que tão pouco da arquitetura moderna consegue fazer isso. Bangs é particularmente competente em analisar, descrever e ilustrar em detalhe os elementos específicos que fazem a boa arquitetura "funcionar", e sem os quais ela não o fará nem pode fazê-lo.

A arte importa. A arquitetura importa – ainda que não esteja mais na moda dizer isso. (A sessão do *New York Times* reservada às artes chama-se Artes e Lazer; imagine a balbúrdia que ocorreria se a sessão de ciência fosse chamada de Ciência e Gambiarras). Como G. I. Gurdjieff ensinou, impressões são "alimento"; tudo que absorvemos por meio dos nossos sentidos é alimento. Dizemos isso da boca pra fora quando afirmamos que a leitura "é alimento para o pensamento", mas isso deve ser entendido literalmente. Se nos alimentarmos apenas de lixo (*junk*) literário, teremos pensamentos *junk*; se mergulharmos nas imagens de violência, estupidez e sexo degradado que dominam os programas de TV e Hollywood, nossos centros emocionais serão insensivelmente afetados por elas. Viva e trabalhe dia após dia em lugares feios, mortos, enfadonhos e disfuncionais e sua psique, mais cedo ou mais tarde, sofrerá, ainda que a doença possa ser tão sutil que jamais se tornará consciente... em particular porque praticamente todas as pessoas no mundo moderno estão sujeitas ao mesmo massacre sensorial. Porém, se entendermos o que está em jogo, poderemos tomar medidas tanto defensivas como construtivas.

O Retorno da Arquitetura Sagrada apresenta informações indispensáveis e percepções raras e originais sobre a realidade da situação, mas também fornece ensinamentos práticos. Estes podem ser colocados em ação – ainda que seja em um grau modesto –, a princípio individualmente e, talvez, por fim, coletivamente. Enquanto isso, até que sejamos capazes de dar esses passos positivos, pelo menos poderemos nos lembrar (cada vez que estivermos sujeitos à onipresente propaganda da Igreja do Progresso) de que na entrada de cada edifício estão inscritas em letras bem acentuadas mas invisíveis a seguinte mensagem:

"O governo adverte: este edifício pode ser prejudicial à sua saúde. Entre por sua própria conta e seu próprio risco."

John Anthony West

John Anthony West é escritor, estudioso e pitagórico que pesquisa e escreve sobre o antigo Egito e a ciência sagrada egípcia desde 1986. Ele sustenta que o cerne da ciência sagrada egípcia revela uma compreensão dinâmica da harmonia e da proporção, a expressão daquilo que – na arte e na arquitetura – empolga e aperfeiçoa a natureza humana mais elevada. West é autor de muitos livros, entre eles *Serpent in the Sky: The High Wisdom of Ancient Egypt*[1] e *The Traveler's Key to Ancient Egypt: A Guide to the Sacred Places of Ancient Egypt.*

---

[1] *A Serpente Cósmica: A Sabedoria Iniciática do Antigo Egito Revelada*, publicado pela Editora Pensamento, São Paulo, 2009.

AGRADECIMENTOS

A rosa tem cinco pétalas e cinco sépalas, e o cinco – a união, ou casamento, do primeiro número feminino (2) com o primeiro número masculino (3) – é o número do amor. Assim, a rosa é a flor de Ísis, Afrodite e Vênus e foi associada, no pensamento cristão, à santa Maria Madalena. Sobreposta ao círculo, a simetria da rosa define o pentágono e a estrela de cinco pontas, cada qual, em suas proporções internas, exemplifica a razão áurea.

Eu gostaria de agradecer ao incansável apoio da minha mulher, Christine, que não apenas leu e releu o texto e me encorajou a continuar, mas também proporcionou-me um ambiente emocional e intelectual sem o qual eu não poderia seguir em frente.

Sinto-me em débito com David Durak, Susan Arfuso, Lois Alsop e a falecida Judy Van Hook, que leram o manuscrito em seus estágios iniciais, identificaram-se com ele e me estimularam a buscar um público mais amplo. Sou profundamente grato à inestimável ajuda do autor e egiptólogo John Anthony West, que leu o manuscrito de modo cuidadoso e crítico, ajudou-me a fazer as mudanças necessárias, e se manteve sempre positivo, colaborando e me auxiliando em todo o processo. Por fim, agradeço àqueles que a meu pedido fotografaram as construções que ilustram o texto: Robert Kuller; minha mulher, Christine; e minha neta, Farin Van Teagarden.

Lamento a infeliz predominância do modo de pensar lógico, racional e "masculino" que se expressa no sexismo de nossa linguagem, e, em parte, na linguagem deste

16

livro, o qual se opõe à compreensão intuitiva "feminina". Em geral, usei "Homem" como um sinônimo de humanidade, e como não há abreviação, ou um simples pronome, que se aplique a ambos os sexos, restringi-me ao uso habitual do pronome masculino *ele* em função de sua brevidade e o ritmo.

Embora eu tenha escrito a partir de uma perspectiva social e histórica eurocêntrica e cristã, as ideias aqui expressas são aplicáveis a sociedades contemporâneas de todo o mundo. A arquitetura moderna do Ocidente é apenas uma pequena parte da arquitetura mundial, mas a maneira científica e materialista de compreender a realidade desenvolveu-se como uma expressão de instituições peculiarmente ocidentais. Sob o violento ataque realizado pelos poderes militar, econômico e político do Ocidente, todas as culturas modernas sucumbiram aos pressupostos filosóficos sobre os quais se baseia o materialismo científico. As instituições do Oriente, independentemente do seu valor real, desabaram, e a arquitetura do Ocidente se tornou, num grau sem precedentes, a arquitetura do mundo.

Catedral de Chartres: Transepto sul e parede externa da nave.

1
INTRODUÇÃO: UMA REVELAÇÃO RADICAL

Catedral de Chartres à noite. (Fotografia reproduzida por cortesia da Catedral de Chartres.)

Há dez anos, eu e minha mulher viajamos para Chartres, uma pequena cidade a quase 97 quilômetros a sudoeste de Paris, para visitar a famosa catedral construída no início do século XIII. Quando chegamos, a catedral já havia fechado, mas sentados ao lado da janela de um pequeno café do outro lado da rua, vimos os holofotes se acenderem de repente sobre a fachada sul. O efeito foi espetacular. Até então, eu acreditava que a arquitetura científica e racional do século XX representava o ponto máximo do progresso arquitetônico. E, no entanto, nenhum edifício moderno ou pós-moderno que eu já tivesse visto ou estudado poderia ser comparado a essa maravilhosa criação. No dia seguinte, quando entrei na catedral e percorri seu interior banhado pela luz que entrava através dos vitrais, compreendi com certeza que tanto na escola como na prática eu não havia aprendido nada sobre o significado profundo e esotérico do espaço e da forma, que é a essência da arquitetura.

Quando eu era estudante, ensinaram-me que o projeto de um edifício era um "problema arquitetônico" que podia ser solucionado por meio de um processo de análise racional. O resultado seria um abrigo eficiente e econômico, ao qual a sensibilidade estética do arquiteto daria vida, de maneira a unir no edifício o útil ao agradável.

A Catedral de Chartres era a prova de que nada disso tinha sentido. Nenhum esforço fora feito para que ela fosse um abrigo econômico. Ela fazia limite com as bordas do possível, não se importava nem um pouco em ser agradável, mas arrebatava a imaginação e abria as portas para uma nova maneira de pensar, não apenas a respeito da arquitetura, mas também sobre o propósito e o sentido da vida.

À luz dessa percepção esclarecedora, debrucei-me sobre outras edificações do passado – até mesmo aquelas do passado recente –, examinando-as minuciosamente, e vi que a arquitetura "científica" que me ensinaram a venerar como um "admirável mundo novo" do projeto arquitetônico não passava do mais recente, e quem sabe, do último estágio de um longo processo de declínio. Mesmo os edifícios dos assim chamados velhos mestres do movimento modernista pareciam-me agora inferiores às melhores obras de seus predecessores e, em geral, passei a considerar a maior parte dos trabalhos dos arquitetos contemporâneos mal idealizada, enquanto os edifícios convencionais, as estruturas simples e utilitárias do nosso tempo, afiguraram-me uniformemente destituídas de beleza.

Percebo agora que a construção de um edifício como a Catedral de Chartres foi possível apenas em uma época que detinha um conjunto de princípios relativos à natureza da existência que eram muito diferentes dos nossos. Os princípios que governam as nossas sociedades não são, em geral, expressos dessa maneira: de fato, por que o seriam, uma vez que se pressupõe estarem eles acima dessas questões essenciais? Eles constituem as crenças comumente sustentadas, e sobre as quais nada se comenta, que estão por trás da expressão filosófica formal das ideias que elas representam. Constituem o pano de fundo, por assim dizer, da qualidade característica da arte, da religião e da tecnologia da época. Questionar a sua validade é questionar os valores essenciais da sociedade dentro da qual fomos criados e as "verdades" pelas quais nós existimos. É necessário um tremendo e extraordinário salto de imaginação para desafiá-los.

Hoje em dia, os princípios predominantes são expressões formais daquilo que se denomina materialismo filosófico ou "científico". Para um filósofo materialista, apenas o que pode ser medido e pesado é real, e acredita-se que essa realidade seja acessível à mente racional. O "paradigma", ou modelo, materialista do universo nega portanto a existência de qualquer outra realidade além da realidade material. Tudo aquilo que sempre foi da mais alta importância para o indivíduo – o significado e o propósito da vida, a continuação da existência após a morte, o amor desinteressado e as visões dos grandes místicos – é considerado irreal. As ideias sustentadas pelos antigos e transmitidas a nós por intermédio de Platão – e que afirmam a existência daquilo que, na falta de uma definição melhor, nós chamamos de realidade "espiritual" – são rejeitadas.

A postura filosófica tem importância direta para a prática da arquitetura. A negação de uma realidade espiritual e as constantes tentativas de se entender o mundo como um fenômeno puramente material são profundamente destrutivas, desprezando a ideia de que a atividade do arquiteto envolve muito mais do que a construção de um mero abrigo utilitário. A antiga função do arquiteto ou do artista era expressar, em uma forma material, suas intuições e seus vislumbres de uma realidade espiritualmente mais elevada, tornando assim essas percepções profundas acessíveis a outras pessoas. Na ausência de uma crença em uma realidade espiritual, o que tem sido proposto por teóricos modernos é que a função própria da arquitetura é ornamentar e decorar meros abrigos utilitários, tornando-os esteticamente mais agradáveis. A palavra *estética*, fria e distante, é amplamente usada no lugar de "beleza" ou "verdade", e serve para encobrir a fatal lacuna entre a

Arquitetura como arte.
Chartres: O Cruzeiro.

arquitetura como arte e a arquitetura da realidade material e mundana.

Embora a origem das atuais filosofias materialistas esteja apoiada no "Iluminismo" do século XVIII, até o início do século XX ainda havia uma tradição arquitetônica contínua, apesar de eclética. Nessa época, houve uma ruptura tão radical com o passado que merece ser chamada de revolução. Ela representou nada menos do que um esforço deliberado para descartar completamente a tradição e aplicar os princípios do materialismo científico ao projeto dos edifícios.

O impacto inicial foi estarrecedor. Os estudantes de arquitetura, nas décadas de 1940 e 1950, eram autênticos crentes, entusiastas, e, ao menos enquanto ainda estavam na faculdade, eram capazes de convencer a si mesmos de que eles, de algum modo, graças a um bom projeto, poderiam fazer do mundo um lugar melhor e mais belo do que aquele que viam ao seu redor. Hoje, cinquenta anos depois, parece que os sonhos desses arquitetos eram pateticamente ingênuos; as promessas do Modernismo se comprovaram ilusórias, e muitos deles aprenderam a venerar as obras do passado, mesmo aquelas dos arquitetos neoclássicos[1] e acadêmicos das Beaux Arts, que na época eles rejeitavam com desdém.

Hoje, é evidente que a revolução arquitetônica estava fadada ao fracasso, pois em nossa ciência, e na cultura científica e materialista promovida por ela, não há lugar para o reconhecimento filosófico da importância vital das artes e do arquiteto como um artista e um mago. De fato, se o paradigma materialista fosse plenamente sustentado pelas evidências, se não houvesse nem realidade espiritual nem propósito transcendental na existência, a beleza seria irrelevante e a nossa arquitetura estaria no caminho correto, preocupando-se apenas com questões de eficiência utilitária.

Os materialistas decidiram que a metafísica, o ramo da filosofia que procura explicar a natureza do ser e a origem do mundo, é irrelevante para investigação científica. No entanto, a decisão de ignorar a metafísica não se baseia em nenhum fato, sendo ela mesma uma metafísica negativa.

---

[1] *Beaux Arts architects*, no original. (N. do T.)

Aqueles que rejeitam intuitivamente essa visão desoladora precisam reconhecer que não se pode esperar nenhum avanço enquanto os arquitetos e a sociedade permanecerem apegados às premissas do paradigma materialista. Por mais de trezentos anos, esse paradigma manteve sua hegemonia sobre o pensamento ocidental, mas agora, como resultado da convergência entre o que eu chamo de "a outra tradição" e os avanços da investigação científica, já podemos prever o seu colapso. Os primeiros efeitos serão sentidos ainda durante a nossa vida: na verdade, eles já podem ser sentidos mesmo agora, e os próximos séculos, com o início da Era de Aquário, verão inevitavelmente o resultado de um enorme esforço de reestruturação da sociedade, da ciência e da religião. Esse empenho reconstrutivo resultará em uma revitalização da maneira pré-Iluminista e arcaica de perceber a realidade. Os efeitos desse "retorno do espírito" na arquitetura e nas outras artes serão profundos. Podemos esperar confiantes que a nova arquitetura será ecologicamente consciente; ela vinculará o homem às suas raízes instintivas, e expressará a ordem e harmonia do cosmos sob a forma de edificações e espaços.

2

A ARQUITETURA CIENTÍFICA DO SÉCULO XX

A revolução arquitetônica

Do Renascimento italiano até os primeiros anos do século XX, os projetos arquitetônicos foram dominados por imagens que tinham sua origem no passado distante. Primeiro a Roma antiga, e depois a Grécia, foram os modelos nos quais os arquitetos buscaram inspiração, mas, com o passar do tempo, cada cultura e cada período, do Egito ao Renascimento, foram usados como a base de uma mescla de estilos ecléticos que eram coerentes apenas por preservarem um remanescente do cânone de proporção e medida transmitido a nós pela Antiguidade.

Muitos daqueles edifícios ecléticos eram belos a seu modo, muitos eram adaptações cuidadosas de belos modelos, e muitos mostravam o talento extraordinário de artistas dedicados, mas, na ausência de uma tradição filosófica ou religiosa por eles aceita e compartilhada, não foi possível utilizar os materiais e técnicas do período para concretizar uma expressão arquitetônica em um estilo vigoroso, convincente e contemporâneo. À medida que a prática da arquitetura se distanciava do antigo cânone da ordem e da

24

proporção, construções belas se tornaram exceção em vez de regra, e a crescente feiura dos edifícios ecléticos construídos no passado recente continua a depreciar o tecido ambiental em que vivemos.

A Primeira Guerra Mundial tornou possível uma reavaliação radical não só da sociedade, que muitos consideravam responsável pela catástrofe, mas também dessa arquitetura eclética. Antes disso, o ecletismo era muito forte para estar sujeito a sucumbir a um desafio direto. À luz da desilusão do pós-guerra, ficou evidente que os vários estilos históricos não tinham muito a ver com os avanços do século XX promovidos pela cultura científico-industrial. Em resposta, vários arquitetos e *designers* foram inspirados a desenvolver uma nova e revolucionária abordagem tanto para a arquitetura como para as artes afins.

Particularmente influente foi um grupo de professores e estudantes de Bauhaus, uma escola de arquitetura e *design* estabelecida em Dessau, Alemanha, depois da Primeira Guerra Mundial. Entre eles estavam o fundador Walter Gropius; Ludwig Mies van der Rohe, posteriormente diretor; e Marcel Breuer, instrutor. O arquiteto francês Charles Edouard Jenneret, conhecido como Le Corbusier, desenvolveu de modo independente uma abordagem semelhante à de Bauhaus. O arquiteto norte-americano Frank Lloyd Wright também é considerado um modernista, mas as suas obras e seus escritos diferenciavam-se de maneira significativa dos europeus.

A abordagem básica de Bauhaus, a necessidade de reconhecer, e projetar com novos materiais e tecnologias, era perfeitamente razoável. Os professores e alunos de Bauhaus eram, além disso, guiados por um humanismo sincero, um desejo de melhorar o ambiente em que vivia o homem do século XX. Em uma época dominada por produtos industrializados, produzidos em massa, a Bauhaus não tentou recuperar o artesanato tradicional dos séculos anteriores, como o movimento das Artes e Ofícios havia feito na Inglaterra. Em vez disso, os artistas e arquitetos da

O trabalho e as ideias de três dos assim chamados mestres do Modernismo — Ludwig Mies van der Rohe, Le Corbusier e Frank Lloyd Wright — ainda servem de modelo e exemplo para seus sucessores. Sua fama estende-se muito além do mundo da arquitetura.

O edifício Bauhaus em Dessau, Alemanha, projetado por Walter Gropius. Todos os elementos da nova arquitetura que logo se espalharia pelo mundo são vistos aqui. Gropius, seu fundador e diretor, era judeu e foi obrigado a fugir quando os nazistas tomaram o poder. Ele foi substituído por Mies van der Rohe, que lutou para manter a escola aberta apesar da contínua hostilidade nazista. Mies (como costuma ser chamado) acabou seguindo Gropius para os EUA e a escola foi fechada. (Fotografia: cortesia de Wikimedia Commons.)

Bauhaus queriam aderir à tecnologia de produção industrial como fonte potencial de abundância em riqueza material e bem-estar. Pretendiam reproduzir padrões de alta qualidade por meio de máquinas, e assim garantir que os artefatos de sua civilização contemporânea fossem não apenas úteis, mas também belos. O entusiasmo com que consideravam as possibilidades da produção em escala industrial levou alguns arquitetos da Bauhaus até mesmo a imitar, com métodos manuais, os efeitos obtidos pelas máquinas. Le Corbusier chegou ao ponto de descrever uma casa como "uma máquina de morar".

A arquitetura moderna que se desenvolveu a partir desse programa foi apelidada de "Estilo Internacional", e passou a ser aplicada em todo tipo de estrutura. Estamos todos familiarizados com as torres de escritórios, blocos de apartamentos, escolas, armazéns e indústrias construídas de acordo com esse estilo. No entanto, ele não foi aceito sem oposição.

Tom Wolfe, que escreveu *From Bauhaus to Our House*, um livro engenhoso e perspicaz sobre o advento do Estilo Internacional na América do Norte, ficou impressionado tanto com o excesso de confiança e a arrogância daqueles que se tornaram seguidores do movimento como com a submissão de clientes persuadidos a aceitar construções projetadas em um estilo que, segundo o autor, não era o que os clientes estavam querendo e do qual na verdade nem sequer gostavam.[1] Wolfe provavelmente está certo tanto sobre a arrogância dos convertidos como sobre a reação dos clientes, mas não explica de modo adequado por que o estilo foi se consolidando, de triunfo em triunfo, até se tornar realmente internacional, dominando toda a prática da arquitetura.

Implícita nas teorias de Le Corbusier e dos fundadores de Bauhaus, e subentendida em suas inovações óbvias, estava a aplicação do racionalismo científico ao processo de *design*. Na nova arquitetura, somente aquilo que podia ser justificado pelo que se considerava compatível com a lógica "científica" podia se tornar parte do projeto. Dessa maneira, os arquitetos de Bauhaus e seus sócios expressavam em seus projetos a visão de mundo do materialismo científico do século XX. Uma vez que a nova arquitetura estava de acordo com o espírito da época, aqueles que se tornaram seus seguidores acreditavam com confiança que o futuro era deles. Sua certeza foi comunicada a clientes e críticos, os quais entenderam que opor-se ao novo estilo era o mesmo que declarar inferioridade cultural, e as comissões e a publicidade o apoiaram. Em vez de ser um produto acadêmico, como Tom Wolfe nos faria acreditar, a abordagem da Bauhaus foi escolhida pelos estudantes como uma perspectiva de importância especial e passou a ser exigida pelas faculdades. As escolas que não ofereciam ensino sobre o novo modo de *design* eram simplesmente negligenciadas pelos melhores alunos em potencial e, para sobreviver, foram obrigadas a adaptar-se. Ao fim do século XX, o Estilo Internacional havia se tornado o estilo de todo grande projeto arquitetônico.

O termo "moderno" foi aplicado à arquitetura científica que surgiu depois da Primeira Guerra Mundial; o termo "pós-moderno" foi aplicado a modificações posteriores, ocorridas depois da década de 1960. Esses termos, amplamente aceitos, são confusos, pois se referem a estilos e não a períodos.

O tempo passou e o moderno já não é mais moderno.

A expressão "Estilo Internacional" refere-se à arquitetura que surgiu principalmente da Bauhaus e da obra de Le Corbusier.

---

[1] Tom Wolfe, *From Bauhaus to Our House* (Nova York: McGraw-Hill, 1981).

Le Corbusier foi o mais importante arquiteto do século XX. Sua influência foi universal, e as ideias expressadas em sua obra e seus escritos continuam a dominar a prática da arquitetura contemporânea. Corbusier pode ou não ter sido um grande arquiteto, mas todos concordariam em que ele foi um grande polemista. (Fotografia reproduzida por cortesia da Fondation Le Corbusier. © 2006 Artists Rights Society [ARS], Nova York/ADAGP, Paris/FLC.)

Os arquitetos inovadores que fundaram a arquitetura modernista e o Estilo Internacional buscavam um claro rompimento com toda a tradição do Ocidente que os precedeu. Eles enfatizaram o uso de materiais industriais como o aço, o vidro e o concreto armado. Sustentavam que todos os materiais deviam ser usados sem apologia ou dissimulação, de uma maneira consistente com sua "natureza". Eles procuravam basear as plantas e projeções verticais de uma edificação proposta sobre uma análise lógica do programa. Empenharam-se em eliminar tudo o que considerassem desnecessário à função utilitarista; assim, extirparam ornamentos, molduras, cornijas meramente decorativas e telhados de duas águas. Procuravam a expressão visual do sistema estrutural e a expressão dos espaços interiores na fachada externa. Trabalhavam com grandes planos de superfícies simples. Usavam placas de vidro para quebrar a barreira entre o interior e o exterior, e projetavam espaços que fluíam um no outro. Tudo isso nos parece familiar atualmente, e até mesmo comum, mas era revolucionário naquela época. Os fundadores do Estilo Internacional estavam confiantes na esperança de que a sociedade poderia ser reconstituída por meio do planejamento científico de edifícios e artefatos bem feitos, produzidos em grande escala. Hoje, a confiança deles parece ingênua, mas naquele momento inspirou seus adeptos com uma fé apaixonada em sua missão. Mas à medida que essa fé e esse fervor evangélico foram desaparecendo, todo o movimento modernista passou a ser criticamente examinado. Os estilos pessoais dos mestres arquitetos que fundaram o movimento nas décadas de 1920 e 1930 haviam se desenvolvido em um meio que, até certo ponto, preservara o antigo cânone da proporção e da harmonia. A proporção e a harmonia se refletiam em seus edifícios, mas aqueles que os sucederam foram mais tarde removidos da antiga tradição "não científica" e perderam a chave do conhecimento intuitivo que os grandes mestres possuíam. Em sua ausência, trabalhar com o

Estilo Internacional era visto como uma tendência à esterilidade e a uma busca idiossincrática por originalidade, ou pela própria novidade. Isso foi criticado de maneira justa, como também o foi a ausência de ênfase ou de detalhes que poderiam ornamentar ou explicar o sistema estrutural e seu uso pretendido. O primeiro ataque sério contra o Estilo foi armado em 1966 por Robert Venturi, um arquiteto da Filadélfia, em um livro intitulado *Complexity and Contradiction in Architecture*.[2]

Em seu livro, Venturi sujeitou o trabalho de arquitetos anteriores, particularmente aqueles do período final da Renascença Italiana, a uma análise lógica e linguística. Na medida em que uma análise pode fornecer fórmulas para o processo do planejamento arquitetônico contemporâneo, e para o uso do método de estudo analítico e científico, o livro era inteiramente consistente com a abordagem teórica de Le Corbusier e da Bauhaus. No entanto, o impacto na profissão do arquiteto não veio da análise das decisões históricas sobre o *design* arquitetônico, mas da afirmação, um tanto deslocada, segundo a qual a direção tomada pela arquitetura contemporânea estava errada. A simplicidade dos estilos modernistas foi repetidamente, e de maneira desfavorável, contrastada com a riqueza e a complexidade reconhecidas nos estilos do passado. Indiretamente, Venturi estava defendendo o uso eclético de vários motivos clássicos para criar interesse e expressão pessoal.

Venturi, que tem uma queda por comentários espirituosos, virou de ponta cabeça o famoso ditado de Mies van der Rohe, "Menos é mais", e proclamou "Menos é uma chatice", como de fato por vezes o foi nas mãos de arquitetos posteriores, que trataram o Estilo Internacional como uma fórmula. Ele se referiu à arquitetura modernista como "puritana", e ao mesmo tempo a condenou como ba-

Um "programa" arquitetônico descreve o propósito de um edifício, a maneira como ele será usado, o local, o orçamento e quaisquer restrições que poderiam ser impostas por um cliente, um código de obras ou a relação do edifício com as estruturas na vizinhança. É, na realidade, a tarefa que o arquiteto está encarregado de completar.

---

[2] Robert Venturi, *Complexity and Contradiction in Architecture* (Nova York: Museum of Modern Art Press, 1966).

Le Corbusier concluiu a Ville Savoy, uma casa particular nas vizinhanças de Paris, em 1931. Observe como o volume da construção, suportada pelas finas colunas de aço, está afastado do terreno; observe também o acabamento das paredes, brancas e de aparência industrial, a cobertura coroada por formas esculturais, e a faixa de vidro inoperável. Todos os elementos do Estilo Internacional já estão presentes. E como muitos outros edifícios nesse estilo, a Ville Savoy se transformou num pesadelo técnico e ambiental. O edifício foi abandonado pelos seus proprietários como inviável para se morar, e durante a Segunda Guerra Mundial foi usado como curral. Somente mais tarde, quando Le Corbusier ficou famoso, o edifício foi restaurado.

nal e afetada, falsamente complexa e falsamente simples. Depois que o choque iconoclasta do livro foi absorvido, seu principal efeito, talvez não intencional, foi o de tentar disfarçar o rompimento com o passado que ocorrera no início do movimento modernista e justificar a reintrodução de formas tradicionais, ecléticas, nos minguados planos e espaços do Estilo Internacional.

Venturi deu sequência ao primeiro livro com um segundo, igualmente influente, com o intrigante e atraente título de *Learning from Las Vegas* (*Aprendendo com Las Vegas*), onde ele e seus associados proclamam que Levittown, a área comercial de Las Vegas, e o "estacionamento A&P" estavam "quase corretos".[3] Em outras palavras, os padrões e as direções que podiam ser identifica-

---

[3] Robert Venturi, Denise Scott Brown e Steven Izenour, *Learning from Las Vegas*, ed. revista (Cambridge, Mass.: M.I.T. Press, 1997), pp. 105, 108-10.

A Sainsbury Wing (à esquerda) é uma construção adicional à Galeria National Art Gallery, em Londres, projetada pela Venturi, Scott Brown & Associates em 1991. Observe a estranha localização das janelas falsas e o modo como as pilastras clássicas estão espaçadas para criar uma falsa perspectiva. À direita, a parede de alvenaria termina abruptamente em uma parede de cortina de aço e vidro que parece continuar para trás das aberturas retangulares vazadas na alvenaria à esquerda. O efeito é de uma frente falsa de alvenaria estreita aplicada sobre uma fachada contemporânea. Esse projeto, que trabalha engenhosamente a superfície, zomba de um desejo do príncipe de Gales, o qual queria uma construção adicional que reconhecesse a construção mais antiga à direita, e se harmonizasse com ela.

dos no caos de uma cultura comercial competitiva iriam, de algum modo, tornar-se a base de uma nova arquitetura pós-modernista.

Venturi e seus seguidores negaram a validade da base científica, ou biotécnica, da arquitetura modernista: a ideia de que a análise lógica de um programa, juntamente com o conhecimento científico-cultural disponível na sociedade, poderia determinar por si mesma a forma de um edifício. Outros dos principais pós-modernistas negaram a capacidade da intuição para guiar o arquiteto na obtenção de uma síntese de informação que poderia resultar em uma forma integrada. Por fim, todos eles negaram o poder das formas – em si mesmas e independentemente do contexto cultural – para comunicar significado. O "significado", de acordo com a teoria pós-modernista, só poderia ser expresso e transmitido por meio dos "símbolos", tanto discursivos como não discursivos, que foram estabelecidos na sociedade.

Então, a tarefa do arquiteto se reduziria à manipulação de símbolos para enfeitar galpões construídos por

As ilustrações do primeiro livro de Venturi chamaram a atenção para o Maneirismo, um estilo italiano do período final da Renascença, no qual os antigos padrões de ordem e proporção foram deliberadamente distorcidos para se obter uma forma de expressão pessoal e teatral.

engenheiros. Os símbolos, para Venturi e seus seguidores, comunicam apenas o conhecimento imediato ou mundano, assim como o fazem logotipos e signos; eles não são capazes de lançar luzes sobre uma realidade superior.

O efeito da teoria pós-modernista na profissão arquitetônica foi o de arruinar não apenas as certezas subjacentes à base teórica da arquitetura modernista, mas também o que havia restado de confiança no valor do trabalho que muitos arquitetos conseguiram manter. Em última análise, isso pode vir até mesmo a ser considerado como desejável e necessário; um pouco da crítica ácida dos empreendimentos egocêntricos na arquitetura, como aquela de que Venturi lançou mão, era e é muito necessário. O efeito imediato, no entanto, tem sido desastroso.

A arquitetura moderna surgiu de uma decisão ética de utilizar a ciência e a tecnologia para melhorar o ambiente construído. Embora os pós-modernistas escrevam sobre sua preocupação com os problemas sociais e o bem comum, a arquitetura que foi desenvolvida em resposta às suas teorias é essencialmente amoral, pois não reconhece qualquer diretriz ética e se reduz à busca por novidade, entretenimento e excitação. O próprio Venturi comparou a fachada da catedral de Amiens a um quadro para afixar anúncios, e provavelmente acharia que uma imagem de uma lata de sopa Campbell é equivalente a um vitral.

A aplicação da teoria pós-modernista resultaria logicamente em edifícios projetados como caixas de flocos de milho, onde cores vivas e logotipos alegres disfarçam o produto insípido que contêm.

A amoralidade envolvida em tais comparações é consistente com a filosofia dominante do materialismo científico, o qual não pode, em virtude de sua própria lógica, reconhecer uma ética transcendente pela qual o valor de uma obra de arte possa ser julgado. O pós-Modernismo está, portanto, integrado na corrente principal do pensamento arquitetônico contemporâneo: as teorias são persuasivas porque representam a extensão dos conceitos atuais da ciência aplicados à arquitetura.

Se examinamos o trabalho efetivo que é produzido como expressão dessas teorias, o falso raciocínio é exposto. A Guild House, na Filadélfia, projetada por Venturi e seus colaboradores, tem sido amplamente propagandeada e defendida por meio de argumentos habilidosos. No entanto, para um olhar imparcial, o edifício não é apenas feio

Em *Learning from Las Vegas*, Venturi defende o planejamento arquitetônico intencional de edifícios que são "feios e medíocres". A Guild House na Filadélfia, um lar para idosos (Venturi e Rauch) patrocinado pela Quaker, não é medíocre — ela é repleta de truques arquitetônicas — mas *é* feia, como se pode constatar pela foto acima. Críticos elogiaram a horrenda entrada, com o vão escondido atrás do monstruoso pilar e do nome fora de escala.

O Museu Guggenheim, em Bilbao, Espanha, projetado por Frank Gehry, é um exemplo recente de arquitetura concebida como escultura tecnologicamente inovadora. Ao negar o uso de ornamentos, o próprio edifício se tornou ornamento; é uma escultura gigantesca, rígida, de aço inoxidável e bordas afiadas, incompatível tanto com suas vizinhanças como com o propósito pelo qual foi construído. Tais edifícios são "hediotas", uma combinação de hediondo com idiota, com antecedentes diretos não apenas no Museu Guggenheim de Nova York e na Sydney Opera House, mas também na Disneylândia, o triunfo supremo da cultura popular grosseira. (Fotografia reproduzida por cortesia de Wikimedia Commons, com licença concedida pela GNUFDL.)

e medíocre, mas – o que é um anátema para o egocêntrico arquiteto moderno – também enfadonho.

O Modernismo foi sucedido pelo pós-Modernismo, que foi seguido pelo Pop, pelo Minimalismo, e por outros "ismos", mas a base científico-racionalista é comum a todos eles. Se qualquer tendência ou evolução da forma ou do estilo pudesse ser discernida, isso seria um avanço ainda maior rumo à inovação tecnológica e àquilo que é chamado, com plena aprovação, de "expressão pessoal". Ambos são desenvolvimentos lógicos no contexto da arquitetura científica. Em uma época na qual o progresso tecnológico é considerado fascinante tanto pela mídia como pelo público, qualquer edifício ou estrutura tecnicamente nova ou ousada se torna um sucesso imediato. E em uma época que considera o triunfo do ego como a expressão suprema do destino humano, que termina apenas no túmulo, as construções mais extravagantes e incomuns são as mais respeitadas.

Será que existem alternativas para a arquitetura científica da nossa época? Mesmo durante o auge do estilo das décadas de 1950 e 1960, alguns arquitetos esforçaram-se para produzir edifícios que não imitassem estilos obsoletos nem estivessem de acordo com a corrente principal da arquitetura. Desses, apenas Frank Lloyd Wright conseguiu obter admiração popular e adeptos, mas seu estilo era muito pessoal, difícil de imitar, e os princípios subjacentes que tornaram os edifícios de Wright um sucesso não foram compreendidos. Arquitetos e estudantes admiravam o exemplo de Wright, mas não o seguiam, e em escolas de arquitetura, assim como nas obras encomendadas comissionadas pelos órgãos comerciais, industriais e públicos, a arquitetura modernista assolou tudo o que viera antes dela.

O deserto arquitetônico

Já se passaram oitenta anos desde a fundação de Bauhaus e setenta desde seu fechamento pelos nazistas, e seus professores e estudantes se espalharam pelo mundo. Os arquitetos inovadores que aproveitaram a oportunidade e estabeleceram os princípios "científicos", bem como o viés tecnológico que ainda dominam a imaginação de quase todos os adeptos dessa arte, já se foram. Seus seguidores imediatos e seus sucessores pós-modernistas envelheceram. Porém, a influência desse pequeno grupo de indivíduos criativos permanece: as formas e estilos que introduziram se tornaram a norma aceita sob cujos parâmetros o projeto arquitetônico ainda é realizado. Mas quando olhamos para os edifícios, as paisagens verdes e paisagens urbanas que foram construídas em resposta às suas obras e às suas teorias, fica evidente que algo saiu terrivelmente errado.

Vivemos a vida em um deserto arquitetônico, uma terra desolada. Desfrutamos nosso sucesso material em uma paisagem monótona de espaços residenciais,

áreas comerciais e bairros de escritórios que funcionam em prédios altos e sem personalidade, cercados por zonas de favelas e "parques" industriais, onde edifícios enormes e sem janelas ocupam acres e mais acres de terrenos cercados por estacionamentos recobertos de pavimentação betuminosa preta ou áreas verdes. Arquitetos sensíveis à degradação ambiental que contemplam o que se ergue à sua volta nada podem fazer a não ser se resignarem a sentir uma indignação impotente.

A maioria de nós cresceu tão acostumada à feiura que nos cerca que nem a percebemos mais. Aprendemos a fechar os olhos e supor inconscientemente que o mundo sempre foi como é agora. Obviamente, não é assim. Um remanescente de um mundo mais belo é visível nos edifícios, humildes ou grandiosos, que escaparam da destruição ambiental causada pelo violento ataque desfechado pela nossa cultura contemporânea.

A destruição desse remanescente caminha lado a lado com a construção contínua de um ambiente forjado

---

[4] Le Corbusier, *The Radiant City* (Nova York: Orion Press, 1933), p. 207. Edição francesa: *La Ville Radieuse* (Paris: Vincent, Fréal et Cie, 1933).

A ARQUITETURA CIENTÍFICA
DO SÉCULO XX

de maneira científica. Na Europa, a devastação é ainda mais dolorosa do que nos Estados Unidos, uma vez que há muito mais a perder. O plano grandioso de Le Corbusier, de demolir a margem direita de Paris e substituí-la por gigantescos blocos residenciais, foi rejeitado, mas aos poucos e desordenadamente, por todo o mundo, demolições e reconstruções continuam, em uma escala menor, mas em grande parte de acordo com a proposta que ele apresentou.

Do outro lado do Canal da Mancha, o príncipe Charles protestou contra a desenfreada e cruel destruição de edifícios belos e de uma paisagem e um ambiente que foram construídos ao longo de séculos. Em seu excelente livro, *A Vision of Britain*, ele mantém certo otimismo quando olha para o futuro.[6] No entanto, até mesmo ele admite a depressão e o desânimo que o abatem quando confronta uma série infindável de construções feias e insensíveis, e de horríveis planos de desenvolvimento habitacional. Parece tão simples fazer a coisa certa – ele apresenta algumas regras simples que os arquitetos poderiam seguir –, mas há uma determinação obstinada de fazer errado.

É claro que não são apenas os arquitetos os responsáveis pelo deserto arquitetônico. Eles respondem a poderosas forças sociais e econômicas postas em marcha pelas suposições subjacentes que governam nossa vida. Essas forças são a causa essencial do colapso.

Mesmo assim, nós que somos arquitetos temos muitas coisas pelas quais devemos responder. Aceitamos com um entusiasmo incondicional as supostas virtudes dos projetos de base científica e abrimos caminho para a sua aceitação. Glorificamos o automóvel e projetamos edifícios não para a escala humana, mas para a escala das máquinas velozes.

Le Corbusier propôs uma reconstrução massiva da região central de Paris, que tem uma densidade incrível de quase 8.000 indivíduos por acre, que habitam enormes blocos de apartamentos altos com elevadores.[5] Embora esse pavoroso esquema, o modelo perfeito do "deserto arquitetônico", tenha sido rejeitado, ele não foi recebido com o horror que merecia, mas em vez disso influenciou mundialmente o design de residências privadas e públicas de larga escala.

A construção efetiva do plano Voisin seria inconcebível sem a intervenção maciça do governo. A dedicatória do livro de Le Corbusier, "À autoridade", é, portanto, inteiramente apropriada, e revela a tendência fascista de seus trabalhos mais antigos e influentes.

---

[5] *Ibid.*, p. 206.

[6] Sua Alteza Real o Príncipe de Gales, *A Vision of Britain: A Personal View of Architecture* (Londres: Doubleday, 1989).

Eu caminhava por essa estrada ao norte de Towson, Maryland, quando garoto. Havia cercas brancas em ambos os lados, e ao longe havia prados e vacas pastando. A igreja coroava a colina, o único edifício grande visível no horizonte. Uma feiura gratuita substituiu o que outrora foi belo.

A Vision of Britain *contém uma página dupla de Londres pintada no século XVIII pelo artista Giovanni Antonio Canal, conhecido como Canaletto. Sobre ela foi sobreposto um par de folhas transparentes nas quais se imprimiu uma fotografia do mesmo local como ele se apresentava no fim do século XX. O contraste é chocante e deprimente.*

Descartamos os antigos padrões de artesanato e ficamos contentes ao ver belos edifícios serem demolidos para dar lugar a monstruosidades modernistas e pós-modernistas. Aceitamos uma filosofia que negava, entre outras coisas, a capacidade da forma para transmitir significado, e ignoramos a essência esotérica da nossa própria tradição.

Os arquitetos podem não ser responsáveis pelas áreas, que se perdem de vista, apinhadas de residências baratas e deprimentes em forma de caixotes, pelo caos do desenvolvimento comercial e industrial, pelo frenesi do tráfego em alta velocidade, e pela destruição desenfreada do meio ambiente. As forças do mercado as conduziram assim como também conduziram os programas de renovação urbana que devastaram as áreas centrais de nossas metrópoles. No entanto, os arquitetos emprestaram a esse empenho suas habilidades e seu apoio, e encontraram maneiras de justificar sua participação.

Além disso, a nova arquitetura foi imposta, e não bem-vinda. Os teóricos de Bauhaus, já nas décadas de 1920 e 1930, se lamentavam dizendo que "o público não está conosco".[7] Quando têm oportunidade de escolha, leigos informados e sensíveis preferem claramente as edificações do passado, ou mesmo de um passado relativa-

---

[7]   Lewis Mumford, palestra, Universidade da Pensilvânia, 1954.

Esse conjunto habitacional, com prédios altos e de concreto armado, situa-se na área rural do Egito, entre o deserto e o Rio Nilo. À primeira vista, nosso grupo o confundiu com uma prisão. Não há motivo racional para esse tipo de construção em um local como esse. É mais uma questão de prestígio das autoridades em habitação: a vontade de parecer científico e moderno. De acordo com o guia, os edifícios são detestados, aqui e em outros lugares, por aqueles que, forçados pelas circunstâncias, vivem neles.

mente recente à arquitetura da nossa própria época. Não percebemos mais como isso é incomum. Embora estilos tenham surgido e desaparecido, até agora arquitetos e seus clientes sempre estiveram confiantes em que as estruturas que construíram representavam um avanço sobre tudo o que existira antes.

A situação não é reconhecida por arquitetos ou seus críticos, que, recusando-se a encarar a realidade, continuam a dar como certo que, sendo as obras arquitetônicas criadas em nossa época "científicas", elas devem ser superiores. Apenas agora alguns começaram a admitir, de modo ainda relutante, que a imensa maioria de nossos edifícios, inclusive aqueles projetados por arquitetos, são construídos de modo eficiente e barato, mas concebidos sem preocupação com as necessidades psíquicas e espirituais daqueles que os habitarão. Edifícios concebidos dessa maneira estão mortos antes que a primeira linha seja traçada no papel e a primeira pá de terra seja retirada do local.

O problema não é com um estilo específico como o Internacional, o Pop ou o Modernismo, nem está limitado à arquitetura. A decadência na qualidade da arquitetura é acompanhada pela confusão e desorientação que também ocorrem nas outras artes, e isso sem precedentes

No início do século XX, uma casa de pedra do século XVIII foi demolida para que se construísse no lugar dela essa casa "moderna". Hoje, a antiga casa teria sido restaurada e, se necessário, ampliada. A mudança de atitude é muito recente.

Não apenas os teóricos da arquitetura, mas também quase todos os críticos, os historiadores da arte e a mídia se reuniram para comemorar com alarido as supostas virtudes do design contemporâneo. Lembro-me bem da agitação quando o príncipe Charles, um poderoso crítico em virtude da sua posição, denunciou a arquitetura modernista, que, como ele percebia muito bem, estava desfigurando o seu país. Arquitetos norte-americanos o denunciaram, principalmente por ter a ousadia de atacar o ícone sagrado do design arquitetônico modernista, mas estavam, não obstante, contentes por comparecer ao seu discurso e cumprimentá-lo.

históricos. Enquanto outros estilos testaram os limites de nosso entendimento intuitivo da harmonia e do equilíbrio, nenhum jamais adotou o niilismo que é característico da nossa época.

Grande parte da arte do fim do século XX é, na verdade, antiarte. É a expressão deliberada de uma alienação social tão grande que não pode se expressar por outro meio a não ser um ataque contra a própria ideia de arte. Em algum nível de compreensão profundo e inacessível essa alienação deve ser amplamente compartilhada, uma vez que tais atrocidades antiartísticas são aclamadas pelos críticos e pelo público como fruto da expressão pessoal, como marcas de gênio, e estão guardadas em museus.

Os arquitetos geralmente não podem se dar ao luxo de se entregar a esse tipo de "expressão pessoal". A natureza de sua arte, inclusive dos recursos que devem ser dedicados à construção dos edifícios que eles projetam e das exigências de caráter utilitário correspondentes à sua função de abrigar, torna improvável que eles possam construir, a menos que estejam dispostos a trabalhar dentro dos limites estabelecidos por suas respectivas sociedades.

Portanto, eles têm de enfrentar um dilema moral: construir mal ou não construir. Para construir, eles precisam prostituir sua arte ao ceder às forças sociais contrárias à prática da mesma, e, no fundo do coração, eles desprezam essas forças. Em um nível mais profundo de sua consciência, eles sabem disso, e isso responde pela ira reprimida que muitos arquitetos sentem.

A arquitetura científica do século XX foi criada por homens e mulheres que foram eles próprios alienados dos níveis intuitivos de seu ser. A característica mais letal e difundida dessa arquitetura é a rejeição sistemática do indivíduo em toda a infinita complexidade que um indivíduo representa. Arquitetos e seus mestres falam de blocos residenciais, e não de lares. As fachadas repetitivas e lisas de seus edifícios são modeladas em uma grade cartesiana e exibem o anonimato vazio de uma colmeia. Os infelizes homens e mulheres que terão de habitar essas estruturas horrorosas são deliberadamente isolados da terra e do ar, da interação entre as pessoas que antes ocorria nas ruas, nas lojas ou nas praças. A necessidade de edifícios ou espaços em que os rituais antigos da vida religiosa e cívica possam ocorrer é ignorada, ou é tão degradada em nome da eficiência que não tem mais nenhum sentido.

É a imagem da máquina que triunfa no deserto arquitetônico contemporâneo. Le Corbusier não apenas escreveu sobre a casa como "uma máquina de morar"; ele também visualizou a cidade como uma máquina gigantesca.[8] Essa visão era extraordinariamente persuasiva, pois representava uma imagem da ciência e da tecnologia a serviço da riqueza material, um ideal característico da nossa época. Adotada por nossos líderes e imposta sobre um populacho muito propenso a aceitá-la, ela acabou levando a uma arquitetura da alienação que modela nossas cidades e afetará inevitavelmente a vida das pessoas. O

Essa pintura insípida e vazia de latas de sopa Campbell, do famoso artista pop Andy Warhol, celebra o banal como criativo e é portanto um ataque contra qualquer arte que procura explicar um significado mais profundo. Seja como for, Warhol é considerado um artista importante. Ele fala por uma geração e representa um movimento artístico. Há um museu em Pittsburgh dedicado à sua obra. O impulso destrutivo que se esconde por trás dessa imagem é evidentemente compartilhado por muitos. (Fotografia reproduzida por cortesia de Wikimedia Commons, com licença concedida pela GNUFDL.)

---

[8] Le Corbusier, *The Radiant City*.

A Residência Farnsworth, em Plano, Illinois, projetada por Mies van der Rohe, foi uma das estruturas mais influentes do século XX. Inspirou uma geração de arquitetos minimalistas e criou um padrão para as estruturas de aço e vidro que continuam a ser construídas atualmente. Como a dra. Farnsworth logo descobriu, ela era inabitável.

ras, e as implicações para a dignidade da vida humana são assustadoras. É, porém, típico dos homens e mulheres da ciência do século XX. Como um representante dessa ciência, Le Corbusier foi um herói para os arquitetos da minha geração, e suas ideias foram aceitas sem crítica pelos seus seguidores. Imensos prédios de apartamentos com elevador, financiados com dinheiro público, foram construídos em todo o mundo, imitando a proposta de Le Corbusier, e foram aclamados tanto pela mídia como pela imprensa especializada em arquitetura. Essas mesmas construções estão sendo completamente odiadas por aqueles que, forçados pelas circunstâncias, são obrigados a viver entre suas paredes. Em rebelião muda, seus moradores frequentemente permitem que elas sejam arrastadas para uma situação sórdida e repugnante, pior que a das favelas que pretendiam substituir. Em algumas dessas construções, a

A ARQUITETURA CIENTÍFICA
DO SÉCULO XX

desorganização social tornou-se tão grande, e o crime e a violência tão endêmicos, que a única solução, por fim, era a demolição completa.

As enormes estruturas propostas por Le Corbusier precisam ser hermeticamente fechadas. Ele escreveu extensamente sobre as vantagens da luz do sol e do "ar puro e fresco", mas a luz do sol teria de ser filtrada pelo vidro e a circulação de ar executada mecanicamente. A proposta de Le Corbusier, porém, foi aceita com entusiasmo pelos arquitetos científicos do século XX e se tornou o modo usual de se projetar e construir um grande edifício.

Mas não há nenhuma razão lógica ou científica para que os edifícios tenham de ser construídos assim. Estou convencido de que a verdadeira razão para o isolamento dos edifícios com relação ao ambiente externo seja um desejo inconsciente de romper a ligação entre o homem e o seu meio ambiente natural, a luz do sol e o ar.

A arquitetura já foi considerada como abrigo que se abre para o mundo além da janela e da porta. As aberturas – as janelas e as portas – é que eram detalhadas e ressaltadas. Quando observamos os edifícios contemporâneos, vemos paredes rígidas, lisas, sem aberturas e apenas com um mínimo de detalhes triviais. Por meio do uso de grandes placas de vidro, os "invólucros" do edifício, como são chamados, aqueles que têm influência e status suficiente poderão conseguir uma boa posição junto ao perímetro das fachadas para, assim, disporem de uma "vista", ou imagem panorâmica do mundo exterior. Uma vista obtida de andares superiores pode ser espetacular e proporcionar enorme satisfação para o ego dos poucos que dispõem da liberdade de escolher as posições que querem ocupar ao alocar espaço na estrutura. A maioria dos restantes está condenada a passar a vida junto a uma escrivaninha, revirando papéis sob lâmpadas fluorescentes e dispositivos de ar-condicionado.

Qualquer um que tenha desenhado a planta horizontal de um desses edifícios está ciente das batalhas trava-

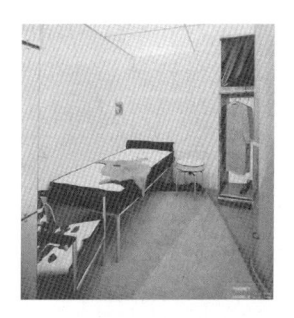

"Maquete em tamanho natural" da cela de Le Corbusier. (Fotografia incluída em *The Radiant City*, reproduzida por cortesia da Foundation Le Corbusier. © 2006 Artists Right Society [ARS], Nova York/ADAGP, Paris/FLC.)

A demolição de Murphy Homes, em Baltimore, aconteceu em uma noite, apenas 36 anos depois de sua grande inauguração. O conjunto residencial em St. Louis, um edifício de muitos andares, projetado pelo mundialmente famoso arquiteto I. M. Pei, teve o mesmo destino. (Fotografia reproduzida por cortesia de *Baltimore Sun* © 1999.)

O RETORNO DA
ARQUITETURA SAGRADA

Entrada da casa Hammond-Harwood, do século XVIII, em Annapolis, Maryland.

Vão de entrada de um edifício de escritórios contemporâneo com paredes de vidro, em Timonium, Maryland. Nele, você não consegue encontrar a porta, e não há nenhum senso da escala humana.

das entre os funcionários para assegurar um recinto com uma janela. Embora prestígio e status estejam certamente envolvidos, o principal motivo da luta é o acesso ao espaço e à luz do mundo por trás da camada de vidro polido da fachada externa. O desespero dos que habitam esses espaços durante boa parte da vida é uma medida de sua insatisfação com o ambiente típico de um edifício de escritórios corporativos.

Alguns líderes corporativos estão cientes dessa insatisfação, e nos últimos anos tentaram transferir seus funcionários para edifícios suburbanos cercados por gramados e árvores. Entretanto, nesses novos e enormes edifícios, a luta por uma janela – pela luz e pelo ar – continua, intensificada pelo ambiente exterior ainda mais desejável. E mesmo no subúrbio, onde o ruído e a poluição não são um problema, as janelas não se abrem, mas apenas mostram uma imagem, por assim dizer, da grama e das árvores.

Vista que se tem através da janela de vidro de um edifício de escritórios em Baltimore.

Um dos edifícios de escritórios do complexo da companhia de seguros U. S. F. & G. no subúrbio de Baltimore.

Com intensa determinação, arquitetos do século XX levaram o conceito de ambiente fechado até sua concretização suprema, que não é um escritório, em absoluto, mas sim a Residência Farnsworth, projetada por Mies van der Rohe.

A Residência Farnsworth é essencialmente uma unidade entre várias estruturas corporativas semelhantes de vidro e aço projetadas por Mies van der Rohe, nesse caso situada em um campo, próxima a um rio. A geometria clara e pura desse prisma retangular e translúcido – flutuando sobre o prado e ligado ao chão por apenas oito seções de aço de bordas largas, que atuam como colunas – é bela, mas sua beleza é a de um artefato escultural polido e bem acabado, e não a de uma residência. Toda a parede externa é de vidro. Embora todo o interior esteja visualmente aberto à paisagem natural, ele é relativamente inacessível, pois há somente duas pequenas janelas baixas e uma discreta porta dupla. A abertura visual contradiz a impermeabilidade da barreira de vidro, embora a distinção funcional entre espaço exterior e interior seja bem definida.

Pode-se alegar eficiência ou necessidade quando se projeta um edifício de escritórios fechado. Aqui, a motivação é certamente ideológica. A natureza deve ser desfrutada, mas apenas por um observador, não um participante. Para pisar na terra, é necessário atravessar a porta que se abre para a varanda, descer uma escada para uma plataforma de transição, e então descer mais uma escada para chegar ao gramado prístino e aparentemente não utilizado. A concepção que se tinha do cientista no século XX como um desprendido e objetivo observador do mundo natural foi transferida para o projeto de uma casa. Nela, o habitante está isolado e alienado da terra em sua bela gaiola de vidro que parece flutuar suspensa no espaço.

O conceito de ambiente fechado foi adotado em outras grandes estruturas da economia corporativa. Elas incluem fábricas onde são alojadas máquinas enormes e complexas e as coisas são produzidas de fato, assim como armazéns auxiliares e instalações de transporte e carregamento. Essas imensas estruturas refletem os sistemas de produção e distribuição, igualmente enormes e impessoais, pois foi para abrigar a operação desses sistemas

Lado leste da Residência Farnsworth, em Plano, Illinois. A frente da casa, voltada para o rio, é mostrada na página 44. Observe as duas janelas quase no nível do piso. Essas janelas e uma porta dupla são as únicas aberturas na casa.

Sweetheart Cup Company, em Hampstead, Maryland.

Ludwig Mies van der Rohe (1886-1969), juntamente com Frank Lloyd Wright e Le Corbusier, foi um dos três "velhos mestres" da arquitetura modernista. Ele enfatizava o uso de vidro e aço belamente detalhados em edifícios definidos por superfícies planas de geometria simples, sem qualquer ornamento ou detalhe supérfluo. Com os seus edifícios projetados na Alemanha e nos Estados Unidos, primeiro como diretor de Bauhaus e depois da I.I.T. School of Architecture, ele causou um profundo impacto no desenvolvimento do *design* arquitetônico contemporâneo. (Fotografia reproduzida por cortesia da Library of Congress.)

Rua da Filadélfia. Cheios de dignidade, e outrora graciosos, os edifícios no primeiro plano estão a um mundo de distância das rígidas "colmeias" atrás deles.

que elas foram construídas. Elas transformam em anões os trabalhadores dentro delas. São geralmente projetadas não por arquitetos, mas por engenheiros que nem sequer fingem ter algum conhecimento sobre beleza, mas procuram apenas satisfazer às demandas funcionais pelo menor custo possível. Ocasionalmente, o *design* de tais edifícios cai nas mãos de um projetista sensível e cuidadoso, seja ele arquiteto ou engenheiro. Os edifícios podem então adquirir uma beleza sombria, mas é uma beleza relacionada à escala das máquinas que eles são projetados para alojar – e não à escala dos seres humanos a quem eles supostamente devem servir.

Essa mesma ausência da escala humana é dramaticamente visível na fotografia acima. Os edifícios em primei-

À esquerda: A Praça Mount Vernon, em Baltimore, Maryland, foi certa vez descrita por Lewis Mumford como "o mais admirável espaço urbano da América".

À direita: Harbor Place, em Baltimore.

ro plano, dessa rua na Filadélfia, estão desgastados pelo tempo, mas são confortáveis. As estruturas atrás deles são grades repetitivas nas quais as pessoas têm de se acomodar sabe-se lá como.

A fotografia acima, à direita, foi tirada da sacada de uma central elétrica desativada, que hoje é uma inovadora livraria em Baltimore. Da sacada pode-se avistar, a oeste, a praça, o National Aquarium, o Trade Center e os edifícios de escritórios corporativos ao longo da estrutura que confina a extensão de água. A água exposta, as bandeiras, a multidão de pessoas e o modo como o espaço é cercado pelas fachadas perpendiculares dos edifícios faz desse um de nossos espaços urbanos contemporâneos mais instigantes e atraentes. No entanto, falta algo.

Cerca de 1,5 km ao norte, os fundadores da cidade no início do século XIX planejaram quatro quarteirões retangulares em torno de um monumento ao nosso primeiro presidente. Se nos posicionarmos nesse espaço, cercados pelos edifícios de uma outra época, perceberemos imediatamente o que falta no espaço da Harbor Place. Novamente, percebemos que falta o sentido da escala humana, a relação do indivíduo com o espaço. As praças mais antigas foram construídas de modo que uma pessoa de pé em qualquer seção do espaço pudesse se relacionar com todo o projeto. O monumento, por exemplo, é abaixado até o nível do pedestre graças a um pequeno edifício que funciona como pedestal e lhe serve de base, e a uma cerca de ferro e balaustradas de pedra. Os edifícios e a escultura se relacionam com o monumento. A praça pertence às pessoas que se movimentam dentro dela, e sua beleza influenciará suas vidas.

Os edifícios construídos por autoridades corporativas públicas e semipúblicas incluem aqueles criados para abrigar escolas, tribunais, teatros e museus. As escolas têm uma importância crucial, pois as nossas crianças passam nelas boa parte de suas horas despertas. Há cem anos, esperava-se que nossas escolas fossem belas; muito cuidado e atenção eram devotados a elas. Agora, espera-se apenas que elas sejam eficientes. Os modernistas con-

A Loch Raven Senior High School, em Baltimore. Repare nas minúsculas janelas das salas de aula na fachada que, se não fosse por elas, seria completamente lisa e vazia.

O Maryland Institute College of Art, em Baltimore. Escultura abstrata em uma escala inumana. Esse edifício medonho, espectral, foi elogiado pelos críticos, sendo votado como o melhor edifício local do ano.

denaram a aplicação de estilos históricos aos projetos das escolas, mas escolheram a imagem da fábrica para substituí-los. Agora é até mesmo difícil distinguir, à primeira vista, uma escola pública de uma fábrica. Uma fábrica para pessoas? Qual será o efeito disso sobre uma geração que passa seus anos de formação enclausurada entre suas paredes? E quem se importa com isso? Até cinquenta anos atrás as janelas podiam ser abertas, e as crianças estudavam à luz natural. Agora, as salas de aula são iluminadas e ventiladas artificialmente, as janelas são reduzidas a um mero valor simbólico, e a atividade recreativa é estruturada e confinada ao ginásio de esportes. É improvável que as pessoas responsáveis e que não têm uma visão mais ampla, capaz de respeitar com carinho a individualidade das crianças cujos cuidados lhes foram confiados, deem alguma importância à beleza dos edifícios nas quais elas são mantidas.

No novo edifício do Maryland Institute, uma escola de artes de Baltimore, não há nada que relacione a estrutura à escala humana ou a qualquer função humana. É uma forma escultural tecnologicamente arrojada e arrogante, a

A Capela de Notre-Dame-du-Haut, em Ronchamps, França, projetada por Le Corbusier. Esse edifício, tão destoante do principal conjunto de obras de Le Corbusier, causou consternação entre seus seguidores, mas em seu devido tempo influenciou imitadores ineptos. Le Corbusier, um ateu declarado, foi escolhido mais tarde para construir um mosteiro destinado aos dominicanos, os iniciadores da Inquisição e perseguidores de seus ancestrais cátaros.

qual encobre um "edifício" que não tem nenhuma relação com seu frio revestimento de vidro polido. Eu não consigo imaginar como seria viver e trabalhar nessa estrutura. Tudo o que posso dizer é que a mera visão que eu tenho dele já me enche de tristeza e desgosto.

Como era de se esperar, em tempos de materialismo ateísta, o fracasso mais deprimente da arquitetura contemporânea pode ser encontrado no projeto de igrejas e templos. Esses edifícios, outrora construídos para unir a terra ao Céu, a carne ao espírito, e para incorporar verdades eternas em seu tecido, são agora pouco mais do que salões de encontro, com uma cobertura encimada por um pináculo pontiagudo ou uma torre que é apenas a pálida lembrança de uma arte do passado, quando os homens estavam mais próximos de Deus.

A fachada de entrada da Capela de Notre-Dame-du-Haut, em Ronchamps.

A igreja em Ronchamps, um dos últimos edifícios projetados por Le Corbusier, é uma exceção, pois aqui ele optou por rejeitar o racionalismo pseudocientífico de seu trabalho anterior. O interior escuro e o telhado inclinado e denso invocam o mistério da caverna, uma abertura para dentro do corpo da terra. O edifício é um lugar de meditação e pode refletir uma percepção profunda e luminosa, há muito reprimida pelo arquiteto.

As fotografias do edifício são quase sempre aquelas tiradas a partir da vista dramática do sudeste, conforme mostrado no topo da página 55. Na parte de baixo, vemos a fachada de entrada a partir do norte, talvez ainda mais interessante por sua complexidade plástica. A entrada em si mesma é inserida de um modo um tanto estranho entre as duas torres gêmeas. O misterioso espaço interior é mostrado na foto da página 141.

O templo unitarista construído por Frank Lloyd Wright, em Madison, Wisconsin, é um bom exemplo de como uma má ideia é rapidamente incorporada por outros arquitetos. O templo apresenta uma cobertura de duas águas inclinada de modo muito íngreme sobre o saguão. A con-

Templo Unitarista, em Madison, Wisconsin, projetado por Frank Lloyd Wright. (Fotografia reproduzida por cortesia de Robert Kuller.)

gregação, assim, se defronta com uma enorme janela do projeto de Wright na parte do fundo da capela-mor. Um desconfortável clarão de luz apolínea se derrama através de um arrendado de barras verticais projetado à maneira geométrica de Frank Lloyd Wright, representando Deus, eu suponho, segundo sua interpretação.

A busca pelo espetacular à custa do simples, do funcional e do harmonioso acaba resultando em "truques publicitários para chamar a atenção". Esses truques, ou artifícios, são efeitos superficiais e espalhafatosos que não têm nenhuma relação com a função utilitária nem com qualquer propósito espiritual mais profundo. Os artifícios empregados no edifício de Wright são particularmente fáceis de ser imitados. Uma nova igreja perto da minha casa

Interior de igreja presbiteriana, em Baltimore. O altar, que outrora era o centro funcional de um templo ou igreja, ficou reduzido a uma insignificância.

Igreja edificada junto à Interstate 83, em Timonium, Maryland.
A semelhança com a de Frank Lloyd Wright, mostrada na página 57, é óbvia.

é um exemplo típico. Nela, a cobertura da nave quadrada foi levantada em um dos cantos. O altar foi colocado lá e a congregação fica exposta a um clarão de luz que atravessa o vidro transparente das janelas do tipo industrial, logo atrás do órgão.

Dirigindo pela Interstate 83, em Maryland, passei por outra igreja construída de acordo com os mesmos artifícios. Ela segue ainda mais de perto o exemplo da igreja unitarista de Madison, no Wisconsin, mas aqui a janela que fica atrás da capela-mor dá para a rodovia! Ouvi dizer que a fundação é sacudida pelos caminhões pesados que passam. Quais serão os efeitos disso no ritual e nas preces daqueles que oram nesse templo?

No entanto, é a casa e não o apartamento, o local de trabalho ou os grandes espaços comunitários que representa, emocional e psicologicamente, o abrigo diante do que é percebido, de várias maneiras, como um mundo frio e alheio. Nossos arquitetos científicos, contudo, mesmo os mais renomados, fracassaram em projetar uma casa acei-

A ARQUITETURA CIENTÍFICA
DO SÉCULO XX

Essa casa neogeorgiana contemporânea está localizada em um subúrbio de Baltimore, logo depois da colina que a separa de uma casa de 1904, muito superior, mostrada na página 40. Ela exibe uma falta de escala nas colunas e no pórtico, uma distribuição desorganizada das massas de elementos, e uma ignorância básica do sentido de proporção. Mesmo assim ela é, infelizmente, uma das melhores do seu tipo.

tável para a grande maioria de seus potenciais clientes. Embora a mídia e as revistas de arquitetura continuem a apresentar casas projetadas na tradição frugal e despojada do Estilo Internacional, casas nas quais os truques e artimanhas estruturais favorecem a novidade em detrimento da habitabilidade, casas "reanimadas" com motivos tradicionais, e casas dominadas por espaços "excitantes" e carentes de propósito, muito poucas casas, mesmo as mais caras, foram projetadas por arquitetos profissionais de acordo com ideias modernistas e pós-modernistas. A arquitetura moderna foi efetivamente excluída da participação na indústria da construção civil.

Acho esperançoso que, apesar de todo o estardalhaço da mídia, a maior parte das pessoas, ao menos com rela-

Quando eu era estudante, e em seguida jovem arquiteto, eu considerava a rejeição constante das casas modernistas pelo público como uma consequência da ignorância, ou de um hábito mental "filistino". Somente perto do fim da minha carreira, entendi que se tratava de uma reação bem fundamentada a uma arquitetura que era árida, talvez até mesmo cruel, e que malogrou em responder a necessidades humanas emocionais e psíquicas.

ção aos seus próprios lares, rejeita a arquitetura da alienação e abraça uma imagem eclética da arquitetura de uma época anterior.

Infelizmente, quase todas essas casas ecléticas também são feias, em particular aquelas produzidas pelas construtoras para o mercado especulativo. Temos agora estilos como o "neovitoriano" e o "neogeorgiano", nos quais os telhados, aqui e ali, mudam bruscamente de direção de maneira estranha e disfuncional, as janelas externas e protuberâncias peculiares que se projetam das paredes, e os espaços interiores apresentam tetos de "catedrais" e colunas "toscanas". Há uma ausência de organização que resulta de uma ausência de direcionamento ético, uma ausência de protótipos reconhecidos e uma ausência de qualquer propósito que não seja o de satisfazer o gosto desinformado daqueles que compram esse tipo de casa.

Mesmo assim, elas são um sinal de alguma vitalidade e discriminação remanescente em um público que sofreu lavagem cerebral para aceitar as outras estruturas da nossa cultura comercial. Essas construções não são apenas igualmente feias, mas também uniformemente inumanas. E se a arquitetura realmente reflete a imagem mais verdadeira de uma cultura, que imagem então ela reflete de nós? É uma imagem do poder do Estado e da corporação, uma imagem das nossas realizações tecnológicas e do nosso padrão de vida. É a imagem de uma sociedade na qual as necessidades psíquicas e emocionais dos homens e das mulheres são ignoradas ou negadas pelos arquitetos alienados da revolução científica.

Mas como isso acontece? Afinal de contas, arquitetos que se dedicam a uma profissão da qual eles podem esperar apenas uma modesta recompensa material o fazem por motivos que são idealistas e admiráveis. Como é que eles podem passar uma vida produzindo os edifícios horrorosos da nossa cultura comercial? Como o seu idealismo foi gradualmente subornado, e acabou se perdendo tanto para o arquiteto individual como para sua sociedade?

A resposta, é claro, deve ser encontrada na maneira como suas esperanças e expectativas são moldadas pelas instituições dominantes da nossa sociedade. Os problemas subjacentes são filosóficos, talvez metafísicos, e estão arraigados em pressuposições que aceitamos sem pensar, sem crítica. Esses problemas raramente são abordados pelos arquitetos, historiadores ou críticos, que não se dão conta de sua importância. E eles certamente não são compreendidos pelos estudantes, cujas atitudes frente à prática da sua arte ainda estão informes quando eles iniciam os seus estudos na arquitetura.

A doutrinação mais imediata e reveladora dos nossos arquitetos contemporâneos, portanto, ocorre nas escolas de arquitetura.

3
A FORMAÇÃO DO ARQUITETO MODERNO

O fracasso das escolas

O jovem aspirante a arquiteto chega à profissão com ideias que já se encontram arraigadas na ideologia do materialismo científico. Ele está onde está por causa do seu talento e de sua inclinação. Por uma intuição secreta e injustificável, ele anseia por criar o que é belo, e ainda assim, de modo lógico, dentro da filosofia que ele acabou aceitando, não há explicação convincente para a própria beleza. Esse dilema é claramente ignorado nas escolas de arquitetura de nossas grandes universidades, onde o arquiteto é treinado para projetar construções que "construtoras" erguerão.

As escolas recrutam arquitetos notáveis como instrutores, particularmente aqueles que representam a vanguarda da teoria e da prática. A direção dada aos estudantes tende, portanto, a ser oportuna e seguir as tendências correntes. Os movimentos estilísticos Modernista, Internacional, Pós-Modernista, Minimalista e Pop sucederam-se um ao outro, ou foram representados pela ênfase dada por várias instituições. As suposições da cultura científico-materialista contemporânea são comuns a todos esses "ismos", e são, em poucas palavras, as de que a realidade material percebida por meio dos sentidos é a única realidade e que ela pode ser compreendida pelo raciocínio lógico.

Essas suposições não são expressas nem discutidas, mas estão subentendidas tanto no currículo como nas atitudes dos instrutores. O currículo mantém alguma coisa em comum com o antigo sistema de aprendizagem substituído pelas escolas de arquitetura. Ele é organizado em torno de cursos de "estúdio", cada um deles distribuído em seis ou oito semanas de um semestre, nas quais grupos de estudantes projetam edifícios sob a tutela de um mestre de estúdio, geralmente um professor-arquiteto ou engenheiro. No estúdio, trabalhando individualmente ou em grupos, estudantes concluem o projeto preliminar de um edifício, e preparam desenhos à mão ou em computadores para serem apresentados a uma banca examinadora e a críticos visitantes. Estudantes de arquitetura aprendem a analisar um programa designado, esboçar suas concepções, e traduzi-las em plantas, projeções, seções e perspectivas. Por fim, eles executam os desenhos do edifício proposto – semelhantes àqueles que seriam apresentados a um cliente – para mostrar à banca.

A força do processo está na probabilidade de projetar uma grande variedade de edifícios sem as limitações usuais de dinheiro, sistemas elétricos e mecânicos, necessidade de estabilidade estrutural, ou os caprichos de um cliente difícil de se lidar. Uma fraqueza fundamental está no fato de que esses não são edifícios reais, mas criações imaginárias em papel, e, nesse laboratório irreal, plantas em papel têm preferência em relação às construções efetivas. Isso leva os estudantes à fantasia, ao egocentrismo e à presunção, e tudo isso é muito frequentemente confundido com criatividade. Por isso, os estudantes não estão preparados para enfrentar as realidades técnicas e econômicas encontradas em um escritório comercial de arquitetura, e muitos, depois da graduação, ficam amargamente

Na época em que eu era estudante, segundo a teoria modernista e apesar de milhares de anos de história arquitetônica, o uso de ornamentos foi simplesmente, e totalmente, ignorado. Tanto os professores como os alunos não pareciam ter consciência de que havia ocorrido alguma perda, mas o meu melhor amigo, Alonzo Tartt, uma vez sentiu-se compelido a desenhar um hidrante vermelho-claro na frente da fachada do meu projeto de estúdio. Gostei dele, mas esse atrevimento, como eu deveria ter esperado, foi apontado e criticado pela banca examinadora.

desapontados. Eles se culpam pelo que supõem ser o *seu* fracasso, e alguns abandonam a profissão.

Uma vez que o tempo designado para um "problema de projeto" é tão curto, o famoso epigrama de Mies van der Rohe, "Deus está nos detalhes", não é apropriado, pois não há tempo para estudar e imaginar detalhes. Também não haveria tempo para estudar e imaginar conjuntos de ornamentos, caso se tornassem um aspecto aceitável de um estilo arquitetônico moderno. Na verdade, a ausência de ornamentos na arquitetura modernista é reforçada pelo sistema de estúdio adotado nas escolas.

Outra fraqueza do sistema de estúdio é o modo como os vários projetos são recebidos e avaliados por uma banca examinadora e arquitetos visitantes, tal como as bancas classificam os desenhos arquitetônicos em competições profissionais. Uma desvantagem fundamental do sistema da banca, a falta de tempo para estudar adequadamente os vários projetos, é exagerada nas escolas, onde apenas quinze ou vinte minutos são destinados ao trabalho de cada estudante. O mais bem-sucedido é geralmente o novo ou o diferente, e a habilidade com que os desenhos são executados costuma prevalecer sobre qualquer mérito que o edifício teria se fosse realmente construído.

A avaliação pelo sistema de banca reforça, portanto, a tendência comum, por parte dos estudantes, de buscar uma solução notável, ou mesmo excêntrica, que seja atraente no papel. Os jurados tendem a fazer vista grossa diante de problemas práticos, em parte, novamente, em razão da limitação de tempo. Sua evidente falta de interesse é notada pelos estudantes e contribui para uma cisão a mais entre a concepção do projeto e os problemas da construção efetiva.

No entanto, espera-se que arquitetos conheçam uma ampla variedade de habilidades práticas, incluindo o conhecimento de materiais e métodos de construção, padrões de circulação, projeto estrutural e mecânico, e os requisitos dos códigos de obras. Por isso, uma série de cursos lhes é oferecida, os quais ensinam os fundamentos desses assuntos, mas eles são apenas parcialmente integrados no trabalho de projeto que é feito nos estúdios. Cursos semelhantes, porém muito mais complexos, sobre os mesmos assuntos são oferecidos para engenheiros, que precisam estudá-los de maneira muito mais profunda e, por isso, ficam mais bem preparados para se empenhar em construções reais.

Portanto, os estudantes passam a entender que a função de um arquiteto, ao contrário da de um engenheiro, é proporcionar beleza e deleite. Uma vez que esses conceitos de beleza e deleite são fundamentalmente incompatíveis com as suposições materialistas sobre as quais a engenharia está solidamente fundada, o estudante sensível torna-se consciente de um conflito entre arquitetura como engenharia e arquitetura como arte, conflito que nunca é efetivamente resolvido.

Esse conflito surge claramente durante os quatro ou cinco anos que eles passam estudando os problemas de estúdio que têm de enfrentar. Por um lado, ensina-se a análise científica e racional de estrutura e espaço; por outro, seus trabalhos são avaliados com base em seu assim chamado "atrativo estético". Quando estudei arquitetura na Universidade da Pensilvânia na década de 1950, esse fator do atrativo estético tendia a dominar o processo do projeto, mesmo que sua existência não pudesse ser justificada lógica ou cientificamente. Os cursos de estúdio eram, na realidade, direcionados em grande parte ao aprimoramento do que se considerava uma intuição estética subjetiva e individual. Para os críticos, um projeto parecia bom ou parecia ruim, e os estudantes tinham que aprender a reconhecer a diferença recorrendo-se à tentativa e erro aplicada à sua própria sensibilidade estética.

Não havia, porém, qualquer discussão teórica sobre a "estética" em si mesma, e o que ela poderia ser, ou, por

Banca examinadora avaliando o trabalho de uma aluna na Universidade da Pensilvânia.

A palavra estética, no meu tempo, fora quase completamente substituída por "beleza e deleite". Pode ser que haja algum valor em beleza e deleite, mas a estética poderia ser prontamente descartada como desnecessária no mundo "real" em que logo ingressaríamos. Anos depois, lembro-me de um cliente dizendo, enquanto estudava uma proposta de projeto: "É, a estética disso é fenomenal, mas não se pode vender estética!"

Kahn, mesmo naquela época, já havia projetado vários edifícios famosos. Modesto e despretensioso, ele era totalmente dedicado à arquitetura como arte e era venerado por muitos de seus alunos. Quando trabalhei em um projeto de estúdio sob sua direção, fiquei desapontado ao descobrir que ele encorajava uma imitação servil de seus próprios edifícios, não apenas por simples vaidade, mas por uma convicção absoluta de que o caminho que ele seguia era o único correto. Há um ditado zen-budista que diz: "Se você encontrar Buda no seu caminho, mate-o!" (Fotografia de cerca de 1977, por cortesia da Louis I. Kahn Collection, da Universidade da Pensilvânia e da Pennsylvania Historical and Museum Collection.)

mais estranho que pareça, nem sobre a beleza, apesar de ser a beleza, supostamente, o que importava na arquitetura. Também não havia uma visão unificante da parte dos vários críticos ou mestres que podiam relacionar o aspecto material, utilitário e funcional do nosso trabalho com a misteriosa sensibilidade estética, ou mesmo fornecer algum entendimento simples do que a sensibilidade estética poderia ser. Isso não foi resultado de negligência da parte dos instrutores; não creio que eles alguma vez consideraram o assunto, ou pensaram que isso fosse necessário. Eles simplesmente supuseram que a direção estabelecida, no início, pela Bauhaus e pelos "mestres modernistas" era o caminho certo a ser seguido e estavam satisfeitos em acompanhar a corrente. Nós, estudantes, estávamos de tal maneira desinteressados que também não levantamos a questão, embora, em retrospectiva, fique evidente que o problema era de grande importância, até mesmo essencial, para um entendimento da arquitetura.

A ideia de que a prática da arquitetura era basicamente uma disciplina científica e técnica parecia, sem exceção, ser aceita por todos os membros regulares da nossa faculdade. Louis Kahn, por exemplo, que estava apenas começando a obter uma reputação naquele momento, levou a sério suas responsabilidades como professor, e se encontrava com grupos de estudantes durante a noite para conversar sobre arquitetura e o que ela significava para ele. Parecia, pelo que Kahn dizia, que até mesmo as formas geométricas poderosas que ele intuitivamente buscava, e que deram importância duradoura a grande parte do seu trabalho, não eram válidas em si mesmas, mas eram aceitas apenas se pudessem ser logicamente justificadas em função de algum requisito utilitário.

Esse aspecto analítico e racional do pensamento de Kahn por vezes levava a resultados assustadores quando concluídos. Em certa ocasião, a maior parte do grupo de estúdio de Kahn projetou prédios altos de escritórios semelhantes a um projeto teórico de sua autoria que uti-

Teste de elevação da cúpula em alumínio do Planetário de Spitz, pela Geodesics, Inc., em Raleigh, Carolina do Norte. A cúpula foi projetada e construída por Jerry Batey, que trabalhou para a Geodesics, Inc. em 1956-57. No primeiro plano estão os largos tubos de aço usados na cúpula Union Tank Car Company, construída em Baton Rouge.

lizava estruturas espaciais denominadas *octet truss*[1], que haviam sido inventadas recentemente por Buckminster Fuller. Imitando Kahn, seus alunos, obedientemente, fizeram belos desenhos de estruturas de vários andares, completamente fechadas, que ziguezagueavam de um lado para o outro em conformidade com a configuração estrutural da treliça. Essas formas estranhas e nada práticas eram justificadas como uma expressão da resistência à pressão do vento!

Quando as notas foram atribuídas, um dos jurados era Lúcio Costa, um famoso arquiteto brasileiro. Ele fora trazido como crítico visitante pelo autor humanista Lewis Mumford, então membro da faculdade, para trabalhar como mestre de estúdio. Costa disse a Kahn que aquilo que ele fora solicitado a avaliar não era arquitetura, mas

R. Buckminster Fuller foi arquiteto, engenheiro e inventor, porém, acima de tudo, um espírito livre e criativo. Fuller era um homem pequeno e com pernas curtas. Lembro-me dele com carinho, sentado na ponta de uma prancheta de desenho na Geodesics, Inc., com aquelas pequenas pernas balançando no ar. (Fotografia reproduzida por cortesia de *National Archives: Photograph* Nº 79-2072.)

---

[1] Combinação de tetraedros e octaedros, formando uma espécie de treliça tridimensional capaz de preencher todo o espaço. Segundo seu autor, os dois sólidos platônicos, juntos, "produzem o mais simples e mais poderoso sistema estrutural do universo". (N. do R.)

alguma coisa mortal e destrutiva para o espírito humano. Assim, duas atitudes opostas foram observadas: a atitude lógica e científica responsável por formas tecnológicas novas e ousadas, e o humanismo antigo que se preocupava fundamentalmente com o aprimoramento da vida daqueles que habitariam os edifícios. Os comentários de Costa não foram bem recebidos pelo reitor e pelos outros jurados, e ele não voltou mais à faculdade.

Quem melhor representava o espírito da escola era R. Buckminster Fuller, famoso inventor da cúpula geodésica e da *octet truss*. Quando Fuller veio dar uma palestra na escola, ele falou como um materialista dedicado para quem a "beleza" não parecia ser uma preocupação. Baseava sua arquitetura, disse, na análise lógica e científica da maneira mais eficiente de isolar um espaço com um invólucro. Fuller se referia a uma casa como uma "válvula de energia". Ele parecia o exemplo ideal do arquiteto científico. Ele nos mostrou *slides* e ficamos fascinados pela beleza das estruturas de cúpulas que haviam sido supostamente desenvolvidas de acordo com suas teorias.

As estruturas geodésicas delicadamente articuladas, recobertas por um invólucro de poliéster Mylar claro, pareciam pertencer a outro mundo. Elas pareciam prenunciar um futuro em que a beleza evidente à nossa sensibilidade estética seria o resultado esperado da aplicação lógica da tecnologia moderna e científica ao problema de isolar o espaço de um recinto por meio de um invólucro. Não parecia haver necessidade de invocar uma sensibilidade estética para justificar esse efeito, pois o prazer estético supostamente fluía da expressão perfeita da lógica científica presente na forma dessas estruturas.

Ninguém questionou Fuller na época a respeito da suposta base utilitária de seu trabalho. Em sua palestra, ele se expressou em um jargão técnico-científico que impressionou a plateia, mas sua apresentação era tão confusa que ninguém entendeu o que ele estava tentando dizer. Se reavaliarmos seu êxito na criação da cúpula geodésica,

Octet truss, em Colúmbia, Maryland.

descobrimos que apesar das declarações contrárias de Fuller, as cúpulas eram eficientes somente para cobrir grandes instalações industriais ou espaços públicos. Havia muito espaço desperdiçado nas coberturas inclinadas, e as dificuldades de ajustar quartos, mobília, portas e janelas em uma forma circular eram proibitivas. Além disso, não parecia haver uma vantagem estrutural evidente em uma estrutura de cúpula baseada em uma geodésica, com a configuração de um grande círculo, ao contrário de uma estrutura baseada em uma geometria menos circular, tal como a que podemos observar ao examinarmos as linhas de latitude e longitude em um globo moderno.

As estruturas de Fuller eram baseadas na geometria dos sólidos platônicos: as cúpulas eram projeções do dodecaedro e do icosaedro, enquanto a famosa *octet truss* era uma combinação do octaedro e do tetraedro. Não sei se Fuller se importava com o fato de que seu trabalho esta-

Fiquei tão intrigado com a proposta estrutural de Fuller que me afastei temporariamente da universidade para trabalhar na Geodesics, Inc. durante alguns meses. Depois de vários anos, ainda cativado pela abordagem científica, projetei esse modelo de estrutura espacial, baseada na *octet truss* inventada por Fuller, para apresentar em uma competição informal entre projetos de um pavilhão para a *New York World's Fair* de 1964.

69

va organizado segundo formas antigas, arquetípicas, mas acredito que ele as procurava instintivamente, e elas tornavam seus edifícios belos. Fuller não era um charlatão, mas, antes, um homem dedicado e sensível. Depois de haver trabalhado para ele em 1957, concluí que ele sabia, intuitivamente, que a configuração geodésica estava certa, mas não podia admitir isso por razões que tinham pouco a ver com a análise lógica e científica.

Apesar de ter sido possível, na época, reconhecer que as ideias de ícones como Kahn e Fuller eram inconsistentes, para não dizer fundamentalmente falhas, nem estudantes nem professores (com exceção de Lúcio Costa, naquele momento) questionaram a base teórica da arquitetura moderna que era ensinada nas escolas e praticada pelos mestres. Os estudantes, com raras exceções, carecem do conhecimento básico necessário para criticar as suposições transmitidas pela faculdade. Além do mais, como foi o caso de Lúcio Costa, a crítica não foi bem aceita por aqueles que basearam suas vidas e seu trabalho na abordagem científica e tecnológica dos projetos arquitetônicos.

Porém, apesar dos problemas e fraquezas da instrução arquitetônica formal que recebemos, meus anos na Penn estão entre os mais felizes e emocionantes da minha vida, e acredito que isso também é verdade no que se refere aos meus colegas. Nosso entusiasmo era extraordinariamente grande, principalmente no início, quando estávamos dispostos a acreditar em nossos instrutores e aceitar a convicção tácita de que eles entendiam o que estavam fazendo e para onde estávamos indo. O desafio à criatividade inata e à liberdade de sonhar, que fazia parte do sistema de estúdio, era extraordinariamente estimulante.

Fomos depois alimentados pelo ideal de que tínhamos a missão de aprimorar as condições de vida, não apenas de uma minoria, mas de todos. Havíamos aceitado a ideia do arquiteto como um herói romântico – a "Verdade Contra o Mundo" expressada por Frank Lloyd Wright – e não pensamos em fazer aquela outra pergunta: "O que é Verdade?" *The Fountainhead* [*A Nascente*], um famoso romance da década de 1940, mais tarde adaptado para o cinema, estrelado por Gary Cooper no papel do arquiteto Howard Roark, reforçou essa imagem. A imagem criada por Ayn Rand do arquiteto como um gênio criativo, carregando a humanidade em seus ombros e apenas incidentalmente ficando com a garota incrivelmente linda, era irresistível para um bando de adolescentes, pseudoarquitetos como éramos.

Ainda no meu último ano na Penn, havia uma sensação de desconforto e falta de confiança que começava a permear a profissão. As certezas que haviam inflamado a imaginação daqueles que criaram o Estilo Internacional haviam se tornado menos seguras, e o rompimento abrupto com o passado foi vagamente entendido como aquilo que nos custou a nossa herança histórica. Não foi fácil ver a nós mesmos como parte de uma longa tradição que remontava a milênios no passado; em vez disso, os arquitetos contemporâneos pareciam técnicos, produzindo edifícios para programas compatíveis com orçamentos específicos. Como estudantes, estávamos livres para satisfazer nossa imaginação criativa, e considerar a nós mesmos como heróis românticos à maneira de Howard Roark, mas não estávamos inconscientes ao que acontecia lá fora, no mundo "real". Não apenas víamos a arquitetura como uma arte cada vez mais limitada pelos orçamentos, sistemas mecânicos, funções utilitárias e as imposições de clientes desinformados, mas também víamos mais e mais construções efetivas escaparem das mãos de arquitetos para as de construtores e engenheiros.

Afinal, qual era a especialidade particular de um arquiteto? Qual era a diferença essencial entre nossas habilidades e as dos engenheiros? No final, nos distinguíamos das outras profissões de construção apenas por nossa confiança na sensibilidade estética misteriosa que levava nossos críticos e professores a considerarem um projeto bom ou ruim. Mas se a sensibilidade estética era considerada

A situação permanece a mesma até onde eu sei. Em uma visita recente à Graduate School of Fine Arts da Universidade da Pensilvânia, descobri que as mudanças que ocorreram nos últimos quarenta anos foram apenas superficiais.

Eu estava profundamente fascinado pelo rigor científico. O modelo acima foi projetado para minha tese de mestrado como um protótipo pré-fabricado, para ser produzido em massa, feito de tubos de alumínio e painéis pré-moldados. Cada uma de suas partes era leve o bastante para ser carregada por um homem. Foi muito divertido, mas um dia tive uma visão de um mundo coberto com milhões dessas estruturas, e fiquei horrorizado.

um fenômeno puramente subjetivo, não havia padrão objetivo que pudesse ser usado para avaliá-lo. Pensava-se que se tratava de uma questão de "gosto", e em uma sociedade orientada de modo democrático o gosto de uma pessoa era presumivelmente tão bom quanto o de qualquer outra. Parecia não haver base para a afirmação de que um arquiteto possuiria uma inspirada percepção superior sobre aquilo que era belo, e se essa afirmação não fosse válida, que valor teria um arquiteto?

A ideia de que a proporção, a harmonia e a beleza seguem leis que podem ser estudadas como uma disciplina nunca foi expressada, muito menos ensinada. No entanto, todas as culturas do passado que estudamos em nossos cursos de história da arquitetura tinham consciência dessas leis, e seus edifícios foram projetados de acordo com elas. A famosa elevação frontal do Partenon era apresentada, em nosso curso de história da arquitetura, para demonstrar a aplicação do retângulo áureo na fachada, mas nenhuma explicação da importância matemática des-

A FORMAÇÃO DO
ARQUITETO MODERNO

sa forma, e muito menos de sua importância espiritual ou esotérica era jamais apresentada. O mesmo pode ser dito de todas as outras figuras e formas nas quais os arquitetos baseavam seus projetos desde a antiguidade remota até o século XX. É de conhecimento popular que arquitetos devem ser bons em matemática, mas a única matemática que parecíamos precisar era a aritmética mundana exigida para o pensamento simplificado do projeto de engenharia, conveniente aos arquitetos. O tipo de matemática que havia produzido o Partenon era ignorado.

O problema não era endêmico na Penn; aplicava-se a todas as escolas de arquitetura daquela época e, até onde sei, continua até hoje. A. T. Mann, em seu livro *Sacred Architecture*, escreve sobre sua experiência como estudante na Cornell: "Ano após ano, na presença de algumas das maiores mentes da arquitetura na prática e na academia norte-americanas, esperei que alguma delas abordasse o assunto que eu ansiava por entender – a base sagrada da arquitetura – mas nenhum deles jamais o fez."[2] A experiência de Mann foi semelhante à minha, mas, ao contrário dele, eu não tinha ideia de que *poderia* haver uma base sagrada para a arquitetura. Eu só sabia de maneira instintiva que algo estava errado, e em minha confusão presumi que era a falta de rigor na análise lógica e científica de um problema.

Por que as leis da proporção, da harmonia e da forma são tão negligenciadas, e até mesmo ignoradas, nas escolas? Em primeiro lugar, a sabedoria aceita vê uma progressão linear da cultura da remota pré-história até nossa própria era. Os grandes edifícios do passado podem, portanto, ser brevemente admirados e a geometria antiga e arquetípica em que seus projetos se baseavam pode ser descartada como superstição. Em segundo lugar, edifícios contemporâneos, não importa quão vazios e estéreis em

Minha experiência em Chartres, descrita na introdução, foi algo como "uma revelação estrondosa". Com essa revelação, iniciou-se a minha busca pelo entendimento, que culminou neste livro.

---

[2]   A. T. Mann, *Sacred Architecture* (Rockport, Me.: Element Press, 1993), p. 7.

O Templo de Seti I, em Abidos, Egito, é um exemplo de ordem, mistério e magia.

perto as suposições que prevalecem e a organização da sociedade na qual ele precisa exercer sua função, o arquiteto deve buscar maneiras de expressar o idealismo e a criatividade que trouxe à profissão. Ele aprende rapidamente que seus piores medos estão prestes a se tornarem reais e que dentro da estrutura da sociedade há pouca esperança de ele realizar seus sonhos.

O dever de um arquiteto já foi o de construir o templo para o homem, e esse templo não era apenas um edifício especificamente dedicado à adoração de Deus. Ele era o ambiente do homem. Cada estrutura que se ergueu sobre a face da Terra era projetada para refletir a ordem, o mistério e os poderes mágicos inerentes ao cosmos. A arquitetura era então a arte de incorporar a percepção espiritual profunda no tecido estrutural do ambiente que criamos para nós, e no qual trabalhamos, nos divertimos, e cultuamos. Ela era a expressão desse entendimento espiritual revelador que há muito tempo se acreditava que constituísse a beleza de um edifício.

Os arquitetos ainda se sentem motivados a passar longas e infrutíferas horas na esperança de poder obter algo que eles e o mundo considerem belo, mas aqueles que aceitam as premissas do materialismo racional não podem, logicamente, admitir nem a existência de Deus nem a divindade do homem. Tal atitude pode apenas se traduzir em uma expressão arquitetônica degradada. Sem a crença de que há um valor e um propósito em seu trabalho, que transcendem a existência material, e na ausência de uma percepção do cosmos e da Terra que reconheça ambos como realidades vivas, seus maiores esforços inevitavelmente irão malograr.

Hoje, após a revolução, os arquitetos veem a si mesmos como técnicos, e são vistos da mesma maneira por aqueles que os contratam. Eles se contentam em se ver como os coordenadores e, de certo modo, os mestres das várias disciplinas de engenharia empregadas em projetos de edifícios, mas o sentido do seu antigo papel sagrado

A FORMAÇÃO DO
ARQUITETO MODERNO

desapareceu completamente, e poucos arquitetos têm de fato consciência de que algo se perdeu. Os melhores dentre eles sentem um desejo vago e humanista de recorrer a algum meio para "tornar as coisas melhores", mas mesmo eles têm pouca confiança no valor de agregar estética a uma estrutura utilitária. Por isso, eles começam a negociar com seus clientes em uma posição de fraqueza, e são geralmente incapazes de convencê-los de que uma preocupação com a estética tem algum valor.

Em sua maioria, os arquitetos jovens aceitam a situação, reprimem sua hostilidade e seu ressentimento, e culpam a si mesmos por fracassarem em seus sonhos, e empenham-se para obter o sucesso social e financeiro que nossa sociedade considera um objetivo digno. Outros, mais dolorosamente desiludidos, encontram outra vocação, e assim nós descartamos da profissão muitos daqueles que seriam os mais capazes de exercê-la.

A experiência de A. T. Mann é, mais uma vez, típica. Ele escreve que depois de cinco anos na Universidade de Cornell, e depois de trabalhar para algumas das principais empresas de Nova York e de Roma, "tive de deixar o mundo da arquitetura para descobrir as primeiras sementes de significado no campo que eu amo".[3] Mann deixou seu trabalho, viajou e estudou, e foi capaz de encontrar um novo modo de expressar o que ele considera significativo na arquitetura. A maioria dos arquitetos é menos afortunada; eles procuram abrir seu próprio negócio, são incapazes de encontrar clientes, e passam suas vidas profissionais trabalhando para outras pessoas, produzindo edifícios que lembram apenas vagamente aqueles que antes imaginaram construir.

Inevitavelmente, a profissão passou a ser controlada por grandes empresas corporativas de arquitetura que podem garantir a criação de um produto confiável, dentro do prazo e com um custo preciso. A arquitetura se tornou,

---

[3] *Ibid.*, p. 10.

em outras palavras, um negócio como qualquer outro, e os líderes da profissão, com poucas exceções, não são vistos como artistas criativos, mas como empresários bem-sucedidos. O advento da criação de projetos com a ajuda de computador apenas acelera o processo. O arquiteto, como artista, é ainda mais excluído da construção efetiva de edifícios, e a produtividade quantitativa possibilitada pelo computador está diminuindo de maneira drástica tanto a qualidade do trabalho como o número de arquitetos.

Outrora era considerado um privilégio ser membro do American Institute of Architecture. Agora, a necessidade de uma organização como essa é questionada, e os arquitetos queixam-se de que o instituto não faz o suficiente para promover uma legislação federal favorável a eles. *Architecture*, a revista anteriormente publicada por esse instituto, se tornou mais uma publicação elegante para mesas de café, exaltando as virtudes dos edifícios horrorosos produzidos pelos arquitetos corporativos de nossa época.

Jonathan Hale, arquiteto e autor, escreve:

> Falei a um grupo de arquitetos sobre intuição durante uma manhã. Falei sobre visão e sobre como edifícios conectam as pessoas ao mundo. Falei sobre como a magia e o sentido de lugar surgem de nós mesmos. Fiquei preocupado achando que eles poderiam dizer que toda essa conversa sobre visão e intuição não passava de conversa "mole". Não esperava a reação deles: eles pareciam tristes. Eles estavam muito longe de considerar aquilo como conversa mole. Estavam se perguntando se existia alguma razão para a arquitetura. "Talvez o que fazemos não seja mesmo tão importante", um deles disse. Como eles pareciam sombrios![4]

Os arquitetos estão conscientes do declínio contínuo do valor que a sociedade confere ao seu trabalho. As an-

[4] Jonathan Hale, *The Old Way of Seeing* (Nova York: Houghton Mifflin Co., 1994), pp. 126-27.

tigas visões do arquiteto como um herói romântico, carac-
terizadas pela "Verdade Contra o Mundo" de Frank Lloyd
Wright ou por Howard Roark, o herói do romance de Ayn
Rand, são abandonadas com relutância, ou consideradas
pueris no contexto da situação real. E, nessa situação, eles
se encontram indefesos ao se confrontarem com a destruição de seus sonhos. Como seres sociais, nunca questionaram as suposições básicas subjacentes àqueles valores
que são tão contrários à prática da profissão que uma vez
adotaram com idealismo e amor. Eles estão indefesos porque não percebem que são essas suposições que negam
seu conhecimento intuitivo do propósito, do significado e
da existência de Deus.

É paradoxal que enquanto o poder e a influência reais
da profissão declinavam, os arquitetos eram estimulados
por seus críticos a preencher um papel social ainda mais
significativo. Siegfried Giedion, por exemplo, em *Space,
Time and Architecture*, um livro que fala das aspirações
dos arquitetos modernistas das décadas de 1940 e 1950,
disse que a principal tarefa do arquiteto contemporâneo
era a interpretação de um "modo de vida capaz de valer
para a nossa época".[5] Arquitetos leem essa declaração impressionante sem a mínima ideia do que devem fazer, ou
de como fazê-lo.

Karsten Harries escreveu em um livro recente:

> Para ter o seu lar no mundo, ou seja, para construir, os
> seres humanos precisam obter mais do que controle fí-
> sico. Eles precisam estabelecer controle espiritual. Para
> fazer isso, devem extrair, com vigor e determinação,
> ordem do que a princípio parece contingente, fugidio
> e confuso, transformando caos em cosmos. Isto é, cons-
> truir de verdade é concluir algo de maneira muito seme-
> lhante ao que se acredita que Deus tenha feito quando

O Estilo Internacional representou de fato um modo de vida apropriado para a nossa época. Por que Giedion, partidário e entusiasta da arquitetura modernista, recusa-se a reconhecer esse fato? Pode ser que, em algum nível intuitivo, ele estava consciente da aridez e da desumanidade do trabalho que elogiou.

---

[5] Siegfried Giedion, *Space, Time and Architecture: The Growth of a New Tradition* (Boston: Cambridge Press, 1941, reeditado em 1997), p. xxxiii.

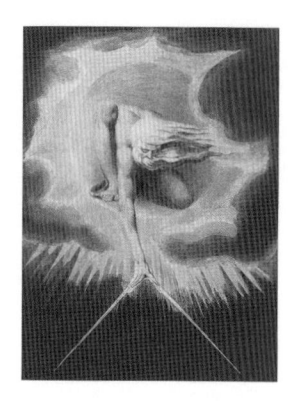

Deus, o Criador, com o compasso na mão, retratado pelo poeta William Blake.

criou o mundo. Não é de se admirar que se tenha pensado tantas vezes no arquiteto como a imagem do Criador, e o Criador como a imagem do arquiteto.[6]

Harries exprimiu sucintamente uma nobre visão do papel do arquiteto, mas é uma visão que não se relaciona com a posição atual do arquiteto em nossa sociedade. No entanto, ele inadvertidamente indicou a natureza religiosa do problema. Como se pode pedir a um arquiteto para estabelecer controle *espiritual* em uma era em que a filosofia dominante do materialismo científico nega totalmente a existência de uma realidade espiritual?

Harries conclui que devemos deixar Deus de lado e encontrar nossa inspiração na ordem humana. Ele intitulou seu livro *The Ethical Function of Architecture*, mas se a vida humana individual é efêmera e destituída de um significado transcendental, a ética sobre a qual escreve é logicamente dependente do condicionamento social, um imperativo muito mais fraco. Na busca por prazer, entretenimento, distração ou novidade, ou sob a influência de um líder carismático, o condicionamento social é com muita frequência subvertido. Somos então deixados em uma posição amoral, tal como aquela que se encontra nos escritos do Marquês de Sade, onde a coisa mais assustadora não são as lubricidades, mas sim o tédio, a frustração e a futilidade que há por trás delas.

Jonathan Hale, em seu livro *The Old Way of Seeing*, descreve o fracasso da visão intuitiva, que considera responsável pela degradação do ambiente arquitetônico.[7] Ele se refere à "magia" nos velhos edifícios, ruas e cidades. Mas para que se faça a magia, é necessário que haja um mago que entenda a magia como um modo de modelar a realidade. Uma crença nesse tipo de magia é claramente incompatível com o paradigma materialista.

---

[6] Karsten Harries, *The Ethical Function of Architecture* (Cambridge, Mass.: M. I. T. Press, 1997), pp. 109-10.

[7] Jonathan Hale, *The Old Way of Seeing*.

Colin Wilson, quando jovem e pobre, na tradicional posição de *"outsider"*, escreveu um livro, na verdade chamado *The Outsider*, sobre poetas, artistas e filósofos da era moderna, incapazes de aceitar tanto as suposições materialistas como as formulações da crença religiosa tradicional.[8] Para Wilson, tais pessoas são *outsiders*, e é interessante observar que os arquitetos não estão listados entre aqueles que ele estudou. A arquitetura é uma arte social e precisa operar dentro dos limites da ordem social existente. O arquiteto que não puder agir assim precisa desenvolver uma visão pessoal ou abandonar a profissão. Isso não significa que os arquitetos não experimentam a alienação sobre a qual Wilson escreve; significa que isso é raramente expressado em suas obras. Todos os arquitetos jovens que anseiam por passar a vida na criação da beleza são, pela natureza de seus sonhos, *outsiders*.

Uma após a outra, classes de jovens estudantes, ansiosos e entusiasmados, passam pela universidade para receber seu diploma em arquitetura e entrar no mundo prático da profissão. Acima da porta para esse mundo deveria estar gravado: "Abandonai toda esperança ó vós que entrais." Mas a parte mais triste da questão é que, diante de uma oportunidade rara e ocasional de produzir um trabalho de poder e imaginação, os arquitetos de nossa época carecem da habilidade para fazê-lo. Naturalmente, eles estão despreparados por causa do treinamento e da instrução que tiveram, mas, em um sentido mais profundo, estão despreparados por causa de sua formação social e das suposições em que essa formação está baseada. Eles não são magos e não se tornarão magos até que sejam capazes de avançar além dos parâmetros de seu condicionamento social. Em algum nível de consciência, eles devem saber disso. Talvez o conhecimento responda pela tristeza que Jonathan Hale encontrou quando falou sobre visão e intuição para um grupo de arquitetos.

---

[8] Colin Wilson, *The Outsider* (Nova York: G. P. Putman, 1982).

4
O PARADIGMA MATERIALISTA

O relógio foi um modelo óbvio para os "sábios" que desenvolveram a concepção materialista do cosmos. A fotografia mostra as partes funcionais de um relógio de mola.

Um novo modelo do cosmos

A função antiga do arquiteto como artista era a de expressar, sob forma material, a compreensão profunda de uma realidade espiritual superior, e desse modo tornar essa compreensão disponível a outras pessoas. Na ausência de uma crença em tal realidade, alguns teóricos modernistas defendem a função do arquiteto de ornamentar e decorar simples abrigos utilitários e torná-los mais agradáveis esteticamente. A palavra *estética* implica uma divisão fatal entre arte e vida, e uma atitude que considera a beleza como um acréscimo desnecessário, isolado da estrutura e da função do todo.

Essa postura moderna vem sendo moldada pelas filosofias materialistas que surgiram nos últimos três séculos. Ela é visível na forma dos edifícios que hoje construímos, e levou à perda de confiança no valor do projeto arquitetônico contemporâneo, como já mencionei. O modelo materialista do cosmos é, em última análise, responsável pelo colapso da arquitetura de nossa época.

Os princípios essenciais das filosofias materialistas são resumidos aqui como o "paradigma materialista". O paradigma materialista é um modelo do cosmos que reconhece como reais apenas os fenômenos que podem ser apreendidos e medidos por meio dos cinco sentidos, ou pelo uso de um instrumento como o microscópio ou o telescópio, que intensifique a percepção dos sentidos. No âmbito do paradigma, somente é real aquilo que tem peso e medida e que ocupa espaço. O tempo está relacionado com o espaço por meio do movimento mensurável de objetos no espaço. Considera-se que cada fenômeno "real" observado tem uma causa material. Acredita-se que o mundo, ou cosmos, pode ser explicado pela aplicação do intelecto racional à análise objetiva, matemática, dos dados sensoriais significativos. O método pelo qual fenômenos quantificáveis devem ser estudados é analítico e redutivo. O todo deve ser entendido pela redução dele em suas partes, estudando cada uma delas isoladamente e de modo detalhado, e recombinando-as de acordo com os princípios da causalidade mecânica – em outras palavras, como se fossem partes de uma máquina.

O problema que a existência da vida e da consciência como fenômenos reais, porém não materiais, nos impõe foi supostamente resolvido pela teoria da evolução de Darwin. Os darwinianos acreditam que a vida começou em consequência da transformação acidental de compostos químicos em formas de vida simples, quando uma coincidência aleatória possibilitou que certos elementos interagissem na presença de temperaturas e pressões adequadas. Essas formas simples teriam então se transformado gradualmente, pela seleção natural e sobrevivência do mais apto, em formas complexas, um processo que perdurou até o surgimento dos animais superiores. Depois de Darwin, foi possível acreditar que toda a existência, incluindo a própria vida, nada mais era que o resultado de um imenso mecanismo impessoal. O materialismo foi assim elevado ao *status* de uma teoria abrangente dos prin-

A arte reflete o espírito de sua época. De todas as artes, a arquitetura é a que reflete a imagem mais verdadeira.
— John Anthony West
[em uma palestra]

cípios e leis que regulam o universo e fundamentam todo o conhecimento e toda a realidade.

Não há um lugar lógico no paradigma do materialismo para a crença na existência de um Ser Superior, ou em qualquer propósito transcendental da existência, ou qualquer forma de vida após a morte. A persistência de tais crenças é considerada como o resultado da fraqueza humana diante de uma verdade terrível. A própria consciência, incluindo a dos filósofos materialistas, é concebida como nada mais que o resultado de uma adaptação, resultante da necessidade de sobrevivência, às exigências da vida. A visão mística, a experiência do amor, a percepção intuitiva de uma realidade mais profunda intrínseca à alma, e a resposta positiva à beleza são abandonadas como fenômenos irreais e subjetivos.

No Ocidente cristão, o materialismo foi elevado ao seu *status* atual como uma filosofia coerente no início da era Moderna. Naquela época, um movimento filosófico europeu, chamado Iluminismo, estabeleceu a maneira pela qual ainda tentamos entender o mundo. Ela é caracterizada pelo racionalismo, um impulso que nos leva a aprender com base nos dados observados, e um espírito de ceticismo e de empirismo no pensamento político, social e religioso.

O assim chamado iluminismo experimentado pelos eruditos dos séculos XVII e XVIII não se referia à obtenção de uma profunda e esclarecedora percepção mística, como a palavra sugere. Ele era, acima de tudo, uma negação do sufocante domínio religioso e espiritual reivindicado pela Igreja Cristã. Isso não quer dizer que a Igreja tenha sido completamente rejeitada: cada indivíduo encontrou seu próprio compromisso com a instituição. Contudo, membros importantes do novo movimento filosófico sentiram uma hostilidade subjacente com relação à Igreja e ao cristianismo ensinado pela Igreja. Essa atitude hostil desempenhou um papel de importância crucial na formação da visão científica atual, que nega a validade de *qualquer* crença religiosa.

Aqui a palavra "Igreja" não se refere somente à Igreja (católica e ortodoxa) romana, a instituição sob a qual o Império Romano estabeleceu e impôs o sistema de crença ao qual praticamente todos os cristãos aderiram, mas também às principais seitas e doutrinas que se separaram da instituição, mas ainda se mantêm fiéis aos dogmas básicos. A Reforma limitou-se apenas a mudar a relação política entre os Estados nacionais em ascensão e a hierarquia papal romana — somente grupos de "esquerda" como os quacres empreenderam uma revisão significativa dos dogmas. Um observador imparcial encontraria poucas diferenças entre as práticas das igrejas anglicana, luterana, ortodoxa e católica romana, e nenhuma diferença fundamental entre essas e os dogmas e práticas da maioria das seitas protestantes e evangélicas.

A Igreja, particularmente a católica romana (como essa instituição foi chamada depois da Reforma), durante toda a sua existência, perseguiu a "heresia", a qual passou a incluir qualquer coisa e qualquer pessoa que contrariasse os seus ensinamentos. Desse modo, as descobertas resultantes do novo empreendimento científico foram rejeitadas, e a perseguição de cientistas – assim como de judeus e cristãos dissidentes – continuou até que o crescente poder secular da nação-Estado forneceu alguma proteção. Por isso, a hostilidade com relação à Igreja, sentida pelos que foram mais tarde consagrados como o novo sacerdócio da ciência, foi, pelo menos em parte, o resultado de um medo bem justificado da crueldade e da brutalidade que poderiam ser impostas pela instituição.

A insistência tola na verdade literal da Bíblia cristã fez com que ela fosse rejeitada por um número sempre crescente de pensadores, que inclui os mais influentes dos últimos três séculos. No entanto, mesmo que a rejeição da Bíblia como a "palavra de Deus" não implicasse uma rejeição do impulso religioso, ou mesmo do cristianismo, era difícil distinguir um do outro. A grande ficção histórica, promulgada com êxito por meio da persuasão e da força, foi a de que a salvação seria encontrada apenas pela devoção e submissão aos dogmas e à autoridade da Igreja. Quando essa autoridade foi abalada, a Igreja não foi a única a ser desacreditada, pois também se perdeu a confiança na capacidade de percepção transcendental e espiritual.

Por mais que os homens possam continuar governando suas vidas de acordo com a antiga crença em uma realidade imaterial, a concepção teórica do cosmos que passou a governar sua sociedade tornou-se cada vez mais mecanicista, ateísta e materialista, e a ciência continuou a resistir a qualquer tentativa de introduzir uma visão mais holística da existência. O sistema materialista foi entendido de modo simples e fácil: um modelo mecânico do universo em uma época em que a tecnologia das máquinas estava emergindo como uma das maiores forças sociais era imensamente cativante. O enorme corpo de evidências contraditórias e confusas foi então ignorado ou suprimido. Tipicamente, preferimos o que é seguro e familiar, e quando confrontados com o complexo e estranho, nos refugiamos em um paradigma simples, e até mesmo inadequado, e resistimos desesperadamente a qualquer evidência que poderia ameaçá-lo. A história da ciência está repleta de exemplos desse tipo de comportamento, como também o está toda a história da humanidade, e à medida que os padrões aceitáveis de crença científica continuaram a se fortalecer nos séculos XIX e XX, tornou-se cada vez mais difícil considerar uma alternativa intelectualmente persuasiva à posição metafísica materialista.

Não se está sugerindo, entretanto, que uma filosofia que fez cair no esquecimento tudo o que por muito tempo foi considerado como da mais profunda significação para o homem fosse universalmente, ou mesmo amplamente, aceita pela população com um todo. O que acontece, na verdade, é que durante os três últimos séculos o paradigma fascinou a imaginação das mentes mais aguçadas, e por isso passou a dominar as instituições que lideram e direcionam as mudanças e o desenvolvimento da sociedade. Essas instituições incluem não apenas escolas e universidades, mas também a mídia, a burocracia administrativa e os centros de poder comercial, militar e financeiro.

Hoje, as nações cristãs ocidentais dominam o mundo, e as mais poderosas são as que aceitaram mais completamente o paradigma. A abundância material que o povo dessas nações possui é a maior que jamais foi antes alcançada. O avanço surpreendente que resultou do intenso estudo do domínio material trouxe poder e prestígio aos principais cientistas, e o vínculo da ciência com a tecnologia da emergente revolução industrial reforçou sua autoridade, e a do paradigma que adotam.

Embora a imersão da mente no mundo material tenha sido negada por toda grande religião, incluindo o cristianismo, como um objetivo digno da existência humana, em uma inversão notável, a própria religião passou a ser cada vez mais irrelevante para a elite intelectual. Pela primeira vez na história da experiência humana, uma filosofia inteiramente materialista passou a dominar o arcabouço conceitual de nossa vida. Nenhuma religião nova ou reinterpretação das crenças existentes desafiou a concepção materialista do cosmos, e a moralidade que outrora foi sustentada por uma crença religiosa quase universal entrou em declínio e degenerou. Para a grande maioria das pessoas no Ocidente, a "religião" se tornou, por um lado, o território da Igreja romana, e por outro, o dos fundamentalistas. Há uma situação semelhante no islamismo, enquanto no Oriente os grandes sistemas filosóficos do hinduísmo, do budismo e do taoismo recuam frente aos avanços do materialismo ocidental. A "ciência" se tornou a nova religião do homem moderno, que inclui seu sacerdócio e seus dogmas, e a devoção dos seus fiéis é atestada pela militância dos que apoiam doutrinas ateias para as quais, como veremos, não há qualquer justificação racional.

Nos dias de hoje, no Ocidente cristão, de onde é oriundo, o paradigma jamais se mostrou tão forte e difundido, e continua a estender seu domínio sobre o restante do mundo. O resultado pode ser observado no desastre ambiental que se abate progressivamente sobre o mundo e na crescente desorganização social com que a humanidade se defronta dois mil anos depois do nascimento de Cristo e do início da Era de Peixes.

O niilismo, o desespero e a decadência das artes

A era da mente racional, uma era que nega a intuição, que nega o propósito transcendental e que nega a beleza, é uma era caracterizada pelo niilismo e pelo desespero. Niilismo e desespero são vivenciados não somente por

Essa enorme estátua de alumínio polido foi comprada por uma comissão pública de artes de Baltimore e construída, a um custo alto, em frente a uma estação ferroviária eclética projetada por Daniel Burnham. Lembra, e tinha a intenção de lembrar, um par de gigantescos bonecos de papel, um homem e uma mulher unidos pelo seu eixo vertical. O seu efeito é obtido pelo tamanho grotesco de sua réplica em metal. Está deliberadamente fora de escala em relação ao edifício elegante e antigo que deveria ornamentar, e assim afronta não apenas o edifício, mas também a tradição artística e cultural que ele representa. Pode ser considerada como uma expressão de protesto, mas é vazia de qualquer outro significado. É, portanto, uma imagem do desespero niilista.

poetas, artistas ou arquitetos que não conseguem mais acreditar na importância de sua própria obra ou se orgulhar de sua integridade, mas também por todos os que aceitam o paradigma. Esses indivíduos, diferentemente de homens e mulheres do período medieval, não conseguem mais pensar em si mesmos como seres semidivinos dotados de uma alma ou uma entidade espiritual que não morre, mas está inseparavelmente ligada ao mistério supremo que chamamos de "Deus".

Lembro de minha própria experiência quando criança, na década de 1930, em que pela primeira vez me tornei consciente da visão científica da existência. Lembro-me de que sentia pavor do vazio, e que não conseguia encontrar conforto que me protegesse dessa visão nos ensinamentos

O PARADIGMA
MATERIALISTA

brandos e vazios da igreja Metodista local. Ainda me recordo da irritação e do ressentimento do pastor, ainda assim um homem digno, simplesmente incapaz, no contexto da época, de transmitir a convicção de uma fé viva.

Para uma criança já era assim. E, no entanto, até mesmo os homens da ciência, quando contemplam a futilidade de uma existência acidental e sem propósito transcendente, e, portanto, sem Deus, passam pela experiência do desespero. O grande matemático e filósofo vitoriano Bertrand Russell, que quando jovem teve uma experiência que poderia ser considerada mística, resumiu a percepção materialista da seguinte maneira:[1]

> Que o homem é o produto de causas que não haviam previsto o fim que alcançariam; que sua origem, seu crescimento, suas esperanças e seus temores, seus amores e crenças são apenas o resultado da colisão acidental de átomos; que nenhum entusiasmo, ou heroísmo, nenhuma intensidade de pensamento e de sentimento pode preservar a vida de um indivíduo para além de sua morte; que todo o trabalho das eras, toda a devoção, toda a inspiração, todo o brilho solar do gênio humano estão destinados à extinção na morte cósmica do sistema solar; e que todo o templo das realizações do homem será inevitavelmente enterrado sob os escombros de um universo em ruínas – tudo isso, se já não está fora de questão, é tão certo que nenhuma filosofia que rejeita essas ideias tem a esperança de sobreviver. Apenas sobre os andaimes dessas verdades, apenas no firme fundamento do desespero obstinado, a habitação da alma pode ser então construída.[2]

Bertrand Russell: 1872-1970. (Fotografia reproduzida por cortesia da *Pratt Library*, Baltimore.)

---

[1] Bertrand Russell, *The Autobiography of Bertrand Russell: 1872-1914* (Boston: Little, Brown and Co., 1967), pp. 220-21.

[2] Bertrand Russell, citado em John Anthony West, *The Case for Astrology* (Nova York: Viking, 1991), pp. 446-47; e citado em E. A. Burtt, *The Metaphysical Foundations of Modern Science* (Londres: Kegan Paul, Trench, Trübner & Co., 1932), p. 9.

O senhor Russell, um dedicado cientista, conseguiu transmitir de maneira mais clara do que qualquer um dessa geração a dor, o medo do vazio e a falta de esperança dos que se sentem compelidos pelas convicções de sua inteligência a aceitar as suposições materialistas. Ao mesmo tempo, e com muita frequência, escondida na retórica esplêndida desse "portador de más notícias", existe uma certa complacência e satisfação egotista e perversa em sua própria aceitação dessa terrível perspectiva, enquanto o uso confiante das expressões "fora de questão" e "tão certo", como veremos, é desmentido pelos fatos.

Mas se o senhor Russell, um cientista e líder da humanidade, independentemente de quão desorientado estivesse, sucumbe ao "desespero obstinado", o que dizer dos arquitetos, poetas e artistas que veem seu trabalho se tornar banalizado pela doutrina da estética?

Como dissemos, a teoria da estética é um desenvolvimento necessário da filosofia materialista. Uma vez que, no âmbito da filosofia, fenômenos que tenham uma base que não é material não podem ser logicamente reconhecidos como "reais", torna-se difícil para os materialistas racionalizarem a importância da beleza para o indivíduo. A solução usual tem sido a de propor a existência de um peculiar "sentido estético", uma faculdade especial que responde à beleza com uma experiência de prazer físico ou mental. Alguns acreditam que esse prazer está ligado à satisfação do ego, à capacidade para absorver as dificuldades do trabalho, triunfando assim contra uma totalidade complexa e altamente organizada. Outros adotam a interpretação de Freud, e veem a arte como uma tentativa de escapar em direção ao mundo ideal vislumbrado durante a infância. Uma vez que nenhuma dessas ou de quaisquer outras explicações materialistas é convincente, o verdadeiro papel da beleza, sua relação com a verdade e seu lugar em nossa vida é amplamente ignorado pela filosofia materialista.

A contraproposta de que a criatividade de um artista ou arquiteto pode alcançar revelações, percepções intuiti-

O paradigma
materialista

vas profundas a respeito da natureza de uma realidade superior, que é inacessível à análise lógica, e que o papel do artista na sociedade consiste em tornar essas revelações parte da herança comum da humanidade, não é levada a sério, sendo descartada por aqueles que apoiam o paradigma materialista.

Essa perda do que era a função tradicional do artista e a difamação da alma humana, que resultam da aceitação do paradigma, tiveram como consequência a alienação e o desespero sentidos por muitos dos mais proeminentes poetas e artistas dos dois últimos séculos. Exemplos da literatura são William Blake, Wordsworth, Matthew Arnold, Dostoiévski, Camus, T. S. Eliot e os poetas *beat* da minha geração, entre tantos outros. No caso dos artistas visuais, a imagem de um pintor ou escultor descontente e faminto em um sótão se tornou parte aceita do folclore dos séculos XIX e XX, o suficiente para que passasse a ser considerada condição normal da criatividade artística. Em uma inversão curiosa, alguns artistas e poetas voltaram-se contra si mesmos e atribuíram a revelação profunda que tiveram a uma doença. No romance *Doutor Fausto*, o herói de Thomas Mann, Adrian Leverkuhn, contrai sífilis de modo deliberado para intensificar os seus poderes criativos. Nietzsche, que ao fim do século XIX declarou a morte de Deus, de *fato* contraiu sífilis e enlouqueceu. Em sua maioria, esses artistas apenas procuravam se retirar de uma visão da realidade que intuitivamente sentiam ser uma perversão da verdade, ou formular alguma conciliação que lhes permitisse continuar a participar de uma realidade social que detestavam. Outros continuaram a censurar a tendência predominante de suas sociedades. Na arquitetura, Frank Lloyd Wright projetou uma comunidade hipotética e utópica, Broadacre City, como uma expressão de seus ideais democráticos emersonianos.[3]

---

[3] Frank Lloyd Wright, *When Democracy Builds* (Chicago: University of Chicago Press, 1945).

O Second Bank of the United States serviu de modelo para os edifícios da arquitetura neogrega do século XIX. Esse pequeno edifício em Baltimore foi construído em granito e mármore, seguindo o mesmo estilo, mas não como um banco, e sim como uma escola pública.

Pode-se supor que tal oposição, difundida entre tantos indivíduos sensíveis, tivesse disparado algum tipo de alarme, talvez com base no princípio do canário na mina de carvão, mas não o fez, e o desespero fundiu-se com a ira. Artistas, escritores e músicos, e mais tarde até arquitetos, declararam, com uma força nascida do ódio, que na ausência de algo além de seu próprio ego, este ego era supremo. Por isso, eles procuraram destruir a base da ordem nas artes, juntamente com qualquer ética transcendental que pudesse ser aplicada na avaliação de sua própria obra. O processo foi facilitado pela mídia e pela inquietação da sociedade, sempre procurando alguma nova sensação capaz de obscurecer a falta de propósito de uma existência que não reconhece a presença imediata do grande mistério que chamamos de Deus.

Se a função mais nobre de um artista é expressar em forma material a sua percepção reveladora sobre o grande mistério, então a negação da importância, ou mesmo da existência dessa percepção tornou inevitável uma deca-

dência nas artes e na arte da arquitetura. Essa decadência, a princípio, era imperceptível, mas à medida que a nova avaliação do homem e do cosmos tornava-se mais persuasiva, houve uma perda progressiva da inspiração. Jonathan Hale situa o início do atual declínio acentuado na década de 1840, quando arquitetos nos Estados Unidos começaram a basear as formas de seus novos edifícios nos da Grécia antiga. Foi a época em que o impacto ideológico do paradigma materialista estava começando a ser sentido na sociedade em geral, e o efeito tanto naquela época como hoje, foi o de exaurir as fontes da criatividade genuína. Uma vez que a ligação com as fontes de inspiração intuitiva e instintiva foi quebrada, os arquitetos retornaram ao uso de formas e motivos de uma cultura anterior.

A principal sala de leitura da Fine Arts Library, na Universidade da Pensilvânia, projetada por Frank Furness no auge do renascimento gótico vitoriano.

Isso não quer dizer que belos edifícios não tenham sido construídos, e que brilhantes arquitetos não obtiveram soluções magníficas para os novos problemas arquitetônicos que estavam surgindo junto com a ascensão da civilização da era das máquinas. Em todas as épocas existem artistas que, graças ao seu gênio peculiar, são capazes de transcender as condições sociais e intelectuais nas quais cresceram e se desenvolveram. É da competência de tais indivíduos talentosos iniciar uma reformulação da arte de sua época para que se possa expressar antigas verdades de novas maneiras. Entretanto, quando as suposições nas quais uma cultura é baseada são hostis à sua visão, eles são capazes de exercer apenas uma pequena influência sobre a sociedade em geral. A arte e a arquitetura dessa sociedade fica então dominada por aqueles que têm uma visão inferior, e o ambiente que construímos se torna, com o passar de sucessivas gerações, progressivamente degradado.

No século XIX, o estado problemático do *design* arquitetônico contemporâneo da época não foi reconhecido. Ele não foi reconhecido até recentemente, quando o fracasso dos estilos modernista e pós-modernista associou finalmente o declínio da arquitetura à filosofia científico-materialista que ainda mantém seu domínio sobre as instituições da nossa sociedade. Vemos agora que na pressa com que procuraram ser considerados científicos, e portanto adquirir legitimidade na nova era da lógica, razão e eficiência que estava despontando, os arquitetos modernistas do século XX abandonaram o antigo cânone da proporção e a confiança igualmente antiga em uma compreensão intuitiva desenvolvida. Ambos não serviam mais para guiar o surgimento da forma arquitetônica. A lógica, a razão e a eficiência, mesmo sendo importantes em si mesmas, não explicam a arquitetura. Os fundadores do movimento modernista estão situados no final de uma grande tradição, e apesar da sua obsessão pela ciência e pela tecnologia, ainda podiam contar com o conhecimento intuitivo lapidado por essa tradição. Nós, seus sucessores, gradualmente perdemos o caminho.

O paradigma materialista continua dominando nossa visão artística, e a arte da arquitetura continua a declinar. O Modernismo foi amplamente substituído pelo pós-Modernismo, e por isso o racionalismo científico do primeiro criou um pastiche de formas ecléticas nele enxertadas, acrobacias são realizadas nas construções, e as excentricidades de indivíduos são aclamadas como provas de grande talento. Diante da incapacidade de ser algo diferente do banal, este passa a ser celebrado como criativo.

Ironicamente, quando os princípios da ciência reducionista e mecanicista se tornaram amplamente disseminados e aceitos com entusiasmo pelos antigos mestres do movimento modernista, a base científica em que se apoiavam já estava sendo comprometida pelas novas descobertas da física no século XX. E quando as novas descobertas mais recentes da física teórica abalaram a validade do paradigma materialista, as implicações dessas descobertas para os arquitetos e para a sociedade dentro da qual devem trabalhar estão por fim tornando-se amplamente conhecidas. O impacto sobre o paradigma e sobre o que eu chamo de a "Outra Tradição" será profundo.

5

O RETORNO DO ESPÍRITO

A "Outra Tradição"

A Outra Tradição baseia-se na recorrente percepção esotérica reveladora que promovia o ingresso de homens e mulheres no significado da existência e da natureza do mundo. Ela é caracterizada por uma crença na interpretação simbólica da realidade, na existência da Divindade e no propósito transcendental da vida. Na verdade, ela é a tradição antiga. Já era antiga quando Jesus caminhou sobre a água no Mar da Galileia e quando Buda se sentou sob a árvore Bodhi. Era anterior a Platão e anterior a Pitágoras. É mais velha que as pirâmides e a Esfinge. É visível na magia da caça evocada em pinturas sobre as paredes das cavernas do homem de Cro-Magnon, e no enterro ritual de seus mortos. Sobreviveu, no Ocidente, no que permaneceu da revelação esotérica original na religião contemporânea, e em sociedades como a dos maçons, dos rosa-cruzes e dos teosofistas. E continua viva, essencialmente inalterada, nas poucas sociedades primitivas que sobreviveram no mundo de hoje.

No Ocidente, entretanto, ela esteve sujeita a ataques contínuos e inflexíveis, primeiro por parte da Igreja, que não podia tolerar um rival, e em seguida pela ciência, que, apesar das claras evidências em contrário, continua a negar a existência de fenômenos espirituais que são parte essencial da tradição. A Igreja, desde a época em que se aliou ao Império Romano até o século XVII, quando foi reprimida pelo crescente poder do estado secular, tentou extirpar, com fúria implacável, qualquer percepção espiritual profunda, ensinamento esotérico, ou prática mágica que ameaçasse seu monopólio de conhecimento espiritual e oculto.

As armas usadas pela ciência são mais amenas, mas ainda assim eficazes. Elas incluem ridicularizar, escarnecer, e em alguns casos aprisionar, em particular quando o poderoso *establishment* médico vê suas prerrogativas serem infringidas. E à medida que a ciência consolidou seu controle sobre a imaginação, e tornou-se possível falar de uma comunidade científica, a crença científica ortodoxa foi exigida de maneira tácita de todos os que desejavam nela ingressar, e ter uma oportunidade de apresentar seus trabalhos e suas teorias. As informações sobre aqueles fenômenos que não podiam ser explicados pela sabedoria científica predominante não vinham à baila ou eram apresentadas no contexto negativo de uma refutação.

A Outra Tradição, não obstante, sobreviveu. No Ocidente pós-Iluminismo, ela incluía aqueles que entendiam a base científica da filosofia materialista, que afirma possuir as chaves para a compreensão de todos os fenômenos, mas que também, de diversas maneiras, continuavam obstinadamente a afirmar a existência de uma realidade espiritual acima e além do mundo material acessível aos nossos sentidos. Estabeleceram contato entre si, produziram livros e periódicos, e mantiveram contínuo interesse pelo que passou a ser chamado de "o oculto". A maior parte deles não adotou uma crença específica, mas tinha a convicção, por vezes provinda da introspecção e outras

A última onda generalizada de caça às bruxas ocorreu numa época relativamente recente, no século XVII, quando a histeria e o medo instalados pela Igreja deflagraram um frenesi de torturas e execuções, e milhares de mulheres foram mortas. A revelação mística era considerada particularmente perigosa: até mesmo quando o místico fazia parte da estrutura eclesiástica, ele sofria com frequência a perseguição da "santa madre" Igreja. São João da Cruz foi aprisionado; São Francisco de Assis escapou por pouco de ser acusado de heresia; e os livros de Meister Eckhart foram destruídos. Por volta de 1600, o místico hermético Giordano Bruno foi condenado por heresia e queimado na fogueira em Roma.

vezes da experiência direta, do "sobrenatural", e de que suas vidas tinham propósito e significado. Com frequência, recorriam a religiões orientais, ou conseguiam redefinir a crença dentro da qual foram criados de modo a poderem reconhecer os elementos místicos e metafísicos que nela coexistem.

Eles teriam sido condenados como hereges na Idade Média, mas a Igreja perdeu o poder político para obrigar seus seguidores a aceitarem todos os aspectos de seus ensinamentos. Até mesmo o fundamentalismo militante, que continua a ameaçar e intimidar, é incapaz de usar sua maquinaria de Estado para destruir fisicamente aqueles que ousam rejeitar a cosmologia primitiva que o fundamentalismo representa. Por isso, paradoxalmente, enquanto o materialismo reforçava o seu controle sobre a imaginação do homem no fim do século XIX e começo do século XX, o colapso da Igreja como instituição preeminente e difundida por toda a sociedade cristã ocidental e a perda de seu poder de coerção deu a homens e mulheres a liberdade de buscar a verdade íntima que está no âmago de toda experiência religiosa.

No fim do século XIX, ainda que as suposições sobre as quais se baseia o materialismo tenham se tornado mais firmemente incorporadas nas estruturas e instituições da sociedade, e que a arquitetura, assim como a arte, começassem a decair cada vez mais depressa por um declive cada vez mais acentuado rumo ao decorativo e ao trivial, houve um renascimento do interesse público por experiências e evidências que não se sujeitavam prontamente à investigação científica. Manifestações do que hoje se conhece como "fenômenos paranormais" foram propagadas pela imprensa no fim do século XIX e tornaram-se o tema de livros e artigos de jornais e revistas. Mais recentemente, houve uma verdadeira explosão de interesse por aquilo que ainda é conhecido, um tanto pejorativamente, como o "oculto".

Todo esse material foi inicialmente agrupado de modo indiscriminado como "espiritualismo", palavra derivada dos espiritualistas, ou médiuns espíritas, que estavam inicialmente associados com grande parte desses fenômenos. No século XVI, se os espíritas tivessem sido tão insensatos a ponto de revelar suas práticas, eles poderiam ser assassinados ou até mesmo queimados vivos. No século XIX, era possível que pessoas racionais de boa reputação em suas comunidades investigassem os fenômenos. Como resultado, provas de alguma forma de vida após a morte continuaram a se acumular, a tal ponto que, em qualquer outro ambiente, a quantidade esmagadora de evidências faria com que o fenômeno fosse considerado irrefutável. O trabalho de Ian Stevenson é particularmente convincente. Um de seus livros, *Twenty Cases Suggestive of Reincarnation*, está listado na bibliografia.

Os supostos poderes extrassensoriais também foram amplamente divulgados, e durante o século XX foram cuidadosamente estudados como fenômenos "parapsicológicos". Mas, embora a realidade sobre os incidentes com fenômenos paranormais fosse aceita com avidez por aqueles sedentos de um significado para a vida diferente do niilismo insensível proposto pelos materialistas filosóficos, a "ciência" continuou a negar ou ridicularizar de maneira dogmática sua existência.

O ceticismo tradicional de que os cientistas tanto se orgulham é, de fato, direcionado principalmente para qualquer coisa que desafie as teorias vigentes. A visão do cientista como alguém que se empenha em uma busca imparcial pela verdade é sustentável apenas para alguns poucos.

Um importante rompimento no muro da oposição científica veio no fim do século XIX, quando Sigmund Freud não apenas reconheceu a existência do que chamou de "inconsciente", mas também foi capaz de expressar o conceito em bases aceitáveis pelo menos para algumas mentes científicas. Ficou a cargo de seu seguidor Carl Gustav Jung o aprofundamento e a incorporação de elementos psíquicos e espirituais em seu próprio sistema de psicanálise. Embora o trabalho de Freud esteja começando a cair no esquecimento, o de Jung permanece como influência fundamental entre os profetas da "Nova Era". Os interesses de Jung eram muitos e diversos; ele estava envolvido em interesses esotéricos tais como a astrologia, a alquimia, o gnosticismo, a mitologia e o xamanismo. Ele conferiu respeitabilidade a esses assuntos ao declarar a sua importância para aspectos da personalidade, ou arquétipos, que eram clinicamente significativos.

Ao mesmo tempo, surgiu um novo interesse pelos sistemas teológicos do Oriente, há muito tempo considerados de maneira depreciativa como "pagãos", e em tradições nativas, como aquelas dos povos nativos norte-americanos. Os grandes monumentos de inspiração e especulação religiosos e filosóficos orientais, como os Upanishades, o Bhagavad-Gita e os Vedas, tornaram-se disponíveis em tradução, enquanto as obras de antropólogos começaram a demonstrar a beleza e a complexidade de sistemas religiosos e sociais que haviam sido rotulados como "primitivos" e rejeitados sumariamente.

Esses vários assuntos foram reunidos aos progressos legítimos da ciência material e combinados em um sistema religioso chamado Teosofia, completo com sua própria cosmologia, por uma mulher extraordinária, Helena Petrovna Blavatsky. A Teosofia tornou-se uma sociedade mundial que continua a exercer grande influência dentro da Outra Tradição. Ela fornece uma maneira de entender a realidade e relacionar a vida humana com um propósito divino que é intelectualmente aceitável no contexto do conhecimento científico. A própria Blavatsky não via nenhum conflito entre a ciência e a religião. Ela escreveu em seu livro *The Secret Doctrine*:*

Helena Petrovna Blavatsky: 1831-1891. (Fotografia reproduzida por cortesia de Archives da Theosophical Society, em Pasadena, Califórnia.)

> Não é possível que haja nenhum conflito entre os ensinamentos do ocultismo e da assim chamada ciência exata, em que as conclusões da última são baseadas em um substrato de fatos incontestáveis. Apenas quando seus expoentes mais fervorosos, excedendo os limites dos fenômenos observáveis a fim de penetrar nos arcanos do Ser, tentam interpretar erroneamente a formação do Kosmos e

---

* *A Doutrina Secreta*, volumes I-VI, Editora Pensamento, São Paulo, 1980.

de suas Forças vivas separando-os do Espírito, e atribuem tudo à matéria cega, os ocultistas reivindicam o direito de disputar e questionar as teorias desses cientistas.[1]

Rudolf Steiner (1861-1925), fundador da Antroposofia, expressava o mesmo pensamento. A Teosofia, dizia, não é "antagonista ou contraditória com relação aos fatos apresentados pela ciência natural: somente com a interpretação materialista desses fatos é que ela não tem nada a ver"[2]. Steiner tornou-se conhecido pela primeira vez como editor dos escritos científicos de Goethe. Ele reintroduziu no pensamento do século XX a rejeição, por Goethe, da abordagem mecanicista, quantitativa, característica da ciência moderna, e a ênfase do grande poeta na importância do observador humano. A Sociedade Antroposófica, fundada por Steiner em 1912, refletiu uma preocupação intensa com as artes como modo de abordar o que Steiner visualizava como os mundos espirituais. Steiner não considerava as artes como luxo ou entretenimento: ele as via como caminhos vitais que conduzem os seres humanos ao desenvolvimento superior do eu. Ele criou formas radicalmente novas de drama e de dança, e utilizou cores e formas de novas maneiras em pinturas, vitrais, esculturas e arquitetura.[3]

Rudolf Steiner: 1861-1925. (Fotografia reproduzida por cortesia da Rudolf Steiner Nachlassverwaltung, em Dornach, Suíça.)

O trabalho de Steiner deveria ter sido especialmente significativo para os arquitetos. Sem treino ou experiência, mas confiando em sua intuição sensitiva, ele projetou e construiu dois edifícios audaciosos e originais, os Goetheanums, em Dornach, Suíça. Seguidores de Steiner que se envolveram no projeto e na construção dos edifícios estão praticamente sozinhos em sua ênfase da intuição, na importância da percepção espiritual profunda e no papel

---

[1] H. P. Blavatsky, *The Secret Doctrine*, vol. 1 (Wheaton, Ill.: Theosophical Press, 1888; Quest Ed., 1993), p. 477.

[2] Stewart C. Easton, *Rudolf Steiner: Herald of a New Epoch* (Hudson, N. Y.: Anthroposophic Press, 1980), pp. 75-6.

[3] *Ibid.*

O segundo Goetheanum, em Dornach, Suíça.

significativo da geometria antiga e sagrada que procuraram introduzir em seu trabalho.

Contudo, apesar dos avanços no entendimento esotérico, o edifício da ciência no mundo do pós-Iluminismo permaneceu inabalável até o fim do século XX, quando as ferramentas intelectuais da ciência moderna se voltaram contra ela. O mesmo tipo de ceticismo que uma vez teve um impacto tão devastador sobre as alegações da Igreja foi igualmente devastador sobre as alegações dos cientistas que se consideravam como intérpretes da única e verdadeira realidade mecanicista. Uma análise mais profunda da base de seus argumentos apresentou resultados notáveis. Viu-se – e uma vez visto era óbvio – que a ciência mecanicista tinha *por definição* excluído qualquer coisa que não tivesse peso nem medida das filosofias truncadas que haviam se desenvolvido junto a ela. Em outras palavras, reconheceu-se que elementos da existência que são vitais à felicidade e ao desenvolvimento espiritual da humanidade não eram menos reais pelo fato de terem sido omitidos no paradigma materialista. A falha está na maneira como as suposições originais foram estruturadas. A alegação da ciência materialista de ter capacidade para abranger toda a realidade só tem valor se a realidade científica for definida, de maneira circular, assim como o que pode ser explicado pela ciência materialista.

Recentemente, surgiram novas disciplinas acadêmicas que se dedicam ao estudo da história e da sociologia da ciência. Elas têm demonstrado como uma verdade científica aceitável está arraigada no meio social, econômico e político peculiar em que se encontra. Ao mesmo tempo, memórias imparciais baniram grande parte do *mythos* que se atribui à figura do cientista como sacerdote da "Igreja do Progresso".[4] As falhas conceituais fundamentais implícitas no paradigma e que haviam sido atenuadas ou ignoradas foram reveladas, e embora aqueles que constituem o *establishment* científico continuem a dificultar o trabalho dos críticos, eles estão conscientes de que as certezas confortáveis em que eles outrora se assentavam estão agora abaladas.

No entanto, o golpe devastador que assegurou a destruição definitiva da ciência mecanicista foi desfechado pelos físicos teóricos, precisamente aqueles que tiveram importância instrumental para a introdução dos conceitos mecanicistas em que o paradigma materialista se baseia. Um punhado de indivíduos criativos no século XX propuseram uma nova visão da natureza da matéria e da estrutura do cosmos, e essa visão tem sido aceita por seus colegas. Sua importância é tamanha que uma revisão fundamental da metodologia, dos objetivos imediatos e do propósito definitivo de todas as ciências será o seu resultado. Embora as implicações culturais de longo alcance da nova física ainda não sejam amplamente compreendidas ou aceitas, já se tornou evidente que seu advento assegurou o triunfo definitivo da Outra Tradição.

O primeiro Goetheanum, belissimamente executado à mão, em madeira, foi considerado o melhor dos dois por muitos seguidores de Steiner, mas foi completamente destruído por incendiários em 1922. O segundo Goetheanum foi construído com concreto armado com telas de arame, uma técnica radicalmente nova para a época e que deu livre criatividade à imaginação plástica de Steiner. Foi concluído em 1928, três anos depois da morte de Steiner, e é ainda hoje o centro do movimento antroposófico.

---

4   Expressão criada por John Anthony West.

Fotografia de uma galáxia espiralada, tirada pelo telescópio espacial Hubble. (Fotografia reproduzida por cortesia da NASA.)

A nova física

A partir do início do século XX, uma série de descobertas experimentais, e os modelos teóricos que foram propostos para explicá-las, destruíram para sempre as certezas da física newtoniana. O primeiro deles foi *A Teoria Especial da Relatividade*, desenvolvida por Albert Einstein e publicada em 1905. Ela fornecia uma base comum tanto para a mecânica de Isaac Newton como para a eletrodinâmica de James Clerk Maxwell e Michael Faraday. A teoria de Einstein propunha um mundo no qual os conceitos de espaço e tempo derivados das percepções diretas dos sentidos não eram mais válidos. As implicações filosóficas desse aspecto da teoria foram enormemente significativas, embora não tenham sido reconhecidas de imediato. A física clássica estava fundamentada na suposição de que o mundo da nossa experiência sensorial comum e cotidiana era consistente, em todos os níveis, com o mundo que estava sendo explorado por meio da nova tecnologia científica. Einstein revelou que isso poderia não ser verdade: a realidade explorada pela ciência poderia estar configurada de tal maneira que talvez não pudesse ser compreensível pela experiência humana.

A Teoria Especial de Einstein foi seguida, em 1915, pela *Teoria Geral da Relatividade*, na qual ele afirmava que espaço e tempo são deformados pelo campo gravitacional associado à matéria, e a própria matéria, a base irredutível da física clássica, é considerada como uma forma de energia. O conceito newtoniano de objetos sólidos, materiais, movendo-se em um espaço euclidiano vazio foi em seguida abalado pelas descobertas dos físicos atômicos. Para a admiração desses sábios, os átomos não pareciam esferas rígidas, mas estruturas planetárias de minúsculas partículas carregadas que se movimentavam em espaços proporcionalmente enormes ao redor de núcleos incompreensivelmente diminutos. Investigações posteriores revelaram que essas partículas tinham propriedades estranhas – às vezes elas se comportavam como ondas, e às vezes como partículas – propriedades que também são características da luz. Descobriu-se que a energia, seja ela luminosa ou térmica, era emitida em pequenos pacotes chamados *quanta*, de onde vem o nome "teoria quântica".

A teoria quântica descreve uma realidade na qual os objetos materiais da física clássica dissolvem-se em padrões de probabilidades ondulatórios, que podem ser descritos matematicamente, mas não podem ser visualizados por meio de analogias tiradas de nossa experiência cotidiana. Matéria e energia são reconhecidas como aspectos intercambiáveis de uma complicada rede de relações que inclui a intervenção do observador como parte de uma totalidade inter-relacionada. Por isso, uma descrição objetiva da natureza, a meta da física clássica, não é possível.

Agora entendemos que espaço e tempo, tanto na física clássica como em nossa experiência cotidiana, podem apenas ser abstrações úteis, válidas dentro de uma faixa limitada de fenômenos observados. O universo tornou-se novamente uma imensa e misteriosa matriz que, em última análise, é incognoscível, e na qual nós vivemos como em um sonho. Não é mais possível acreditar que a aplicação persistente dos métodos reducionistas de investigação científica a um mundo concebido como uma máquina nos permitirá compreender, em qualquer sentido, a natureza essencial da realidade.

Atualmente, entretanto, cem anos depois da publicação do primeiro artigo de Einstein, o impacto filosófico da nova física mal começou a ser sentido na sociedade em geral. Mesmo cientistas, com exceção de físicos que investigam a realidade nos níveis quântico e cosmológico, continuam a seguir os mesmos métodos reducionistas de investigação e descrição daquele que ainda é considerado como um universo mecânico cujas bases começaram a ser estabelecidas por René Descartes no século XVII.

Entretanto, podemos esperar confiantes que essa situação mudará. A física, especialmente aquela parte da física que lida com a estrutura do universo e com a natureza da substância material, é a chave para a legitimidade da posição metafísica adotada pelo *establishment* científico-materialista. A deserção dos físicos e a sua rejeição das certezas da mecânica newtoniana tornaram inválida a aplicação de um modelo mecanicista nas estruturas de outras ciências, e criaram um ambiente em que as suposições em que eles se baseiam devem ser questionadas.

Nesse novo ambiente, o outro apoio principal do paradigma, a teoria darwiniana da evolução, já foi questionado, não por aqueles que rejeitam a teoria porque acreditam que ela contradiz a verdade bíblica, mas pelos que simplesmente acreditam que ela é inadequada para explicar os fatos observados. Esses críticos acreditam que é preciso haver algum elemento correspondente a um propósito, do qual ainda não estamos conscientes e que moldou a evolução das espécies desde as que reconhecemos como formas inferiores até as formas superiores. Eles sus-

---

Na paleoantropologia, a nítida progressão darwiniana das figuras de hominídeos representando a ascensão evolutiva do homem ao longo dos últimos 100 mil anos vem sendo desafiada. Estão sendo reveladas informações há muito ignoradas ou suprimidas as quais indicam que a espécie humana está nesse planeta há muito mais tempo do que os darwinianos estiveram até agora dispostos a admitir.[5]

Embora a situação ainda permaneça obscura, parece evidente que não apenas a evolução darwiniana explicada exclusivamente pela seleção natural será modificada ou até mesmo descartada, mas também nosso entendimento sobre as origens do homem será substancialmente revisto.

---

[5]   Michael A. Cremo e Richard L. Thompson, *Forbidden Archeology: The Hidden History of the Human Race* (Badger, Calif.: Torchlight, 1996).

tentam que, mesmo considerando a enormidade do tempo geológico, é impossível para a seleção natural explicar o número imenso e a complexidade das espécies que existem atualmente.

Apesar de a abordagem reducionista ter possibilitado avanços surpreendentes em nosso conhecimento nas assim denominadas ciências exatas, como a química e a geologia, comprovou-se que ela era menos efetiva para se lidar com as ciências da vida, como a biologia, a medicina e a sociologia. Com frequência, ela tem se mostrado ridiculamente ineficiente em lidar com a psicologia humana e com as artes criativas. Mesmo no domínio das ciências exatas, surgiram problemas sérios indicando que o uso exclusivo do método reducionista está chegando ao fim.

Há hoje uma pressão crescente em muitas disciplinas para se adotar uma abordagem holística, ou sistêmica, para poder avançar na investigação científica. À maneira da física moderna, tal abordagem enfatizaria interconexões dinâmicas e simultâneas em vez de cadeias governadas pela causalidade mecânica. Essa abordagem incluiria a mente humana como parte essencial do sistema estudado, e, ao mesmo tempo, abandonaria a arrogância dos materialistas e adotaria a existência de limites ao alcance do entendimento racional. Caso isso ocorra, talvez seja possível reconhecer novamente a importância da percepção mística como um caminho, talvez o *único* caminho, para que possamos compreender alguma coisa da estrutura do cosmos e do significado da existência.

A convergência da Outra Tradição com a nova física e a reestruturação das ciências resultará em estudos científicos importantes sobre os fenômenos ocultos que têm sido negados por muito tempo pela nossa ciência unilateral e rotulados como "irreais". Uma vez que tais fenômenos não podem ser facilmente quantificados ou considerados como partes de mecanismos, a metodologia da ciência precisa ser reexaminada para poder abranger a avaliação qualitativa desses fenômenos pelo observador, utilizando-se uma

A mandala é uma imagem arquetípica que vem sendo usada através dos tempos e em muitas culturas diferentes para concentrar a mente a fim de que ela ingresse em um estado superior de consciência. A figura acima é uma grande mandala, uma rosácea medieval da Catedral de Chartres.

abordagem holística em seu estudo. As novas ciências aceitarão a percepção que temos desses fenômenos não materiais e reconhecerão os níveis mais profundos da experiência humana como assuntos legítimos para serem estudados, em vez de ignorá-los ou de procurar destruí-los.

Os sistemas religiosos que falharam em satisfazer às necessidades espirituais das gerações pós-Iluministas, especialmente a forma de cristianismo que se tornou a religião do Ocidente, serão revisados ou substituídos. Muitos físicos que exploraram a nova visão científica da realidade escreveram sobre a sua percepção crescente da presença de uma Divindade transcendental – não a Divindade antropomórfica do cristianismo eclesiástico – mas aquela a que se associa uma mente cósmica que tudo permeia. A convergência dessa nova visão com a das antigas filosofias religiosas do Oriente está sendo discutida tanto por cientistas como por líderes espirituais. A obra de H. P. Blavatsky, embora raramente reconhecida como uma fonte, continua a exercer influência. Dizem que Einstein sempre mantinha um exemplar de *A Doutrina Secreta* em sua escrivaninha, uma indicação do elo entre a ciência oculta dos teósofos e a física pós-moderna. Foi sugerido por alguns dos homens e mulheres na linha de frente da nova física que o universo que eles exploram agora está começando a se parecer mais com um grande pensamento do que com uma grande máquina.

A visão mística

A crença de que é possível alcançar comunhão com a mente cósmica que tudo permeia quando nos encontramos em um estado de contemplação e de amor, sem a intercessão da Igreja ou de um sistema religioso formal, é uma crença antiga que persiste até hoje em diversas áreas do mundo. No Ocidente cristão, entretanto, isso sempre foi considerado perigoso, pois afronta tanto a Igreja como, mais recentemente, nossa ciência contemporânea mecanicista. Ela afronta a Igreja porque rejeita a sua alegação de ser o único caminho para a salvação. Esse foi o pecado fundamental dos gnósticos, pelo qual foram violentamente suprimidos e eliminados. E afronta a ciência porque reconhece a existência de uma realidade espiritual superior que existe além dos limites da compreensão científica.

Os grandes místicos da fé cristã proclamaram suas revelações a um clero hostil e incompreensivo, e sua visão foi ignorada ou ridicularizada pela ciência. Mesmo assim, o entendimento místico sempre esteve presente e acessível à mente humana. Quando escrevo sobre a emergência da percepção mística, refiro-me, portanto, a uma mudança no ambiente social e intelectual, e graças à qual o misticismo passará a ser aceito como um caminho, talvez o único caminho que pode nos levar à experiência de uma percepção direta do cosmos, ou, como diz a frase tradicional, ter acesso ao conhecimento de Deus.

Esse ambiente em transformação pode ser visto, curiosamente, nas próprias carreiras dos Huxleys, avô e

Aldous Huxley: 1894-1963.
(Fotografia reproduzida por cortesia de Erowid.)

neto. Thomas Henry Huxley (1825-1895) foi reconhecido por H. P. Blavatsky em seu primeiro livro, *Isis Unveiled*,* como um dos arquirrepresentantes da obstinada rejeição racionalista ao reconhecimento de qualquer coisa que não tenha uma base material e quantificável. Seu neto Aldous Leonard Huxley (1887-1963) escreveu *The Perennial Philosophy***, uma antologia de escritos místicos ligados entre si por meio de comentários explicativos que compõem a mais admirável introdução aos princípios e à essência da revelação mística disponível no Ocidente.[6] Huxley deu ao seu livro o título *The Perennial Philosophy* porque a percepção mística aparece em todas as sociedades conhecidas e durante toda a história registrada, sem dúvida até mesmo no obscuro início da existência humana. Ela é a base de todas as religiões e filosofias que buscam relacionar o homem ao cosmos e à Inteligência Suprema. A existência dessa percepção profunda, aguçada e reveladora é um fato incontestável, e a menos que consideremos os maiores santos e videntes, nossos filósofos mais notáveis e os fundadores das grandes religiões como impostores, precisamos aceitar a verdade de suas experiências.

É possível dizer *a* experiência porque a uniformidade com que a experiência mística é descrita é notável, especialmente quando se considera a dificuldade de se comunicar a essência daquilo que se considera impossível de ser comunicado. O fato de místicos nascidos em diferentes culturas, épocas, posições sociais e condições de vida vivenciarem e tentarem descrever o que reconhecemos ser essencialmente a mesma visão é fantástico e empolgante em suas implicações. É uma indicação incontestá-

---

* *Ísis sem Véu*, volumes I-IV, publicado pela Editora Pensamento, São Paulo, 1990.

** *A Filosofia Perene*, publicado pela Editora Cultrix, São Paulo, 1991 (fora de catálogo).

[6] Aldous Huxley, *The Perennial Philosophy* (Nova York: Harper and Row, 1944; edição com comentários editoriais em colofão, 1970), p. viii.

vel de que essa percepção reveladora é verdadeira e nos assegura de que podemos confiar na experiência mística de outros como um guia para a formação do nosso próprio paradigma do mundo.

Um aspecto essencial da experiência é descrito como o conhecimento da unicidade e da unidade de todas as coisas em Deus. Esse conhecimento não pode ser transmitido discursivamente ou mesmo entendido intelectualmente: só pode ser apreendido em um estado de identidade efetiva com o Princípio Supremo. Aqueles que atingiram esse estado de identidade nos asseguraram que ele é a finalidade e o propósito da vida, e que o destino de todos os seres sensíveis é retornar ao Solo Divino de onde vieram. Este Solo Divino é o Reino dos Céus, onde Jesus nos convida a ingressar e onde nos tornamos Filhos de Deus; é o Nirvana dos budistas, e o estado de bem-aventurança dos muçulmanos. Somos ensinados que devemos buscar esse "Céu" durante nossa existência material, nesta ou em uma série de outras encarnações, que continuarão até que alcancemos a identidade com a Realidade Suprema.

Embora qualquer um de nós, em algum momento de nossas várias vidas, possa receber uma revelação sobre a natureza da realidade suprema, considera-se que a revelação plena é concedida somente àqueles que estão dispostos a empreender a transformação do eu, que é necessária como pré-requisito. Aldous Huxley descreve a natureza dessa mudança dizendo que ela nos leva a nos tornarmos amorosos, puros de coração e pobres de espírito. Um envolvimento com o mundo racional e científico de nossa época deve ser reconhecido como uma barreira quase insuperável para que se alcance tal transformação. Por isso, os arquitetos, que pela natureza de sua arte devem se comprometer com forças financeiras e sociais para erguer os edifícios que projetam, podem estar demasiadamente envolvidos com o mundo para poderem alcançar o grau supremo de compreensão, ou para atingir a altura suprema da percepção que caracteriza o estado místico.

Por que então o reconhecimento da visão mística deveria ter importância vital e especial para os arquitetos, que estão empenhados no corajoso processo de criar forma a partir da matéria, o que muitos místicos consideram como a expressão menos elevada do Divino? É precisamente pelo fato de a percepção mística assegurar a existência de coisas invisíveis, de uma realidade superior e não material, de propósito, sentido e importância em nossa experiência no mundo. É pelo fato de ela ser o que nos garante a existência de níveis mais profundos de compreensão de nós mesmos, do cosmos e de nossa relação com ele que podemos aspirar a atingir esses níveis e a expressar essa busca em nosso trabalho. É, em resumo, o que assegura a existência de Deus e a presença de Deus em nossa vida. E para aqueles a quem é concedida alguma medida da percepção mística, continua a ser sua responsabilidade para com seus companheiros trazer de volta para o mundo da forma material a compreensão que obtiveram.

A visão mística levou Meister Eckhart e São João da Cruz a tentar transmitir por meio de escritos o que não pode ser transmitido pela escrita. Ela pode ser percebida por trás da música de Santa Hildegard von Bingen e dos últimos quartetos de Beethoven. Está presente nas abóbadas da Catedral de Chartres, no Partenon, nas pirâmides e nos templos do Egito e em outros monumentos da Antiguidade. Também está presente em inúmeros edifícios pequenos e humildes nos quais, graças ao seu ritmo e à sua proporção, podemos perceber algo da visão superior uma vez vislumbrada pelo construtor ou arquiteto.

Não se espera que os arquitetos se tornem místicos, dedicando suas vidas à busca da visão suprema. Se assim fosse, é claro, eles não seriam arquitetos. Possuímos diferentes talentos e capacidades, e embora se diga que a experiência mística está disponível a todos, poucos, em qualquer encarnação, poderão alcançá-la. Mesmo assim, podemos reconhecer algo dessa visão na vida e na obra de arquitetos que nos precederam. É impossível, por exemplo, postar-se de coração aberto na nave da Catedral de Chartres e não sentir que os autores desconhecidos dessa estrutura grandiosa haviam recebido uma visão da eternidade que transcende nossa existência mortal. Uma vez consciente de tal visão, somos levados a uma compreensão mais profunda das grandes verdades incorporadas na tradição mística. Precisamos então buscar incorporar essas verdades na expressão arquitetônica do espaço e da forma, trazendo para a organização formal da matéria tanta medida de entendimento quanto pudermos alcançar.

A arquitetura é, ao mesmo tempo, símbolo e abrigo: é símbolo da Realidade Divina e abrigo para nosso corpo físico. Hoje, esquecemos ou perdemos nosso conhecimento sobre a função esotérica dos símbolos, e sobre uma arquitetura que tinha a intenção de transmitir uma verdade eterna. O símbolo e o abrigo estão em desequilíbrio no mundo do paradigma materialista. A construção atual não passa da produção de abrigo, ou, na melhor das hipóteses, de um abrigo esteticamente decorado, e como se expressa Venturi, um abrigo decorado. Estamos presos a um padrão de praticidade que acabou por significar a acomodação das necessidades de abrigo ao menor custo possível. Esse tipo de praticidade é a maldição do mundo moderno.

O místico sempre insistiu, em todos os lugares e épocas, que o propósito da vida é retornar à fonte de todas as coisas; atingir uma unicidade com o cosmos; desenvolver uma compreensão a respeito de quem somos; e crescer em uma percepção da totalidade do nosso ser. Estamos aqui, encarnados na Terra, para buscar um estado de consciência superior que é nosso direito inato. Dessa maneira, quando aceitamos a validade da visão mística, aceitamos que aquilo que é verdadeiramente prático é o que nos leva para mais perto de Deus. É, portanto, a arte que é útil, e nosso tão aclamado avanço tecnológico, a própria ideia de progresso, é, em última análise, um empreendimento frívolo. A beleza, no entanto, é eminentemente prática.

A arquitetura, como símbolo e abrigo, deve responder às necessidades físicas e materiais do nosso corpo aqui nesta Terra, assim como às necessidades artísticas e instintivas mais profundas, e não utilitárias, de nossa alma. Negligenciar a função do abrigo criaria novamente um desequilíbrio nos dois aspectos da arte. Podemos, no entanto, afirmar com confiança que a construção como arte é mais importante do que a construção como utilidade. Em outras palavras, embora seja necessário que uma construção satisfaça a necessidade de abrigo, é mais importante que ela seja bela.

6
A INTUIÇÃO E A MENTE CRIATIVA

A mente e a mente inconsciente

Nenhum cientista propôs uma teoria aceitável da mente, nem entendemos a relação da mente com o cérebro, ou com a própria existência material. Mas todos nós experimentamos diretamente os fenômenos mentais e podemos maravilhar-nos com a maneira pela qual as palavras, as formas e as emoções afluem para a percepção, aparentemente sem qualquer volição consciente, e refletir sobre esse processo. É esse fluxo que constitui o indivíduo. Ele reage à nossa vontade e está condicionado pela experiência, pelas atitudes, pelo instinto e pela intuição. A parte do "fluxo de consciência" envolvido na interação direta entre a mente e o meio ambiente está normalmente no primeiro plano das nossas percepções. É a mente consciente que reage aos estímulos, que conversa com nossos amigos, que calcula a conta da mercearia, que se ocupa das múltiplas atividades cotidianas. É a arena da análise lógica, do pensamento racional. É ativa, formulando continuamente representações simbólicas dos aspectos da interação do eu com o meio ambiente.

A mente individual é como uma montanha de gelo flutuando no mar cósmico. Apenas a parte acima da superfície está visível; a vasta massa está sob a água. (Fotografia reproduzida por cortesia do National Archives do College Park, Maryland.)

Em nosso mundo moderno, pós-Iluminista, já se acreditou que a mente consciente compunha a totalidade dos fenômenos mentais e definia completamente a personalidade do indivíduo, do eu. As teorias de Freud e Jung, que postulavam a existência de uma parte da mente que foi chamada de "inconsciente" ou "subconsciente", foram a princípio recebidas com escárnio. De fato, o clima intelectual da época era tal que mesmo os fundadores da psicanálise revelaram uma tendência *sub*consciente nas palavras que escolheram para descrever os fenômenos mentais identificados por eles.

A quantidade de evidências para a existência do inconsciente é, no entanto, tão esmagadora que a nossa ciência materialista foi obrigada a aceitar a presença dessa matriz subjacente a partir da qual emerge a nossa consciência ativa, e os termos usados para identificar essa matriz foram incorporados na cultura popular. A própria matriz, no entanto, é pouco estudada e pouco entendida.

A mente já foi muitas vezes comparada a um *iceberg*, no qual apenas uma parte relativamente pequena, representando a consciência, ou as percepções individuais, estão visíveis, enquanto a enorme massa subjacente da matriz permanece sob a superfície do mar sobre o qual ele flutua. Porém, ao contrário do *iceberg*, as profundezas da mente inconsciente são insondáveis, e apesar de contarmos com palavras como *introspecção*, *intuição* e *insight*, que se referem aos processos por meio dos quais franqueamos acesso consciente às camadas mais profundas da mente, nem o processo nem essas áreas de "conhecimento", pelo menos no Ocidente cristão, jamais foram sistematicamente explorados.

Carl Gustav Jung 1875-1961, médico, psicólogo e visionário. (Fotografia reproduzida por cortesia da Wikimedia Commons.)

Uma tentativa inicial foi feita por Carl Gustav Jung, que procurou estruturar o aguçado discernimento perceptivo original a respeito da existência de um inconsciente dividindo-o em categorias que ele batizou de "inconsciente pessoal" e "inconsciente coletivo", categorias úteis para a discussão, mas que podem ter pouca base nos fatos.

O inconsciente pessoal, como a expressão sugere, origina-se na experiência e nas predisposições hereditárias do indivíduo. Uma vez que ele pode ser entendido como resultado da ação produzida por causa material, foi aceita pelo pensamento científico contemporâneo e tornou-se parte da nossa cultura. Porém, como a ideia de inconsciente coletivo não pode ser entendida dessa maneira, ela não foi igualmente bem recebida, e foi posta de lado do conhecimento comum dos homens e mulheres instruídos.

De acordo com Jung, o conceito de inconsciente coletivo surge como uma conclusão necessária da sua experiência clínica. Ele descobriu que nos sonhos, nas livres associações de seus pacientes, nos mitos e símbolos de sociedades às vezes distantes no tempo e no espaço as mesmas imagens surgiam repetidamente e de modo espontâneo. Ele sustentava que essas imagens representavam formulações de material instintivo que se formavam como resultado da experiência coletiva da raça humana. Por isso, ele postulou a existência de uma parte da mente que transcende o indivíduo e reflete a experiência histórica da espécie humana.

Jung defendeu sua teoria ressaltando que até mesmo o mais devoto dos materialistas teria de reconhecer a existência dos instintos como um fato óbvio que comanda o comportamento complexo no mundo animal. A existência de uma organização superior, ainda mais complexa, do material instintivo era uma perspectiva razoável, dada a complexidade muito maior da mente humana. No entanto, Jung era um homem de ciência do início do século XIX. Por isso, pelo menos no começo de suas pesquisas, ele não deu o próximo passo, necessário para afirmar a existência de uma percepção mística reveladora das infinitas profundezas da mente inconsciente e por meio das quais se poderia abordar o mistério supremo de Deus. Nem foi capaz de transcender os preconceitos analíticos do seu ambiente cultural e aceitar que todo material projetado para fora da mente inconsciente é parte de um *continuum* total que pode se tornar disponível à nossa percepção consciente.

Dentro desse *continuum*, os instintos se relacionam mais diretamente com a sobrevivência, tanto a sobrevivência do indivíduo como a da espécie. Os níveis mais profundos desse *continuum* são o domínio do conhecimento espiritual superior, aquilo que ficou conhecido como a sabedoria do coração e está relacionado com o intelecto puro e desinteressado e com o exercício da criatividade. Quando ingressamos nesse domínio, podemos perceber a verdade transcendental ou experimentar o êxtase místico.

O poder da mente inconsciente pode ser reconhecido no nível mais mundano e pessoal, pois mesmo aí ele pode modificar nosso comportamento em oposição às nossas intenções conscientes. Sigmund Freud conta um episódio sobre um molho de chaves perdido por um paciente:

> (...) encontrado entre um grosso volume e um fino folheto... ele foi colocado com tal engenhosidade que ninguém esperaria encontrá-lo ali. Depois disso, ele não foi capaz de recolocar o molho no mesmo lugar de modo que ele voltasse a não ficar "visível". A habilidade inconsciente com a qual um objeto é colocado em um certo lugar e esquecido por causa de motivos obscuros, mas poderosos lembra muito a "certeza sonambulística".

Freud não especula sobre a natureza dessa notável "certeza" capaz de agir para além da habilidade consciente na execução precisa de uma tarefa complexa.[1]

Em seu livro *Zen in the Art of Archery*, Eugen Herrigel descreve essa estranha exatidão do inconsciente, assim como as dificuldades envolvidas em submeter o con-

---

[1] Sigmund Freud, *The Psychopathology of Everyday Life*. Editor e tradutor, James Strachy (Nova York: W. W. Norton and Co., 1965), pp. 185-86.

A INTUIÇÃO E
A MENTE CRIATIVA

trole consciente no ato relativamente simples de disparar a flecha com o arco.[2] O autor passou seis anos com um mestre zen japonês, período durante o qual ele aprendeu a renunciar ao controle consciente sobre o processo de esticar o arco e disparar a flecha. Para encorajar Herrigel a persistir, o mestre, certa noite, em um salão de exercícios iluminado apenas por uma vela, acertou duas flechas no centro do alvo, sendo que a segunda flecha dividiu a primeira ao meio.

Esses são apenas dois exemplos do poder, da exatidão da mente inconsciente, evidenciados em ações simples como esconder um molho de chaves e disparar uma flecha. No entanto, o objetivo do mestre zen não era ensinar o seu pupilo a acertar o alvo: ele quis ensiná-lo a executar uma ação simples em harmonia com toda a mente e, ao fazê-lo, modificar e iluminar a vida dele. De maneira semelhante, se os arquitetos pudessem alcançar essa mesma harmonia espontânea quando trabalham com o compasso e o esquadro, os edifícios que ergueriam *necessariamente* iriam possuir algo da beleza daqueles construídos no passado.

Mas como poderíamos nós, que saímos de um meio no qual até mesmo a *existência* do inconsciente é negada, alcançar essa harmonia? Como poderíamos ao menos começar a buscá-la?

Em primeiro lugar, precisamos reconhecer e aceitar a presença do inconsciente como parte integral daquilo que consideramos ser o nosso eu individual. A percepção intelectual não é suficiente; o que é preciso é o *conhecimento* da existência desse nível mental mais profundo, e uma vontade de nele ingressar. Tal conhecimento parece ter caracterizado os arquitetos que projetaram as catedrais; e pode até mesmo ter caracterizado os grandes

---

2 Eugen Herrigel, *Zen in the Art of Archery* (Nova York: Vintage Books, 1989), pp. 58-9. [*A Arte Cavalheiresca do Arqueiro Zen*, publicado pela Editora Pensamento, São Paulo, 1993, pp. 58-61.]

Os compassos de abertura da canção de Cherubino, de *As Bodas de Fígaro*. Essa melodia gloriosa foi escrita por Mozart em 1785-1786. A ilustração pertence a uma página do manuscrito original, que está na Biblioteca Estadual de Berlim.
Para o poeta William Blake, harmonia e melodia eram coisas distintas. A harmonia, para ele, é baseada na matemática e pode ser percebida pelos ouvidos. A melodia, sem qualquer base física ou fisiológica, é puro significado e resulta da imaginação. Blake usa a palavra *imaginação*, mas a imagem é fixada por meio do poder da intuição.[3]

artistas da nossa própria época que, na pintura abstrata e na *action painting*, foram capazes de captar a essência de um gesto espontâneo.

Em segundo lugar, precisamos cultivar a introspecção e a meditação como parte vital e necessária da nossa vida pessoal e profissional. Essas são as disciplinas por meio das quais os povos de muitas culturas e épocas foram capazes de sondar a mente inconsciente, particularmente os níveis mais profundos que Jung chamou de "inconsciente coletivo". Desse modo, o equilíbrio entre o entendimento

---

[3] Kathleen Raine, "Blake, Yeats and Pythagoras", em *Homage to Pythagoras: Rediscovering Sacred Science*, org. por Christopher Bamford (Hudson, N. Y.: Lindisfarne Press, 1982), pp. 276-80.

A INTUIÇÃO E
A MENTE CRIATIVA

racional e o intuitivo pode ser restaurado, e podem nos ser reveladas as raízes do nosso comportamento instintivo: a interação do macho com a fêmea, ou do yin com o yang, a nossa relação com a Terra e o cosmos, ou até mesmo o propósito da nossa vida.

Por fim, precisamos aprender a confiar em nossa compreensão intuitiva. A intuição é a nossa via de acesso imediato à "sabedoria do coração". Precisamos aprender a contar com ela como um guia para a beleza, e praticar a maneira intuitiva de apreender e integrar em um todo os inúmeros fatores envolvidos na arte de construir.

A prática da intuição

Os arquitetos usam a palavra *intuição* para se referir a qualquer percepção reveladora ou inspiração que não possam ser atribuídas ao pensamento consciente lógico ou analítico. É ponto pacífico, mesmo entre os mais ferrenhos adeptos do materialismo, que, em maior ou menor grau, precisamos contar com a intuição para projetar todas as estruturas, com exceção daquelas mais feias e mundanas. Infelizmente, é comum entre esses profissionais a suposição de que um edifício deve ser, em primeiro lugar, "racional" e projetado por meio de um processo de análise lógica. Só se deve recorrer à intuição, segundo todos eles, para se determinar a "estética" do projeto: por exemplo, para calcular as proporções de uma fachada ou escolher os materiais para o acabamento dos espaços interiores. Poucos se indagam sobre a natureza da intuição ou procuram entender o seu funcionamento.

A intuição é definida aqui como a maneira pela qual temos acesso ao conhecimento direto que é mantido no *continuum* da mente inconsciente, incluindo o dos níveis mais profundos, que não são e nem podem ser derivados da experiência. A compreensão intuitiva de qualquer indivíduo é normalmente parcial, e com frequência está relacionada com problemas específicos de ordem material: o místico confirma que a revelação total envolve um nível superior de percepção que é, de fato, uma diferente dimensão qualitativa da existência. Contudo, a fonte de "conhecimento" com base na qual a visão mística surge é a mesma a partir da qual irrompe a centelha de inspiração que pode iluminar a nossa arte. A chave para a criatividade artística é assim a prática da intuição, por meio da qual obtemos acesso à fonte e em seguida expressamos sob forma material a verdade que percebemos desse modo.

A intuição é tanto habilidade como dom, e pode ser exercitada em muitos níveis de compreensão, desde a mais simples integração entre materiais disparatados e mundanos até a expressão de uma verdade complexa e espiritual. É uma habilidade porque pode ser aprendida, e com a prática, como qualquer outra habilidade, se tornará mais eficaz com o tempo nas mãos do seu praticante. É um dom porque alguns de nós somos por natureza mais eficientes na aplicação da intuição aos problemas que enfrentamos, na arte assim como na vida. Apenas alguns, pelo menos no Ocidente, são capazes de exercer a intuição no espírito de harmonia com a mente total, o objetivo do ensinamento de um mestre zen. Um deles, sem dúvida, foi Wolfgang Amadeus Mozart. Na grande alma que ele foi, a inspiração musical – como ele mesmo disse – parecia fluir de modo tão fácil e natural como a água desce pela encosta de uma montanha!

Cito na íntegra uma de suas cartas, escrita em resposta a uma pergunta sobre o seu método de compor. (A ênfase é minha.)

> Eu mesmo nada sei a respeito dele nem posso responder por ele. Quando eu sou, por assim dizer, completamente eu mesmo, estando completamente sozinho, e de bom humor – digamos, viajando numa carruagem, ou passeando depois de uma boa refeição, ou durante a noite, quando não consigo dormir –, é nessas ocasiões que minhas ideias fluem melhor e com mais abundân-

cia. *De onde e como elas surgem, eu não sei e nem posso forçá-las.* As ideias que me agradam eu as retenho na memória, e tenho o hábito, segundo me contaram, de as cantarolar para mim mesmo. Se continuo com isso, logo me ocorre como eu poderia transformar esse ou aquele trecho, de modo a fazê-lo palatável, quer dizer, em conformidade com as regras do contraponto, as peculiaridades dos diferentes instrumentos, etc.

Tudo isso inflama a minha alma, e, contanto que eu não seja perturbado, *meu tema se desenvolve por si mesmo,* torna-se definido e metódico, e o conjunto, ainda que longo, *aparece quase completo e concluído em minha mente,* de modo que eu posso apreciá-lo, como uma excelente pintura ou uma bela estátua, de relance, como um todo. E, na minha imaginação, não escuto as partes sucessivamente, mas todas ao mesmo tempo [*gleich alles zusammen*]. Não consigo descrever quão deleitoso isso é! *Toda essa invenção, essa produção, acontece em um agradável sonho vívido.* Mas, sempre, a audição de *tout ensemble* [tudo junto] é o melhor no final das contas. Não me esqueço facilmente do que foi produzido dessa maneira, e esse é, talvez, o maior dom pelo qual eu devo agradecer ao Divino Criador.

Quando começo a pôr no papel as minhas ideias, tiro da maleta da minha memória, por assim dizer, aquilo que foi previamente recolhido dentro dela da maneira como eu mencionei. Por essa razão, a passagem para o papel é muito rápida, pois *tudo já está,* como eu disse antes, *terminado;* e raramente ela difere no papel de como estava na minha imaginação. Nessa ocupação, eu posso sofrer o incômodo de ser perturbado; pois não importa o que esteja acontecendo à minha volta, eu consigo escrever, ou mesmo falar, de galinhas e gansos, ou de Gretel ou Bärbel, ou de assuntos desse tipo. Mas o motivo pelo qual minhas produções tomam essa forma e estilo particulares que as faz mozartianas, e diferentes das obras de outros compositores, deve-se provavelmente à mesma causa que faz o meu nariz ser tão grande ou tão aquilino, ou, em suma, que as faz ser de Mozart, e diferentes das de outras pessoas. *Pois eu realmente não estudo nem tenho por meta qualquer originalidade.*[4]

Mozart nos indica aqui a sua total confiança em sua intuição; suas ideias brotam, sem que ele saiba de onde, e ele não pode forçá-las. O "tema se desenvolve por si mesmo" e "aparece quase completo e concluído" em sua mente. Tudo isso ocorre "em um agradável sonho vívido". "Tudo já está [...] terminado" e precisa apenas ser passado para o papel. Por fim, percebemos que Mozart não tem nenhuma preocupação com a originalidade, um dos principais objetivos do artista ou arquiteto moderno. Ele sabe que a inspiração que flui através de sua personalidade resultará em uma música "mozartiana", mas ele não parece se preocupar com isso. Quão diferente ele é dos arquitetos modernos, que tentam justificar cada forma que provém de sua imaginação com uma lógica tortuosa e um apelo à utilidade funcional, e que são obsessivamente preocupados que o seu trabalho seja diferente ou inovador!

A espontaneidade e a característica de se dirigir diretamente ao alvo encontradas na música de Mozart são vistas com frequência em obras de arquitetura muito modestas. Todos estamos familiarizados, por exemplo, com a beleza dos antigos celeiros, pois muitos deles foram fotografados. Também podemos encontrar a mesma graça espontânea em muitas outras construções do passado se deixarmos de lado o preconceito e os observarmos atentamente.

Enquanto dirigia de Cambridge para a Ilha de Taylor, na costa oriental da Baía de Chesapeake, fiz uma parada e desci do carro ao avistar uma igreja batista branca, de madeira, do lado da estrada. Era de uma enorme simplicidade, uma nítida forma geométrica contra o céu azul.

---

[4] Hans Mersman, org. *Letters of Wolfgang Amadeus Mozart* (Nova York: Dover, 1972), prefácio do editor, pp. vii-viii.

A INTUIÇÃO E
A MENTE CRIATIVA

Não tinha pretensão alguma de ser considerada arquitetura; era indubitavelmente o trabalho de um artesão local. Repousava ali tranquilamente, sendo apenas o que era, e transmitia um sentimento de alegria. A data na inscrição indicava o ano de 1790, um ano antes da morte de Mozart, e o construtor anônimo já havia falecido há muito tempo. Ele tinha vivido em uma época em que a criatividade e a habilidade artesanal eram praticamente uma coisa só: uma época anterior ao domínio do intelecto racional e aos efeitos deletérios do paradigma materialista, anterior à perda da compreensão intuitiva do sentido de proporção. A sua realização, a simples e reta *integridade* dessa pequena construção, não pode mais ser repetida hoje.

Atualmente, o desequilíbrio em nossa sociedade entre o conhecimento racional e o intuitivo, entre a lógica e a inspiração, não fez senão fechar as portas à criatividade espontânea que se expressa em tantas construções do passado. Se quisermos resgatar essa qualidade confiante das épocas passadas, precisaremos de nada mais nada menos que uma revolução em nossa maneira de pensar. Não é tanto um retorno ao "velho modo de olhar", o título do livro de Jonathan Hale, mas um retorno ao velho modo

Igreja batista em Cambridge, Maryland. Essa pequena construção pertence à mesma família há mais de duzentos anos. Embora seja raramente usada hoje em dia, é conservada com carinho. Graças à cortesia dos atuais proprietários, pude tomar as medidas da construção e fazer desenhos que mostram as relações matemáticas entre suas principais dimensões, que serão examinadas no Capítulo 10.

de pensar.[5] Nós precisamos, em primeiro lugar, aprender a *confiar* na intuição como a nossa guia para a sabedoria da mente inconsciente e deixar de lado as racionalizações intrincadas que dominam grande parte do *design* arquitetônico contemporâneo.

Quando eu era estudante, lembro-me bem de quão frequentemente, quando éramos encarregados do projeto de uma edificação, chegávamos de pronto a uma ideia adequada, e a descartávamos tão depressa quanto a tivemos, e isso porque ela não era o resultado de uma análise lógica. Também me lembro de como, frequentemente, depois de semanas de esforços, voltávamos à ideia original. Fomos *ensinados* a desconfiar da nossa intuição, a desconfiar da simplicidade e da retidão espontânea que surgiam da mente inconsciente, e ainda somos ensinados a fazê-lo, não apenas nas escolas de arquitetura, mas também nas outras instituições da sociedade.

Os arquitetos de hoje são ensinados a encarar a sua intuição com suspeita porque a própria existência dela é incompatível com o paradigma materialista. A intuição é aceita somente quando aplicada à "estética" de um edifício. Ela é comumente relacionada ao adorno "feminino" de uma estrutura racional "masculina", e, de fato, a intuição é considerada como uma peculiaridade feminina, em oposição ao exercício masculino "*hard*" da racionalidade. No entanto, dada a natureza do nosso trabalho, não podemos nunca perder contato completamente com a intuição feminina, uma vez que a criação do *design* arquitetônico é inevitavelmente um processo intuitivo. Até mesmo o misterioso senso estético ao qual os meus professores em Penn se referiam é apenas uma outra denominação para o conhecimento intuitivo da forma e dos padrões; conhecimento esse que, como veremos, é a consciência das estruturas geométricas e numéricas arquetípicas retidas na mente inconsciente. Infelizmente, o exercício da intuição, outrora

---

[5]   Jonathan Hale, *The Old Way of Seeing.*

simples e direto, foi transformado em algo difícil e complexo pelas suposições filosóficas materialistas que negam qualquer valor ao conhecimento recebido dessa maneira.

Como resultado, não reconhecemos, ou não queremos reconhecer, até que ponto precisamos recorrer à intuição para solucionar até mesmo os problemas práticos envolvidos na construção. A crescente complexidade dos variados sistemas que hoje são incorporados a uma edificação levou a um colapso da nossa profissão, que se dividiu em disciplinas estanques num grau sem precedentes. A variedade de materiais, a complexidade dos projetos estruturais, os sistemas de aquecimento, resfriamento, encanamento, serviços elétricos e iluminação requerem uma coordenação geral do todo que geralmente não pode ser realizada por meio do exercício da análise lógica e racional. A palavra *análise* é significativa, pois embora a análise, ou a decomposição do todo em partes que podem ser estudadas de modo independente, seja o método da ciência contemporânea, e, certamente, uma parte do processo de criação, os arquitetos precisam pensar *holisticamente*. A síntese holística até mesmo dos sistemas técnicos e de engenharia só é possível se o arquiteto puder recorrer aos poderes e certezas da mente inconsciente.

Porém, o mais importante, se quisermos ser artistas e se quisermos que nossas edificações sejam bem-sucedidas como obras de arte, elas precisam expressar a verdade espiritual. Para conseguir isso, devemos refinar e dirigir nossa intuição para a resolução da forma. Paradoxalmente, nós nos aproximamos de Deus por meio da nossa experiência do mundo; nesse caso, da experiência do ambiente, que nós reconstruímos em forma material. Mas só se pode ter acesso à verdade mística, superior, por meio da intuição que emana dos níveis mais profundos e recônditos da mente.

O exercício da introspecção e da intuição pode ser considerado como uma jornada da nossa percepção consciente através da vastidão do nosso ser inconsciente. Nes-

O reconhecimento da necessidade de se confiar na intuição não significa que a inspiração intuitiva estará imediatamente disponível ao arquiteto. É difícil mudar os hábitos de uma vida inteira. Apenas depois de um esforço diligente podemos aprender a projetar na serena convicção de que podemos confiar em nossa inspiração. No final das contas, Herrigel levou seis anos para aprender a atirar uma flecha!

127

sa jornada, contamos com o auxílio daqueles que já a empreenderam no passado. Podemos recorrer aos grandes sistemas religiosos e filosóficos, aos ensinamentos dos místicos, à nossa experiência pessoal e, talvez, à experiência de nossas vidas passadas. A grande arte e a arquitetura do passado têm muito a nos ensinar, pois em cada época e em cada cultura a jornada é sempre a mesma.

Podemos conceber a nossa intuição como um feixe de luz com o qual perscrutamos uma sala inimaginavelmente ampla. Esse feixe é guiado, por meio do nosso aprendizado e da nossa experiência, para trazer à percepção consciente o conhecimento que buscamos. Esse conhecimento pode ser mundano ou profundo. Pode ser prontamente obtido como resultado de uma experiência recente ou, no caso de uma sabedoria mais profunda, muitos anos de paciente meditação e introspecção podem ser necessários antes de atingirmos um aguçado discernimento perceptivo.

As imagens percebidas por nós são geralmente derivadas dos fenômenos aos quais estivemos expostos. Para os arquitetos ecléticos, essas imagens são comumente as formas arquitetônicas tradicionais, e para os arquitetos modernos, são as obras dos antigos mestres do movimento modernista ou os trabalhos mais recentes, vistos em revistas.

Mas não estamos de modo algum restritos a essas imagens. A grandeza na arquitetura e na arte é encontrada quando, em alguma medida, a imaginação transcendeu os limites do conhecido e se estabeleceu em um aspecto de uma verdade mais elevada. Em outras palavras, a intuição pode ser guiada pelas imagens familiares da nossa experiência, mas a grande arte não se limita a elas e nem mesmo está essencialmente relacionada a elas. A grande arte e a grande arquitetura estão relacionadas com aquelas imagens que surgem espontaneamente das profundezas do subconsciente e são comuns a todas as raças e a todos os tempos. Jung, o primeiro a identificar essas imagens ao longo da sua prática psiquiátrica, deu a elas o nome de "arquétipos".

A teoria dos arquétipos

Em geral, acredita-se que a teoria dos arquétipos originou-se com Carl Gustav Jung em meados do século XX, mas o próprio Jung teve o cuidado de assinalar que a ideia, e até mesmo a palavra, é muito mais antiga. Foi Jung, no entanto, quem desenvolveu a teoria e a trouxe para a estrutura da psicologia moderna. Ele a tornou, desse modo, uma parte aceitável, embora um tanto obscura, da interpretação científico-materialista da realidade.

Jung considerava os arquétipos não apenas como material extraído do conteúdo do inconsciente coletivo, mas também como parte da estrutura organizadora da mente: a estrutura que torna o pensamento possível e por meio da qual percebemos o mundo. Jung aplica o termo *arquétipo* aos "tipos arcaicos ou primordiais, ou seja, às imagens universais que existem desde os tempos mais remotos".[6]

A pirâmide é uma forma arquetípica encontrada na Mesopotâmia, na América Central, na China, e mais notavelmente no Egito. As grandes pirâmides do planalto de Gizé encantaram a imaginação dos homens durantes eras. Nessa fotografia, a grande pirâmide de Quéops se eleva acima das dunas.

---

[6]   C. G. Jung, *The Archetypes and the Collective Unconscious*, Bolligen Series XX (Princeton, N. J.: Princeton University Press, 1990), p. 5.

E prossegue dizendo: "O arquétipo é essencialmente um conteúdo inconsciente que é alterado ao se tornar consciente e perceptível, e a sua especificidade provém da consciência individual onde ela porventura ocorre."[7] Por fim, comentando em rodapé sua própria definição, ele acrescenta: "É preciso, em nome da exatidão, distinguir entre arquétipo e a ideia arquetípica. O arquétipo como tal é o modelo hipotético e não representável, algo como o padrão de comportamento na biologia." Jung parece estar dizendo que ele compreende o arquétipo como uma entidade psíquica reconhecível, ou como um grupo de fenômenos mentais que residem na mente inconsciente, mas surgem com frequência e intensidade em nossa percepção consciente e constituem uma herança comum da humanidade. Portanto, na terminologia de Jung, o arquétipo seria um corpo complexo de conhecimento essencial e indescritível, ou a "coisa em si mesma". Ele só pode ser abordado de modo indireto por meio da *imagem* arquetípica: o mito, a mandala, as revelações matemáticas, a criação artística ou os padrões de comportamentos instintivos por meio dos quais a existência do arquétipo se torna evidente.

Para Jung, a identificação dos arquétipos foi inicialmente um modo de classificar e denominar certos conteúdos do inconsciente, em particular aqueles envolvidos no processo da análise clínica. Como ele indica, esses conteúdos são alterados ao se tornarem conscientes e serem percebidos: o próprio ato de descrevê-los, por si próprio, os separaria do arquétipo de sua matriz inconsciente e restringiria o seu significado.

Na busca pelos arquétipos, Jung teve as companhias mais estranhas para um médico e cientista do século XX. Ele encontrou ideias arquetípicas expressadas nos mitos e lendas de todos os povos; na metafísica oriental, nos trabalhos dos alquimistas medievais, e, de modo intrínseco, nas formulações das grandes religiões da humanidade. A

Na acepção corrente, a palavra arquétipo é geralmente usada para se referir tanto à imagem como à realidade subjacente. Por questões de simplicidade e concisão, eu sigo esse uso popular exceto quando diferentemente indicado.

Há uma curiosa relação, além da raiz comum, entre as palavras arquiteto e arquétipo. Os termos implicam que o arquétipo seja transformado em realidade formal pelo arquiteto.

---

[7] *Ibid.*

princípio, Jung viu o arquétipo como um reflexo da experiência histórica da espécie, arraigada nos instintos desenvolvidos no decorrer da luta darwiniana pela sobrevivência. À medida que seus estudos progrediram, parece que ele também começou a ver sinais de uma realidade metafísica anterior à existência da experiência humana, e mesmo anterior a uma experiência da raça humana, e que permanece contida na parte da mente que ele chamou de "inconsciente coletivo".

É claro que a sua conhecida fascinação pela tradição esotérica representou um interesse maior do que seria de se esperar de uma avaliação fria e científica, mas no início do século XX, quando Jung começou a desenvolver suas ideias, a ciência era ainda mais categoricamente resistente ao reconhecimento de qualquer coisa que não fosse a realidade material do que o é hoje em dia. Além disso, Freud o alertou, no início da sua carreira, para que ele não caísse na "lama negra do ocultismo". O conflito resultante disso é evidente nos escritos de Jung, pois ele oscila entre a condenação do arquétipo como não mais do que um modo de classificar fenômenos clínicos e a sua aceitação como uma possível chave para a compreensão da realidade metafísica e de uma verdade superior. À medida que Jung se aventurou mais no estudo do "oculto", a identificação dos arquétipos tornou-se um modo a partir do qual ele poderia trazer à percepção consciente certos processos da mente e algo da natureza do ser interior espiritual.

A grande arte e a grande arquitetura refletem na forma a consciência arquetípica, instintiva e metafísica que é uma compreensão inata, apriorística, de certos aspectos da realidade suprema. Os arquitetos do passado distante sabiam que essa compreensão inerente e inconsciente precede, é subjacente e condiciona nossas percepções sensoriais conscientes. O seu conhecimento é visível nos templos egípcios e gregos e nas catedrais da França. A sua presença foi claramente identificada por R. A. Schwaller de Lubicz em seu alentado estudo do Templo de Luxor.

Se a função espiritualmente mais elevada de um arquiteto é explorar e expressar as verdades eternas encontradas no inconsciente coletivo, então uma percepção consciente da importância das imagens arquetípicas talvez lhe permita um acesso mais rápido aos níveis mais profundos do conhecimento espiritual.

Os arquétipos, ou, mais especificamente, as imagens arquetípicas, podem então ser entendidas como guias para a intuição: possíveis maneiras de dirigir nossa intuição para recuperar da mente inconsciente e, particularmente, do inconsciente coletivo, os elementos de um projeto que reflita a verdade metafísica subjacente, e seja a expressão da harmonia essencial do homem e do cosmos na estrutura de uma edificação.

Os arquétipos, no entanto, são derivados de muitos níveis de percepção e de compreensão. No nível mais imediato, somos informados pela nossa experiência como seres vivos reagindo a nosso ambiente material. Em nossa existência corpórea, como foi postulado por Freud e Jung, incorporamos não apenas uma compreensão a priori da significação da forma, mas também o conhecimento instintivo da raça humana, e, quem sabe, até mesmo de nossos ancestrais animais. Reagimos às imagens arquetípicas do abrigo que nos foi transmitida como parte dessa herança primordial, e estamos, por isso, ligados ao instinto de sobrevivência da espécie. A inclusão dessa ordem da imagem arquetípica é básica para a provisão de um abrigo emocionalmente satisfatório. A discussão a seguir a respeito dos arquétipos começa portanto com aquelas imagens arquitetônicas arraigadas no desejo de viver e no instinto de sobrevivência.

Depois que comecei a avaliar criticamente as formas arquitetônicas do meu tempo e as achei deficientes, eu me dei conta de que teria de descartar a abordagem científica e encontrar um conjunto de princípios a partir dos quais um novo grupo de construções poderia evoluir. A ideia dos arquétipos ofereceu-me a possibilidade de uma compreensão intuitiva das necessidades humanas psíquicas e materiais que são básicas e universais.

7
ARQUÉTIPOS DO ABRIGO

A caverna

Há muitos anos, em minha juventude, passei de uma maneira inesquecível pela experiência primordial, arquetípica, da caverna como abrigo quando eu e outro garoto passamos a noite acampando junto ao Rio Big Gunpowder, em Maryland. Quando começamos, era um belo dia quente no começo da primavera, com um céu azul acima de nós e umas poucas nuvens escuras e tempestuosas ao longe. Caminhamos junto ao rio por um caminho cerrado de árvores, nunca longe do brilho e do som da água, até um local onde o rio caía sobre uma baixa barragem natural de saliências e grandes rochas. Acima da barragem, um fundo tanque natural refletia uma colina florestada onde protusões e saliências rochosas projetavam-se das folhas caídas. Quando saltamos de uma enorme pedra para dentro da água, peixes saíram em disparada de sob as rochas. Embora estivéssemos apenas há alguns quilômetros da cidade de Baltimore, estávamos completamente sozinhos.

Fizemos uma fogueira e cozinhamos nossa refeição. Não tínhamos barraca, e por isso estendemos nossos cober-

Saliência rochosa acima do Rio Big Gunpowder, em Maryland. Essa fotografia foi tirada pelo autor em 2002. Nada mudou desde a noite em que procurei abrigo lá, sessenta anos atrás.

A Basílica de Baltimore, de Benjamin Latrobe, é uma cúpula ortodoxa na qual Latrobe "enxertou" um templo romano para facilitar a liturgia Católica Romana. Os modernistas gritariam "Pastiche!", mas o simples volume das formas já é belo.

do céu, à que os homens da Idade Média aspiravam, entrava pelos vitrais.

A caverna sagrada aparece em outras culturas e períodos. Por exemplo, a Pirâmide do Sol na outrora grande cidade de Teotihuacán, perto da atual cidade do México, tem em sua base uma caverna natural e sinuosa de lava que leva a um conjunto de câmaras radiais, das quais o centro está diretamente abaixo do ápice da pirâmide.

Uma caverna inteiramente natural também pode ser sagrada. Em Yucatán, perto das ruínas de Chichén Itzá, uma enorme sala natural era usada até tempos recentes como um local de culto. Lá, um enorme pilar de pedra ergue-se para apoiar o topo, talvez representando o conceito maia da árvore sagrada que sustenta o mundo. Ao redor dessa massa de calcário, adoradores de tempos remotos colocavam belos vasos de cerâmica repletos de alimentos e flores como oferenda ao deus da Terra.

A caverna sagrada em Chichén Itzá, no México, só foi descoberta recentemente, passando a ser aberta ao público.

Certa vez, tive uma conversa com um construtor que, com cinismo e desprezo, dizia de suas clientes: "O que essas mulheres querem realmente em suas casas é uma caverna acolchoada." Seu comentário tinha o propósito de depreciar tanto suas clientes como o valor do projeto arquitetônico profissional, mas as mulheres a quem se referia haviam percebido intuitivamente uma necessidade psicológica e emocional que está profundamente marcada na natureza do nosso ser. Ignorar essa necessidade, ou racionalizar sua existência, como a maioria dos arquitetos faz, resulta na construção de edifícios que podem ter beleza se forem considerados como artefatos, ou como esculturas, mas falham em satisfazer as necessidades emocionais e instintivas daqueles que viverão dentro deles.

A Residência Farnsworth, construída por Mies van der Rohe em Plano, Illinois (discutida e apresentada no Capítulo 2; ver pp. 44 e 49, é um outro exemplo de casa malograda nesse aspecto. O edifício é considerado por muitos como um dos artefatos mais belos do século XX. O cuidado e a atenção de um famoso arquiteto foram

Mies e sua cliente, a dra. Edith Farnsworth, uma nefrologista nacionalmente conhecida, desenvolveram uma relação pessoal íntima que culminou na construção da Residência Farnsworth. Quando a construção aproximava-se do fim, ele parecia ter perdido seu entusiasmo. Com justa indignação, a dra. Farnsworth negou-se a pagar toda a comissão. A batalha judicial que se seguiu foi prejudicial para ambos.[2]

---

[2] Franz Schulze, *Mies van der Rohe: A Critical Biography* (Chicago: University of Chicago Press, 1985), pp. 252-59.

Nave, cruzeiro e coro da
Catedral de Chartres.

dedicados a essa construção. Até mesmo a dra. Farnsworth, quando processou o arquiteto, baseou seu processo em considerações superficiais como o custo excessivo, a falta de proteção contra o sol e a ventilação inadequada. Ela não criticou a criatividade artística do *design* apesar de fazer referência a uma "sofisticação volúvel e falsa".[3]

No entanto, acima e além das considerações superficiais, a ideia como um todo é falha, e a dra. Farnsworth pode ter reconhecido isso sem ser capaz de expressar

[3] Sydney LeBlanc, *The Architectural Traveler: A Guide to 250 Key 20th-Century American Buildings* (Nova York: W. W. Norton, 2000), p. 88.

as razões de sua insatisfação. A Residência Farnsworth, não importa o quão bela seja como artefato, nunca poderia satisfazer como uma moradia, especialmente uma que tinha a intenção de servir de refúgio, um local para onde fosse possível fugir do estresse e da ansiedade que fazem parte da vida moderna. O edifício nega completamente o elemento da caverna, tão necessário para satisfazer nossa necessidade emocional e instintiva de abrigo.

A Casa de Vidro, projetada e construída por Philip Johnson para seu próprio uso em New Canaan, Connecticut, é um exemplo ainda melhor. Depois de concluir a Casa de Vidro, Johnson achou necessário construir outro edifício separado no local. Essa segunda construção era uma caixa fechada, uma caverna artificial, construída ao lado de uma colina do outro lado da primeira estrutura, completamente envolta por vidro. Quando ficamos de pé dentro do primeiro edifício, entendemos por que foi necessário construir o segundo.

Glass House é um terraço belo e cuidadosamente detalhado, situado em um ambiente semelhante a um par-

A Residência Farnsworth (Plano, Illinois), vista do lado oeste. Quando as cortinas são abertas, toda a construção fica tão exposta quanto o pórtico. Ela é geralmente fotografada de frente, como na p. 44, onde o terraço (visto aqui em primeiro plano) contrabalança a porção encerrada por vidro e cria uma transição do estrado para o pórtico para o recinto fechado. Vista de outros lados, a relação entre pórtico e recinto é canhestra. Apesar de suas falhas formais e funcionais, o edifício continua a ser um símbolo profusamente elogiado da visão científica do século XX, que defendia uma relação ideal entre o homem e o meio ambiente!

Philip Johnson começou sua carreira na arquitetura como um seguidor e colaborador de Mies van der Rohe. Mais tarde, passou a adotar todo novo "ismo" da arquitetura que se tornava popular por meio da imprensa e do público. (Fotografia reproduzida por cortesia do National Archives: Fotografia nº 79-1769/C.)

A Glass House, em New Canaan, Connecticut. O centro de tijolos contém o banheiro e separa a área de descanso do resto da casa. É o único elemento fixo do piso à cobertura dentro da gaiola de vidro. O Cave Building (abaixo), um contraponto à Glass House, está logo depois do gramado e, de acordo com o guia de excursão, é a que foi mais usada pelo sr. Johnson. Quando Mies visitou Johnson pouco depois da conclusão do edifício, ele o acusou de haver compreendido mal os detalhes do projeto. Teve início uma acalorada discussão, Mies se retirou, e a desavença perdurou por muito tempo.[4]

que, mas não há um lugar onde se esconder, nenhum lugar onde se refugiar de um ataque súbito dos elementos da natureza ou do próprio homem. Ela viola nossa necessidade instintiva de refúgio. Saber que a caverna está lá, do outro lado do gramado, permite que desfrutemos o agradável pavilhão de vidro de tal maneira que, do contrário, não seria possível. O silêncio, a escuridão e a paz do segundo

4 *Ibid.*, pp. 281-82.

edifício estão a poucos passos caso sejam necessários. E a caverna também está lá caso necessitemos de silêncio e abrigo contra o sol, para explorar a natureza de nosso ser interior por meio da meditação e da introspecção.

Le Corbusier, o apóstolo do racionalismo, voltou-se para a caverna a fim de obter inspiração quando, na última fase de sua carreira, construiu a igreja em Ronchamps, na França. As formas maciças das paredes e da cobertura, o interior pouco iluminado e o espaço misterioso e não geométrico evocam a caverna. O edifício pode ser entendido apenas como uma tentativa de apreender o significado emocional e instintivo da caverna como um local de culto.

O mestre modernista que entendeu melhor a necessidade de um espaço semelhante à caverna em uma casa foi Frank Lloyd Wright. Na série de casas "usonianas", que projetou para pessoas de baixa renda, ele conseguiu, em um grau sem precedentes, fundir a caverna – o local escuro e protegido dentro dessas construções – com a

Interior da igreja em Ronchamps, França. Vistas do exterior são exibidas na p. 55. A irracionalidade do projeto causou consternação entre os seguidores de Le Corbusier, que não estavam dispostos a admitir um desvio da clareza cartesiana de seus trabalhos mais antigos.

A entrada da Residência Chase, do século XVIII, em Annapolis, Maryland, que conduz ao salão central ao longo de uma passagem lindamente bem proporcionada. Olhando para cima, vemos a gloriosa escadaria que leva à grande janela paladiana no patamar da escada.

tante movimento, e mesmo assim está coberto de edifícios. O desejo por espaço e pela proximidade ao mar foi mais importante que as considerações práticas.

Considere as mansões e os castelos da Europa. Poderíamos imaginar Versalhes, por exemplo, sem todos os acres de terraços e jardins formais que cercam o palácio central? Mesmo o Petit Trianon, onde se realizou uma tentativa deliberada de unir o edifício mais intimamente com a natureza, preserva uma abertura: a natureza, na forma da floresta natural, é afastada para uma distância próxima. Sabemos muito bem que até mesmo o gramado de uma casa modesta é geralmente objeto de cuidado e dedicação.

Como resultado dos avanços tecnológicos na fabricação do vidro, a relação entre o interior, ou caverna, e o exterior, ou a clareira, mudou dramaticamente. Nos edifícios tradicionais, a abertura, transição entre o interior e o exterior, era um elemento da maior importância na arquitetura. A abertura estava na transição entre a caverna e a clareira, e onde vivenciamos a dicotomia entre o dia e a noite, o homem e a mulher, a dança eterna dos opostos que constitui a existência. A arquitetura do passado era, portanto, uma arquitetura de aberturas em paredes sólidas de tijolos, pedra ou madeira; era uma arquitetura em que a parede servia como uma barreira física e visual impermeável entre o espaço interior e o exterior, e onde as aberturas eram realçadas e embelezadas. Mesmo durante os séculos XVIII e XIX, quando o vidro tornou-se mais barato, ele era usado em janelas e portas feitas de pequenas vidraças, e a rede de barras verticais entre elas continuava a definir a parede.

A produção em massa de grandes placas de vidro tornou possível a eliminação das barras verticais, tendo como consequência uma fusão do espaço interior e do exterior sem precedentes. *Visualmente*, a parede sólida foi substituída pelo vidro. A consequente interação entre o espaço interior e o mundo externo é a mudança mais notável observada no projeto de edifícios contemporâneos no Ocidente.

Os pontos de transição, na arquitetura antiga, permitiam tanto a passagem física como o acesso visual. Até recentemente, as janelas e portas eram sempre funcionais e necessárias à ventilação. No século XX, sistemas mecânicos de circulação de ar tornaram possível ter acesso visual ao mundo exterior sem contato físico direto, e atualmente vivenciamos o espaço exterior na maioria dos edifícios de apartamentos, hotéis, e estruturas de escritórios, de modo passivo, como observadores, e não como participantes. Por esse isolamento ambiental inevitavelmente pagaremos um preço.

A interação entre caverna e clareira, na verdade, não surgiu no Ocidente, nem em climas mais amenos ela foi completamente dependente da tecnologia do vidro. As possibilidades haviam sido completamente exploradas no Japão, onde, sob a influência do zen-budismo, os

145

japoneses buscavam uma identidade espiritual maior com o mundo natural. Sob as massivas coberturas de casca de hinoki, de grandes residências como o Palácio de Katsura, paredes de madeira e papel, translúcidas quando fechadas, podiam ser deslizadas lateralmente, expondo assim cômodos inteiros aos jardins externos.

Os espaços dos cômodos internos semelhantes à caverna, embaixo dos telhados grandes e protetores, tornavam-se parte do mundo exterior, e a interação entre o homem e a natureza era direta. Certa vez, li um relato de um estudioso japonês, um mestre zen, que durante o frio do inverno empurrava seus translúcidos painéis shoji, e, olhando através da ampla abertura, meditava sobre a beleza da neve que caía.

A realização notável da arquitetura japonesa influenciou diretamente Frank Lloyd Wright, que trabalhou no Japão como o arquiteto do famoso Hotel Imperial em Tóquio. O trabalho de Wright, por sua vez, influenciou os arquitetos do Estilo Internacional no uso do vidro para abrir grandes áreas de parede ao espaço exterior. Talvez em consequência da experiência direta de Wright com a casa japonesa, ele nunca levou a nova tecnologia à sua conclusão definitiva, como na Residência Farnsworth e na Glass House de Philip Johnson. Wright nunca dissolveu a parede: sempre, mesmo quando uma parede era completamente vidrada, ela era definida pelo plano das barras verticais e dos umbrais, assim como a dos japoneses. E também não separou o acesso visual do físico: ele sempre usava uma parede com portas de vidro, em vez de uma parede envidraçada com portas, mesmo que isso aumentasse os custos e causasse problemas, que nunca foram resolvidos, de isolamento de seus edifícios contra condições meteorológicas extremas. É digno de nota que quando Wright pôde prescindir de grandes áreas de parede inteiramente fechadas, como fez em Taliesin West, ele compensava fixando o edifício à terra com enormes

Frank Lloyd Wright.
(Fotografia por Al Ravenna, reproduzida por cortesia da Prints and Photographs Division, Biblioteca do Congresso.)

Nessa casa japonesa, barras horizontais em uma abertura envidraçada acima da mesa de estudo mantêm a continuidade da parede.

Essa autêntica "casa de estudo" japonesa foi construída no século XX e oferecida à cidade da Filadélfia pelo povo do Japão. Foi cuidadosamente reconstruída dentro de um jardim japonês instalado no Parque Fairmount.

paredes de pedra, fornecendo dessa maneira uma sensação psicológica de abrigo e de caverna.

A introdução no Ocidente da fusão entre interior e exterior – a caverna e a clareira – de modo que os dois se fundissem e fluíssem juntos foi a grande realização de Wright. E ele não foi o único arquiteto que se valeu dessa possibilidade técnica; alguns de seus contemporâneos trabalharam com a mesma maneira de abrir a casa para o mundo exterior. Podemos até mesmo ver a ideia expressa mais cedo nas fileiras de janelas nos castelos franceses e casas de campo inglesas, mas foi Wright quem trouxe a ideia para o vocabulário arquitetônico do século XX.

O mesmo padrão de barras verticais define a parede envidraçada em Falling Water, a famosa residência projetada por Frank Lloyd Wright em Bear Run, Pensilvânia.

Quando falava do seu trabalho para os clientes que conseguiam perceber as vantagens do que ele descrevia como "espaço, luz e liberdade", Wright enfatizava o que chamava de uma libertação da "predominância da caverna". Nisso, ele falava como um autêntico filho de sua era, negando a importância do feminino e do misterioso em favor do racionalismo masculino. No entanto, de maneira intuitiva, ele reconhecia a necessidade psicológica da caverna, e incorporava, aos espaços fluentes de seus

Ville Savoy, perto de Paris, projetada por Le Corbusier. A parede é uma placa contínua de vidro plano. A parede visível está do outro lado do pátio interno. A ambiguidade entre a parede de vidro funcional e a parede visível é confusa e desarmoniosa.

planos abertos, um canto trabalhado, ou um nicho, geralmente com paredes de tijolos ou pedra, e muitas vezes com uma lareira acesa, o que equilibrava a área de vidro e fornecia um refúgio e uma sensação de abrigo. Apesar de sua própria retórica, Wright sabia que uma arquitetura que ignorasse as imagens da caverna e da clareira seria inválida, e incorporou esse conhecimento em suas obras mais admiráveis. A necessidade desse equilíbrio psíquico infelizmente não foi entendida por seus contemporâneos, ou por aqueles que ele continua a influenciar.

O desenvolvimento tecnológico do século XX foi considerado com um fervor romântico peculiar por artistas e arquitetos. Imagens que resultaram da aplicação da análise racional à produção de máquinas foram exploradas por causa de si mesmas e não por sua conveniência inerente para satisfazer necessidades materiais ou psicológicas. Um exemplo famoso é a – Ville Savoy, projetada por Le Corbusier – veja acima e na p. 30 semelhante a um

O contraste entre o Pavilhão de Barcelona e o Palau de Victoria Eugenia que se ergue acima dele na colina é impressionante – até mesmo chocante! A bandeira desfraldada parece anunciar uma revolução arquitetônica e convocar, com um toque de clarim, todos os bons arquitetos! Esse pequeno e notável edifício demonstra o incessante otimismo tecnológico do início do século XX, mas perdeu a força com o tempo, e o Pavilhão, visto à luz pálida do século XX, está repleto de problemas, tanto práticos como artísticos. Agora, penso que Mies nos guiou pelo caminho errado.

Nessa vista do Pavilhão de Barcelona, a reflexão e a transparência do edifício dão um estranho efeito de desorientação, expressando talvez a desorientação psicológica e emocional do homem do século XX.

Adão e Eva no Jardim.
(Fotografia de Jean-Luc
Fitoussi.)

Gênesis, por exemplo, começa com um relato comovente e poético da criação do mundo. Em Gênesis 2:7-8 lemos:

O Senhor Deus formou, pois, o homem do barro da terra,
e inspirou-lhe nas narinas um sopro de vida;
e o homem se tornou um ser vivente.
Ora, o Senhor Deus havia plantado um jardim no Éden,
do lado do Oriente;
e colocou nele o homem que havia criado.

Na história bíblica, a primeira ação do Espírito Santo depois da criação do homem foi plantar um jardim. O autor desconhecido escolheu caracterizar a Divindade primeiramente como um jardineiro, e a imagem do Paraíso que dominou a visão dos homens durante milênios é a da vida eterna em um jardim.

O Jardim do Éden era estimado tanto por sua beleza como por seus frutos. Nós temos hortas e jardins de ervas medicinais e culinárias, mas atualmente pensamos em "jardins" como áreas idealizadas e mantidas em resposta a necessidades emocionais e psicológicas em vez de contribuir para nossa existência física. A busca consciente de harmonias cromáticas e de textura em folhagens e flores, e o esforço necessário para alcançar padrão e estrutura na disposição e no cultivo das plantas, não estão relacionados às necessidades diretas de sobrevivência. A jardinagem é um *símbolo* arquetípico de nossa dependência com relação ao mundo das plantas para nossa existência. Na jardinagem restabelecemos nossa identidade como criaturas da terra, e enquanto trabalhamos com as plantas para acentuar sua inerente beleza, inconscientemente exploramos a estrutura do universo.

No Japão, a associação entre jardim e moradia foi reforçada pelos ensinamentos zen, a fusão do taoismo com o budismo. A ênfase religiosa no homem, existindo como uma parte harmoniosa do mundo natural, promovia um respeito, e até mesmo um culto, pelas belezas da ordem material tangível. No pensamento budista, essa ordem, apesar de ilusória e enganosa, foi necessária para fornecer uma metáfora por meio da qual fosse possível visualizar e aproximar-se da realidade suprema.

Sob o ímpeto do que era essencialmente um imperativo religioso, os japoneses alcançaram uma fusão quase perfeita entre a moradia e o jardim. A avançada técnica dos painéis deslizantes e da parede de papel translúcido abria a casa para o jardim de uma maneira que era desconhecida no Ocidente até que a produção em massa de grandes placas de vidro estivesse disponível.

O exemplo japonês pode ser seguido agora nos climas mais rigorosos do Ocidente por meio do uso de grandes placas de vidro, e à medida que a interação entre o espaço exterior e o interior, a caverna e a clareira, torna-se comum no Ocidente, o espaço exterior será cultivado como um jardim. Entretanto, arquitetos modernistas e pós-modernistas, especialmente aqueles que projetam dentro do

A arte da jardinagem envolve a associação ativa, íntima e afetiva das plantas com as pessoas. A abordagem científica das plantas geralmente é classificatória, seguida de uma análise das formas e características, e finalmente de experimentos e exploração.

A surpreendente fusão entre jardim e moradia é mostrada aqui na casa japonesa da Filadélfia. O estrado exterior serve para unir sem nenhuma quebra o interior semelhante à caverna com uma paisagem planejada como uma metáfora do mundo natural em toda a sua amplitude.

Estilo Internacional, tendem a hostilizar a ideia do jardim como parte do padrão de uso de seus edifícios. Apesar de o seu trabalho apresentar grandes áreas de paredes envidraçadas que melhoram o acesso visual ao espaço exterior, o próprio espaço é geralmente dominado pelas mesmas filosofias frias, racionais e materialistas sobre as quais o *design* dos edifícios está baseado. Por exemplo, o espaço exterior do Pavilhão de Barcelona, cartesiano em sua pureza, lembra a negação da melodia na vanguarda musical do mesmo período.

Le Corbusier construiu a Ville Savoy como um navio, desprendido da terra e navegando acima do gramado. A paisagem é apresentada ao observador dentro do edifício como uma experiência puramente visual, sem nenhuma relação com qualquer necessidade administrativa. O edifício de apartamentos de Marselha rejeita ainda mais claramente a terra e a vida das plantas. O edifício é, como de

Nem mesmo uma erva daninha cresce no pátio principal do Pavilhão de Barcelona. As plantas e árvores no plano de fundo estão no terreno adjacente.

costume, novamente elevado em relação ao chão, dessa vez sobre enormes colunas de concreto. O *playground* das crianças que vivem nessa estrutura fica no telhado, onde o espaço enfadonho e estéril é dominado pelas enormes formas esculturais da fantasia de Le Corbusier (ver p. 156).

Lembro dos comentários depreciativos de Louis Kahn quando eu quis colocar uma árvore tropical *dentro* do espaço do pátio fechado de um edifício que desenhei como projeto de estúdio na Penn. Isso é uma prática comum hoje, mas em meados do século era uma ideia relativamente nova. Kahn não gostou da ideia e me disse que uma árvore "quer estar do lado de fora, exposta ao sol e ao vento". Acredito que por trás da poesia de sua expressão havia a hostilidade da mente racional em relação ao relacionamento simbiótico e afetuoso entre plantas e pessoas.

Recentemente, com a tecnologia do vidro revolucionando a arquitetura e a parede se dissolvendo em janela, vemos uma verdadeira explosão de interesse na criação

Causei um descontentamento a Kahn ao salientar que uma planta não se importa se está do lado de fora ou de dentro: ela quer apenas crescer.

O *"playground"* sobre o telhado do edifício de apartamentos de Marselha. Acho difícil acreditar que Le Corbusier acreditava seriamente que crianças iriam, de livre e espontânea vontade, brincar nesse espaço estritamente confinado, desolado e perigoso onde nada cresce. (Fotografia reproduzida por cortesia de Paul Raftery/VIEW.)

PRELIMINARY SKETCH OF LOREN POPE HOUSE, FALLS CHURCH, VIRGINIA.

A Residência Pope-Leighey, projetada por Frank Lloyd Wright. Mais uma vez, Wright manteve-se em oposição à tendência predominante. Apesar de, que eu saiba, ele não ter trabalhado ou dividido suas responsabilidades com paisagistas, seu amor por plantas é inerente em todos os seus trabalhos. Alguns de seus projetos incorporam muros de arrimo e terraços como estrutura arquitetônica para que jardins sejam desenvolvidos mais tarde pelos proprietários. (Ilustração reproduzida por cortesia do National Parks Service.)

A Residência Pope-Leighey, reconstruída no seu presente local ao norte da Virgínia.

de jardins como partes essenciais não apenas de moradias individuais, mas também de grandes edifícios públicos. Esse amplo movimento deve muito pouco aos projetos ou formulações teóricas dos arquitetos, e é contrário à ideologia dos movimentos modernista e pós-modernista. Em vez disso, responde a uma necessidade instintiva e arquetípica de viver na presença de plantas.

A nova unidade entre caverna e clareira tornou o jardim parte essencial da moradia. O que é preciso agora é a fusão das habilidades do arquiteto e do paisagista. A separação das duas disciplinas é artificial – o que existe do lado de fora das paredes é seu e o que está dentro é meu – e é inteiramente consistente com especialização analítica característica da nossa ciência. Alguma especialização, sem dúvida, é desejável: nem todo arquiteto precisa ter um conhecimento íntimo das plantas, nem um arquiteto especialista em paisagismo precisaria dominar as características dos materiais de construção. Porém, uma vez que o sucesso de nossos futuros edifícios dependerá da integração entre caverna, espaço e jardim, o treinamento e a prática dos arquitetos precisam ser holísticos no sentido de que o ambiente como um todo é reconhecido como o objeto apropriado ao projeto arquitetônico. Um arquiteto ou equipe de arquitetos pode então dispor dos recursos do que agora são duas disciplinas diferentes a serviço de um propósito comum, e dentro de um entendimento compartilhado.

A presença da água

A presença da água, tanto real como simbólica, é um elemento físico e psicológico essencial da vida. A superfície do nosso planeta é em sua maior parte constituída de água: acredita-se que a própria vida surgiu no oceano primitivo e evoluiu de tal maneira que os seres terrestres carregam em seu sangue um pouco daquela água para a terra. Uma pre-

missa da psicologia freudiana é a de que a nossa percepção desenvolve-se a partir de uma experiência inicial de flutuar no líquido amniótico e que essa experiência influencia toda a nossa vida. Podemos viver por um tempo sem alimentos, mas sem água morremos rapidamente.

Nos edifícios contemporâneos, a água necessária para sustentar a vida é fornecida por maravilhosos trabalhos da engenharia que trazem água de montanhas distantes, purificam-na e a distribuem por um incrível labirinto de canos e válvulas, e a disponibilizam quando necessário ao toque de uma mão. É então levada embora com o nosso lixo, para ser devolvida aos rios e mares. Já não consideramos isso como uma realidade maravilhosa. Nós a aceitamos como se fosse algo que sempre existiu.

E, mesmo assim, algo da experiência imediata com que outrora vivenciamos a água não existe mais. Lembrome de quando era garoto na fazenda da minha avó em Maryland e observava minha tia carregar baldes de água do poço do lado de fora da cozinha para dentro da casa. E lembro de bombear água para beber em uma tarde quen-

O jardim do templo Dasien-in, em Quioto, Japão. Aqui, na ausência de água, os monges budistas criaram um mar simbólico, esculpindo a areia com ancinho para representar a água. (Fotografia reproduzida por cortesia de Douglas Hamilton.)

Um enorme reservatório de água assentado sobre o terreno da fazenda da minha avó em Catonsville, Maryland. Uma concessionária de carros estende-se no primeiro plano. Alguns me dizem: "Você não pode lutar contra o progresso." Mas isso é progresso? Tem de ser feito dessa maneira? Reservatórios construídos em Baltimore há cem anos estão abertos ao céu e melhoraram as áreas ao seu redor.

O templo pré-dinástico dedicado a Osíris, em Abidos, no Egito, foi projetado para se assemelhar a uma ilha no mar. Foi construído a partir de enormes blocos de granito levados pelo Nilo de Aswan.

te, o modo como ela começava a fluir e se transformava em uma sólida corrente derramando dentro da caneca, fria e límpida, com um leve gosto mineral de ferro. A casa, o poço e toda a fazenda não existem mais, e no planalto nivelado que outrora foi uma colina se ergue, ironicamente, um dos maiores reservatórios de água do mundo, do qual água clorada e "purificada" é distribuída para a região suburbana nas imediações.

Perto da minha casa, uma curta estrada chamada Winespring Lane passa através de um pequeno vale com árvores. Até recentemente, a Winespring fluía de uma pequena gruta, alguns metros para dentro da floresta. A terra daquele lado da estrada foi "desenvolvida" para casas grandes e caras. A fonte poderia ter sido salva, porém ela e a gruta foram terraplenadas, e hoje ela existe como um vazamento em uma vala no meio de uma estrada. Para o construtor, isso era um inconveniente – a água deveria ser fornecida por canos que a trariam da cidade distante –, mas nós que andávamos por aquela estrada e bebíamos daquela fonte perdemos algo da importância psicológica e simbólica da água como fonte de vida.

A natureza sagrada da água foi reconhecida em todas as culturas com exceção da nossa. A do Egito antigo era dominada pelo Nilo e pela enchente anual do rio. Acredita-se que o Caminho dos Mortos, a enorme praça central alongada da cidade pré-histórica de Teotihuacán, perto da atual Cidade do México, era formada por uma série de espelhos d'água, muito parecidos com os do Taj Mahal ou aqueles situados entre o Lincoln Memorial e o Monumento a Washington. Roma, sob a república ou o império, era conhecida por seus aquedutos e fontes. Havia uma fonte sagrada sob a Catedral de Chartres, e tais fontes estavam associadas a muitos outros locais religiosos na Europa Ocidental. A fonte em Glastonbury é um exemplo notável.

No México, a fonte sagrada em Chichén Itzá é amplamente conhecida, talvez não tanto pelos sacrifícios humanos que teriam ocorrido lá, mas sim pela estranha beleza

Vista aérea do Palácio Blenheim, na Inglaterra. O lago está no plano de fundo.
(Fotografia reproduzida por cortesia de AeroPic, U.K.)

de seu enorme poço natural muito abaixo do nível do solo. Na parte mais distante e profunda da caverna sagrada existente na vizinhança (ver p. 137), há um tanque natural de água perfeitamente límpida, talvez um "Santíssimo Santuário" dos maias, outrora cercado por oferendas.

Nos climas quentes e secos do Oriente Médio e da Espanha, os mouros usavam a água como o elemento de destaque central dentro dos pátios. O tanque cercado de flores é um modelo de desenho comum nos tapetes orientais. No Ocidente medieval, uma fonte é normalmente encontrada no centro de um claustro. Nas grandes casas e jardins da Renascença e do Barroco, a água, presente sob a forma de tanque, cascata ou fonte, completava o pro-

O Cenote Sagrado, ou poço divino, em Chichén Itzá, no México.

o espelho d'água e a piscina menor na qual colocou a figura de bronze de Kolbe. Não há uma fonte, nem um movimento; as superfícies planas da água estão rigidamente confinadas, mas interagem lindamente com os planos geométricos simples das paredes e da cobertura.

O impacto emocional que resultou do uso bem-sucedido da água no projeto desses dois edifícios não foi entendido nem imitado por outros arquitetos. A necessidade psicológica evidente e difundida da presença da água como parte do ambiente total está ausente do *ethos* racional do arquiteto científico. O cliente pode estar igualmente inconsciente quanto à importância simbólica e arquetípica da água, mas, com frequência, entende intuitivamente essa importância e está disposto a pagar por isso, seja em um shopping center, uma praça pública ou uma piscina.

Seja uma piscina ou fonte, uma corrente natural, um tanque construído, um lago ou um oceano, a necessidade, profundamente arraigada no ser humano, de estar na presença de água é evidente. Observe a maneira como as casas tendem a se aglomerar nas vizinhanças imediatas de um lago, rio ou oceano, e a crescente valorização imobiliária desses locais, mesmo que muitas vezes não sejam adequados para a construção. Empreendedores astutos, como a Rouse Corporation, que construiu a "nova cidade" de Columbia em Maryland, e os empreendedores de Reston, Virgínia, reconheceram o poder dessa necessidade emocional e frequentemente *iniciam* grandes projetos com a construção de um lago ou piscina (ver página seguinte).

Em jardins onde um lago ou piscina não é viável, a presença de água é às vezes simulada. Durante séculos, os japoneses simbolizaram a presença da água em jardins que não têm um suprimento natural de água utilizando cascalho de rios para simular correntes e tanques. O jardim do templo Dasien-in, mostrado no início desta seção, representa um uso puramente simbólico e espiritual da água como fonte de recreação psicológica. Nos jardins contemporâneos ocidentais, tornou-se possível simular o fluxo de

O Lago Wilde, em Columbia, a cidade de Maryland desenvolvida pela Rouse Company. Consistente com nossa tendência moderna de racionalizar tudo de acordo com sua função utilitária, o atrativo da água é geralmente o seu uso no esporte ou na "recreação". Mas, além de alguns barcos a remo de aluguel, esse pequeno lago não é usado. No entanto, restaurantes e edifícios de escritórios se aglomeram ao redor dele.

grandes correntes por meio do uso de bombas, e como as bombas agora têm um custo menor e são mais confiáveis, isso tornou-se uma prática comum no paisagismo.

Embora a importância da água seja reconhecida, e a água seja introduzida de maneira consistente no projeto

Os quatro elementos são representados nesse detalhe da parte de trás de uma magnífica casula do século XX, vestimenta sacerdotal que se encontra na Washington National Cathedral. O sol no centro representa o fogo, o tecido branco representa o ar, e o artista acrescentou linhas bordadas representando chuva caindo sobre a terra. Na parte da frente, chuva e neve são mostradas caindo sobre o mar. (Fotografia reproduzida por cortesia da Washington National Cathedral.)

de jardins por paisagistas, ela nem sempre é apreciada pelos arquitetos. A água geralmente relaciona-se apenas de modo indireto com um edifício por meio de um jardim ou de uma vista, e arquitetos tendem a considerar qualquer coisa que esteja fora do edifício como algo além de sua esfera de interesse. Essa ilusão é condizente com a fragmentação da arte e da vida que faz parte do cenário moderno. As legítimas preocupações de um arquiteto deveriam ser com a totalidade do ambiente em que vivemos, que é projetado ao longo do espaço que está sob o controle direto do projeto em direção ao espaço maior do mundo.

Os quatros elementos

Identifiquei quatro arquétipos de abrigo para propósitos de discussão, mas não defini de maneira alguma o que é uma realidade complexa e psicológica. As palavras *caverna*, *clareira*, *jardim*, e *água* têm apenas a intenção de trazer à mente certos princípios que os arquitetos deveriam expressar quando se empenham em um projeto. A satisfação emocional que sua inclusão pode fornecer é diferente da beleza. Eles não resolvem o problema da forma, uma vez que podem ser incorporados em um projeto de um número infinito de maneiras. São realidades *funcionais* arraigadas nos instintos de sobrevivência e na experiência da espécie humana.

Aqueles familiarizados com a filosofia esotérica perceberão o paralelo entre esses quatro arquétipos funcionais e os fenômenos escolhidos pelos povos antigos para descrever o mundo físico, a matriz de toda experiência sensitiva. Terra, ar, fogo e água não foram identificados, como a ciência moderna ingenuamente acredita, para descrever "elementos" no mesmo sentido com que usamos hoje essa palavra, como materiais dotados de características atômicas específicas. Eles eram usados, ao contrário, para indicar princípios ou forças que caracterizavam diferentes aspectos da nossa experiência com o mundo material.

A terra – sólida, escura e inanimada – claramente relaciona-se com a caverna. O ar relaciona-se com o espaço e a luz, ou àquilo a que me refiro como a clareira. O fogo não se refere ao fogo aberto queimando na lareira, uma característica de todas as casas usonianas de Wright, mas sim à energia do sol que se transforma ao ser absorvida pelas plantas. Estas, em troca, fornecem energia para sustentar nossa vida, expressa simbolicamente, e efetivamente, pelo jardim. A água é a água, a fonte suprema de nosso ser. Ao identificar as necessidades psicológicas e instintivas às quais os arquitetos deveriam responder, segui inadvertidamente o antigo sistema: as forças que foram outrora identificadas como terra, ar, fogo e água estão refletidas na identificação dos arquétipos do abrigo.

Ao rever minha experiência quando passei uma noite acampando sem uma tenda e fui pego de surpresa, à noite, por uma tempestade, percebo que todos os arquétipos de abrigo estavam presentes: o refúgio embaixo da rocha protuberante; a abertura ao céu e à situação meteorológica; o fogo, não apenas servindo para aquecer nossos corpos e cozinhar nossa refeição, mas também evidente nas energias da floresta viva ao nosso redor; e, finalmente, o rio e a chuva.

8
ARQUÉTIPOS DO PROJETO

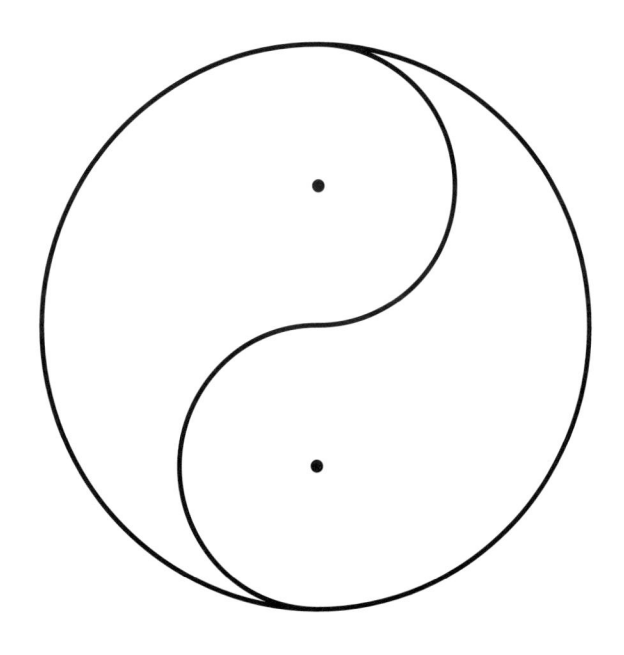

O princípio da dualidade

A dualidade representa a dicotomia básica do ser, a eterna dança dos opostos. É o modo como compreendemos o mundo. Representa a ideia de distinção, ou seja, *diferença*, e por meio da percepção da diferença somos capazes de determinar quantidade e qualidade. Quando um se divide em dois, o ato original e fundamental da criação, que Schwaller de Lubicz chama de "cisão primordial", o universo passa a existir.[1]

O princípio da dualidade é simbolizado por meio da bela imagem de um diagrama geométrico antigo, uma imagem arquetípica na qual dois círculos idênticos são tangentes em um ponto, e estão circunscritos por um terceiro, centralizado no ponto de tangência. O diagrama representa a dualidade dentro da unidade e, numericamente, a divisão de um em dois.

O antigo símbolo do yin-yang é uma imagem arquetípica da dualidade da existência.

---

[1] R. A. Schwaller de Lubicz, *The Temple of Man*, traduzido por Deborah Lawlor e Robert Lawlor (Rochester, Vt.: Inner Traditions, 1998).

Interior do Hotel Auditorium, em Chicago, projetado por Adler e Sullivan.

O Richards Medical Research Building na Universidade da Pensilvânia, projetado por Louis Kahn. A torre dominante da escada de incêndio à esquerda está parcialmente escondida pelas árvores. As próprias escadas são escuras, mesquinhas e mal-acabadas.

No interior da Catedral de Chartres, a nave lateral sul se estende através do espaço definido pelos arcos ogivais femininos projetando-se na extremidade distante e fracamente iluminada. É uma experiência de mistério e maravilha.

ou ogivais, especialmente nas naves laterais e nos portais, por onde, ao atravessá-los, ingressamos no corpo escuro e misterioso da igreja, reproduzem a vulva, e os pináculos que se projetam no céu representam o falo.

E a dança continua, não apenas na arquitetura gótica, mas também na grande arquitetura de todos os tempos e de todos os lugares: no ornamento, na planta, na oposição entre caverna e clareira, jardim e tanque. Pense no Taj Mahal, o esplêndido domo fálico refletido no lençol yonico[2] da água à sua frente; ou as fontes de Versailles, onde a geometria rigorosa e abstrata do plano de paisagem torna-se vivo apenas quando as fontes lançam seus jatos de água ao céu, para caírem de volta no sistema de piscinas que se estende ao longe. Ativo e passivo, masculino e feminino, o princípio é sempre o mesmo. Ignorado

---

[2] Yoni é a representação hinduísta estilizada da vulva. (N.R.)

e mal compreendido em nossa cultura contemporânea, o princípio não pode ser suprimido, e aparece até mesmo no trabalho de arquitetos científicos da atualidade.

O alto edifício de escritórios, o "arranha-céu", é considerado a forma estrutural mais característica da nossa era. Supostamente, foi desenvolvida em resposta aos altos valores imobiliários nos principais distritos comerciais das cidades norte-americanas. É mais provável que isso tenha refletido o arrogante orgulho masculino da elite comercial. Como arquitetura, deve muito à poesia de Louis Sullivan, mentor de Frank Lloyd Wright. Em seu maior edifício, o Hotel Auditorium, uma torre fálica estende-se acima do topo da cobertura, e no espaço interior, o corpo do edifício é a abóbada em forma de arco, inconfundivelmente feminina, do próprio auditório.

Os edifícios de Louis Kahn, esse racionalista mal situado, servem como um outro exemplo. O famoso edifício anexo ao Museu de Arte de Yale contrasta de modo eficaz o espaço feminino, semelhante a uma caverna, criado pelo piso de placas de concreto, dispostas à semelhança de um cofre, com o impulso em direção à luz do espaço da escadaria e seu simbolismo da trindade divina. Do lado de fora das paredes do Medical Building na Universidade da Pensilvânia, Kahn usou as torres de escadaria e do elevador como a imagem masculina e fálica opondo-se à imagem horizontal e acolhedora dos tímpanos arqueados e do piso. Até mesmo Le Corbusier, ao projetar a Igreja de Ronchamps, incluiu alguns elementos masculinos – a torre do sino e as pequenas torres, curiosas e feias, junto à entrada, que evocam uma imagem do falo – no que era essencialmente um edifício feminino (ver p. 56). É esse sucesso *parcial*, ainda falho, esse desequilíbrio dos polos contrastantes do princípio da dualidade, que permanece um problema.

Como um último exemplo desse desequilíbrio, considere o uso da luz na arquitetura contemporânea. A luminosidade e a escuridão são expressões básicas da dualidade: também representam o masculino e o feminino, ou yin e yang. A imagem escura e misteriosa da caverna é tão necessária para nossa vida quanto o clarão da luz apolínea. Hoje, no entanto, impõe-se que todo espaço deva ser iluminado conforme os padrões dos escritórios e dos laboratórios científicos contemporâneos, e há uma disciplina separada, a "engenharia de iluminação", criada para manter esses padrões. Livros foram escritos para assegurar que até mesmo uma residência contemporânea seja iluminada de maneira uniforme, sem cantos escuros ou contrastes evidentes. Isso tudo é aparentemente lógico e científico, mas por trás dos padrões arbitrários, há um medo do escuro, que é, em si mesmo, uma rejeição do feminino.

Compare nossa atitude atual com a dos mestres pedreiros da Idade Média, período em que as grandes catedrais góticas eram dedicadas à "Nossa Senhora", e *planejadas* para serem vivenciadas na iluminação fraca que passava através dos vitrais muito acima. Agora temos iluminação elétrica para acompanhar os serviços religiosos na Igreja de Notre-Dame em Paris. Mas isso não aconteceu por causa do avanço técnico que tornou possível o uso da iluminação elétrica. Mesmo na Catedral de Chartres, alguns dos vitrais foram substituídos por vidraças incolores para que o bispo pudesse ser enxergado mais claramente. E nos dias de hoje nenhum arquiteto de igrejas modernas consideraria a possibilidade de projetar deliberadamente uma igreja de maneira que a iluminação acentuasse qualquer mistério que porventura tenha permanecido nos rituais. Os arquitetos contemporâneos não são mais capazes de perceber a falta de equilíbrio entre iluminação e escuridão em seus projetos.

O que deve ser feito para restabelecer o antigo equilíbrio da dualidade fundamental, o yin e o yang arquetípico? Se os arquitetos tentassem conscientemente incorporar o conceito da dualidade em suas plantas e projeções verticais sob a forma dos símbolos óbvios que representam o falo e a vulva, seus esforços seriam completamente inú-

Nessa evocação artística do nascimento do sistema solar, uma nuvem de fragmentos gira ao redor do sol recém-formado. Uma hierarquia de planetas coalesce a partir da poeira e dos fragmentos da mesma maneira pela qual se imagina que o nosso próprio sistema solar nasceu. (Imagem reproduzida por cortesia da NASA.)

teis. Os símbolos são válidos apenas quando surgem como arquétipos dos níveis mais profundos da mente. Somente então eles representam uma parte do nosso ser e evocam a presença do sagrado em um edifício.

É necessária, ao contrário, uma mudança fundamental na atitude de cada arquiteto, não apenas em relação ao equilíbrio e à harmonia do yin e do yang na arquitetura, mas em todos os aspectos da vida. Quando o princípio da dualidade for aceito pelos arquitetos, ele se difundirá em suas mentes, guiará sua intuição, e enriquecerá suas obras. Em uma época em que os valores masculinos da luz apolínea e da racionalização *"hard"* excluem o feminino, o mistério e a escuridão, os arquitetos devem buscar um entendimento do *equilíbrio* e da *integração* daqueles que hoje são considerados como opostos em conflito, e constantemente procurar expressar a dualidade dentro de um todo harmonioso.

Hierarquia

O conceito de hierarquia é inerente à estrutura da mente humana e reflete nossa experiência objetiva do mundo. O mundo é organizado em hierarquias visíveis, e o princípio hierárquico está presente em todos os níveis de compreensão. Os sóis e estrelas de nossa galáxia se distribuem ao longo de uma espiral achatada inconcebivelmente imensa. Ao redor do nosso sol, e provavelmente ao redor de cada sol, orbita um grande número de corpos menores – planetas, cometas e imensidões de poeira estelar – com um número maior ou menor de luas girando em torno dos planetas.

No domínio da realidade física que é pequena demais para ser visível a olho nu, o princípio da hierarquia está presente na organização da própria matéria. A molécula, que outrora pensávamos ser a menor partícula possível, mostrou-se composta de partículas ainda menores chamadas de átomos, geometricamente organizados em padrões tridimensionais chamados de estruturas espaciais reticuladas. Os átomos, por sua vez, são constituídos de outras hierarquias estranhas e incompreensíveis de "partículas" que orbitam seus núcleos em níveis discretos de energia.

No domínio biológico, o domínio da vida, a hierarquia se manifesta tanto em plantas como em animais. A unidade básica, a célula, é composta por um grande número de elementos complexos menores. Aglomerações de células formam estruturas maiores, que desempenham funções específicas. No corpo humano, elas compõem o sangue, o cérebro, o coração, o fígado, o baço e outros órgãos. Estes são, por sua vez, subservientes ao propósito maior e, juntos, formam a totalidade do ser humano.

Os seres humanos também se organizam em sociedades, que da mesma maneira estruturam-se em sistemas de hierarquias superpostas. O mais básico dos grupos coesivos de indivíduos é a família, formada por mãe, pai e filhos. Em todas as sociedades anteriores à nossa, as famílias eram agrupadas em clãs por relações de parentesco, ou em tribos e aldeias. A perda dessas estruturas de apoio nas grandes metrópoles de nossa época é considerada uma das causas da disrupção e da alienação características de muitos aspectos da sociedade moderna.

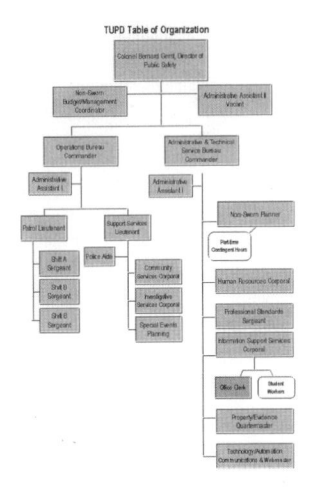

Um diagrama de organização, nesse caso, de um órgão público.

Hoje vivemos dentro de outras hierarquias maiores, devotadas a outros propósitos. Há hierarquias comerciais e hierarquias políticas, com seus próprios diagramas de organização, às vezes complexamente elaborados. Esses diagramas foram originalmente derivados de hierarquias militares que os estabeleceram para assegurar eficiência nas guerras. Na Europa medieval, havia intrincados sistemas de feudalismo, e em nossa complexa sociedade industrial há geralmente algumas variações hierárquicas de cidade, Estado e nação. Como indivíduos, estamos cientes de nossas responsabilidades individuais para com todos esses muitos níveis de organização.

A arquitetura deveria ser organizada de maneira semelhante, de acordo com princípios hierárquicos, não apenas no projeto de um edifício específico, mas também em seu sentido mais amplo, no projeto de todo o ambiente humano. O planeta Terra, o lar do homem, constitui o maior dos elementos arquitetônicos e o mais abrangente, e há evidências de que talvez tenha sido organizado ao longo dos continentes e mares por alguma civilização antediluviana. Hoje, nossos planos limitam-se ao âmbito das nações, regiões e cidades. Eles direcionam os esforços humanos de tal maneira que afetam nossa vida de modo profundo, embora indireto.

Os arquitetos, no entanto, estão envolvidos diretamente no planejamento e no projeto daquela parte do ambiente em que de fato vivemos. Essa parte inclui as paisagens urbana e metropolitana, onde eles confrontam o caos da nossa cultura materialista e tentam trazer alguma medida de ordem e de amenidade para o mundo.

A tarefa tradicional da arquitetura, entretanto, continua a ser o projeto de um edifício específico e seu local de construção. Também aqui os princípios hierárquicos devem prevalecer. Os espaços destinados à atividade e à interação humana deveriam ser dominantes, enquanto os espaços destinados a funções de menor importância ou serviços deveriam ser subordinados ou ocultados. A orna-

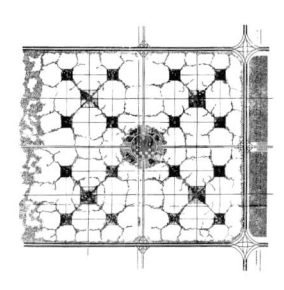

Esse diagrama da política de desenvolvimento do Baltimore County Master Plan divide uma cidade hipotética em uma hierarquia de funções e áreas funcionais. Observe a ênfase no sistema de parques lineares interligados.

O Centro Pompidou, em Paris. O labirinto de encanamentos, tubos e treliças estruturais esconde efetivamente as paredes. A crítica de arquitetura Ada Louise Huxtable o chamou de "muscular".[3] *Intestinal* seria uma palavra melhor, pois o edifício foi virado pelo avesso. Observe o ridículo vaso de flores, que é dourado, em seu pedestal no primeiro plano. É tão vazio de significado e tão insensato quanto o próprio edifício.

mentação precisa seguir as características principais da estrutura e do espaço. Maior importância devia ser dada ao que reconhecidamente sabe-se ter maior importância. Geralmente, o maior subordina o menor; a estrutura dá suporte ao espaço.

---

[3] Ada Louise Huxtable, "The New Architecture", *The New York Review of Books*, vol. 42, nº 6 (6 de abril de 1995), p. 19.

A consciência desse princípio hierárquico é tão natural que parece desnecessário discutir sua aplicação na arquitetura moderna e pós-moderna, mas infelizmente o princípio é, com frequência, violado. O entendimento intuitivo é substituído por uma análise lógica baseada em suposições errôneas, ou uma forma excêntrica é escolhida e depois justificada por argumentos ilusórios. Um exemplo desse último caso é o uso de dutos de ar e de encanamentos como ornamento ou decoração, como no Centro Pompidou em Paris. O argumento que se apresentava era o seguinte: como agora o custo dos sistemas mecânicos equivale a um terço do custo do edifício todo, eles deveriam ser expostos e suas funções ostensivamente indicadas por meio de tintas de várias cores. Mas entendemos intuitivamente que os sistemas mecânicos são, ou deve-

Centro Pompidou, em Paris, vista interior. A imagem de um depósito.

O Marine Biotechnology Building, em Baltimore.

riam ser, hierarquicamente subordinados ao propósito do espaço. Mesmo aqueles que encomendam edifícios, e não questionam os motivos de seus arquitetos, devem saber, em algum nível de sua percepção, que algo está errado.

O Marine Biotechnology Building, da Universidade de Maryland, em Baltimore, é outro exemplo significativo. A natureza das tarefas que são executadas dentro da estrutura requer muitas aberturas de ventilação para o exterior. Por isso, os arquitetos decidiram encaixar enormes respiradouros externos ao redor de cada lado do edifício. O efeito é original, mas bizarro: Os respiradouros dominam a aparência do edifício e a compreensão intuitiva das hierarquias é virada pelo avesso.

Eu já havia mencionado as torres com estruturas espaciais em zigue-zague projetadas na década de 1950 pelos alunos de Louis Kahn. Embora Kahn, na prática, nunca tenha realizado nada tão estranho, ele e Paul Rudolph procuraram formas nas quais elementos fálicos verticais dominam as fachadas de seus edifícios. No Richards Me-

Kahn rotulou os espaços destinados a ser habitados em um edifício de espaços "mestres". Em seguida, ele propôs agrupar todas as outras funções — mecânicas, escadas de incêndio e elevadores — em espaços "escravos", que seriam reunidos nos volumes externos do edifício. Isso atribuiria uma importância arquitetônica às funções de serviço e distorceria o princípio hierárquico na obra.

Antigo muro de pedra em
Hartford County, Maryland.

Conhecemos algo das propriedades físicas de vários tipos de pedra, como granito, calcário, mármore e arenito. Conhecemos algo de sua história geológica e de como foram formadas, mas os povos antigos sabiam muito mais sobre suas qualidades esotéricas. Faziam esforços surpreendentes a fim de obter tipos específicos de pedra para diferentes locais e propósitos. Provavelmente estavam cientes de diferenças obscuras, mas significativas que agora estão esquecidas. Por exemplo, as pedras-lipes que constituem o círculo externo do Stonehenge foram trazidas do distante país de Gales, enquanto os egípcios ignoraram pedreiras próximas para trazer granito vermelho de Aswan, 800 quilômetros ao sul ao longo do Nilo. Na grande pirâmide de Teotihuacán, próxima à Cidade do México, uma espessa camada de mica foi descoberta; ninguém sabe dizer para o que ela era utilizada, mas ela foi trazida do longínquo Brasil!

Dentro dos limites do nosso conhecimento atual, sabemos de fato que pedras são *pesadas*, muito pesadas, e um muro construído de pedras é suscetível de desabar a menos que seja relativamente largo em relação à sua altura. Sabemos disso não apenas de maneira intuitiva, mas também como um resultado de nossa própria experiência. A maioria de nós brincou com pedras e rochas quando criança, e também vimos muitos muros de pedra rugosa em velhos terrenos abandonados. Na arquitetura moderna, entretanto, rotineiramente usamos mal os nossos materiais, especialmente a pedra e o tijolo.

Um amigo que havia comprado uma casa de pedra construída na década de 1950 recentemente me pediu um conselho sobre um detalhe de arquitetura. O trabalho de alvenaria era excelente e o material era um quartzito resistente e duradouro. O construtor, porém, havia introduzido extensas faixas de janelas – uma delas tinha mais de seis metros de comprimento – encimadas por uma faixa de pedra de cerca de 1,50m. Hoje, a prática de erguer grandes áreas de tijolo ou pedra acima de uma faixa de janelas é tão comum em edifícios de aço e concreto que não suscita mais comentários nem chama a atenção. Vê-la em uma residência faz com que se pense que tal construção desafia a lógica e a experiência. Uma massa de alvenaria colocada sobre um espaço vazio aparentemente sem suporte parece errado e não há nada que se possa fazer para que pareça correto.

Há quase dois quilômetros de onde moro, uma residência grande e impressionante projetada por um professor e arquiteto da Bauhaus, Marcel Breuer, apresenta uma série de "janelas" exteriores, sem vidros, instaladas em uma parede de pedras como as que se usam em jardins, muito parecida com a do exemplo anterior. O efeito é igualmente perturbador.

Esse deliberado mau uso do material era um erro comum compartilhado pelos líderes do movimento modernista. Por exemplo, as paredes de pedra do Pavilhão de Barcelona são na verdade paredes finas de aço que servem de estrutura para que um revestimento de placas de mármore fosse aplicado sobre elas. O pavilhão é incomum apenas porque a altura e o posicionamento da parede fazem com que ela pareça alvenaria extraordinariamente fina, mas sólida: a prática de usar pedra para formar uma camada superficial que é colocada sobre uma estrutura de aço ou de concreto armado é comum. A pedra é usada por causa de sua durabilidade e de suas associações emocionais, mas forçá-la a ficar no alto e fixá-las nos membros estruturais de um alto edifício de escritórios indica um equívoco fundamental com relação à imagem arquetípica do material.

Tijolo e concreto são diferentes tipos de pedra artificial. Um bloco de concreto é mais barato que o tijolo, e desde a sua invenção a maioria das paredes de alvenaria foi feita de blocos de concreto revestido por tijolos. Há uma certa "fraude" nessa prática, mas pelo menos as paredes são inteiramente feitas de alvenaria. Entretanto, é possível aplicar uma camada superficial de tijolos formando uma camada fina de nove centímetros de espessura, presa por tirantes de metal a uma parede de madeira ou aço. A maioria das casas

de "tijolos" dos últimos cinquenta anos foi construída usando essa combinação: uma camada de tijolos com espessura de um único tijolo é usada para revestir uma parede de madeira. Ao longo do tempo, a estabilidade estrutural desse tipo de construção composta tem sido questionada, mas a desarmonia psicológica resultante do mal uso do material ainda não foi nem mesmo levada em consideração.

Durante o último século, o tijolo foi aplicado rotineiramente nas fachadas de grandes estruturas de aço ou concreto. Um estilo recente mostra edifícios construídos com uma superfície de tijolos adjacente a uma fachada de vidro, de tal maneira que a fragilidade da superfície de tijolos fica evidente. Esse tipo de proeza arquitetônica é consequência do efeito da violação deliberada de uma imagem arquetípica.

Juntamente com a pedra e o tijolo, a madeira também foi usada durante milênios, de todas as maneiras possíveis. Como estrutura, como um revestimento tanto no

interior como no exterior de edifícios, como cobertura e como piso. É infinitamente variável quanto às espécies de árvores usadas, quanto às características de cada árvore e quanto à maneira como as plantas originais são cortadas. Um bom carpinteiro ama o seu material e procura sempre reconhecer as características das várias peças de madeira com que trabalha.

A madeira uma vez cresceu na forma de uma árvore viva, e reconhecemos esse fato quando falamos do "aconchego" e do "calor" da madeira e buscamos incorporar sua beleza nos objetos usados no cotidiano. Por intermédio do uso da madeira, renovamos nossas ligações com a floresta e com o mundo das plantas, do qual dependem nossa vida. A madeira, portanto, pode criar associações arquetípicas que vão muito além dos valores estruturais da madeira entendidos apenas como madeira de lei. Na construção de uma casa de chá japonesa, um pequeno edifício dedicado à preparação do ritual e ao consumo do chá, uma coluna de madeira sempre era colocada de maneira proeminente, e deixada inacabada, da maneira como havia sido cortada da árvore.

No Pavilhão de Barcelona, Mies van der Rohe escolheu expressar a contradição deliberada entre o que parecem ser paredes de pedra que suportam cargas e colunas de aço, que efetivamente suportam a cobertura. E então descobrimos que as paredes de pedra não são realmente feitas de pedra, mas apenas têm a aparência de pedra! O edifício começa a parecer um truque ilusório, como também o parecem muitos dos edifícios que lhe sucederam.

Os tijolos são usados aqui para dar a impressão de uma camada fina e sem suporte *sobre* uma parte do vidro. GBMC Physicians Building, em Baltimore County, Maryland.

Quando todos estão debochando, temos a impressão de que ninguém está, mas basta que um homem deixe de fazê-lo para que todos notem.
— Blaise Pascal

Metais como o ouro, a prata, o chumbo, o cobre e o bronze eram conhecidos e usados na Antiguidade e até mesmo atribuía-se a eles significado astrológico. Hoje, apenas o ouro preserva um pouco do seu antigo significado. O ouro era o metal do sol e ainda o encontramos laminado por martelo em folhas delgadas e apropriadamente aplicado no revestimento de cúpulas. Ferro e aço, alumínio, grandes placas de vidro e plásticos são materiais que se tornaram amplamente disponíveis depois da Revolução Industrial. A riqueza de associações e a intensidade da experiência pessoal por meio das quais nos relacionamos com a pedra e a madeira não estão presentes quando refletimos sobre esses materiais relativamente novos. No entanto, agora mesmo estamos desenvolvendo, de maneira coletiva, uma corrente de associações por meio das quais chegaremos a uma compreensão inconsciente e intuitiva desses materiais, assim como dos que conhecemos melhor graças às nossas experiências.

Os materiais *precisam* ser entendidos como detentores não apenas de uma significação material, mas também de uma psicológica. Pedra não é apenas pedra e madeira não é apenas madeira. Cada material, especialmente aqueles que nós, como espécie que tem uma tradição viva e contínua, usamos durante os últimos milênios, tem uma significação esotérica e arquetípica que podemos compreender por meio da meditação e da introspecção.

Lembro-me de Louis Kahn falando à sua classe de estúdio certo dia em que eu estava em Penn. Ele discorria sobre o mau uso de materiais que havia reconhecido no projeto de um de seus alunos, e repetiu várias vezes: "Um tijolo quer ser um tijolo!". Não fazia sentido para a classe naquela época e provavelmente não faria agora, um *tijolo* querer ser um tijolo. No entanto, faz muito sentido se *nós* quisermos que um tijolo seja um tijolo. E queremos. Queremos, ou esperamos, que os materiais sejam usados não apenas de acordo com seu peso e suas medidas, mas também de acordo com suas significações simbólica e arquetípica, e igualmente com seu sentido psicológico.

Reconhecer a significação psicológica dos materiais equivale a rejeitar para sempre o tipo de grosseiro mau uso que se tornou tão comum que é considerado aceitável. É realizar projetos arquitetônicos reverenciando os materiais que vieram da Terra e foram moldados por propósitos humanos. É estabelecer uma harmonia com a Terra e com o cosmos.

9
A SOLUÇÃO
DA FORMA

Forma: a consequência observável do padrão no espaço. Um gato é uma forma vital; um triângulo é uma forma abstrata ou ideal.[1]
— John Anthony West

Forma e função

Os conceitos arquetípicos discutidos na seção anterior tornam-se conscientes tanto por meio da psique individual como da psique coletiva. Uma obra de arquitetura não pode ser bem-sucedida a menos que tais conceitos sejam aceitos e se tornem parte do projeto. Porém, os arquitetos também precisam estudar de que modo as necessidades biológicas de um abrigo podem ser satisfeitas: as características comuns dos materiais, os meios técnicos disponíveis para a construção do edifício, e, por fim, o programa arquitetônico. Esses também são requisitos que devem ser reconhecidos, considerados, e satisfeitos dentro do tecido do edifício.

Uma vez que todas essas exigências, necessidades e requisitos psicológicos e mundanos devem ser satisfeitos

---

[1] John Anthony West, *Serpent in the Sky: The High Wisdom of Ancient Egypt* (Wheaton, Ill.: Theosophical Publishing House, 1993), p. 30. [*A Serpente Cósmica*, publicado pela Editora Pensamento, São Paulo, 2009, p. 61.]

de um número infinito de maneiras, eles não determinam por si sós a forma de um edifício nem a forma dos espaços que suas paredes delimitam. A forma também tem a função de comunicar a experiência temporal e a percepção espiritual de seu arquiteto, e é isso que constitui o princípio da organização. Em outras palavras, a forma incorpora o princípio, e esse princípio baseia-se na história pessoal de cada arquiteto, no seu conhecimento do espaço e do tempo, que é tanto a priori como aprendido, e na sua percepção intuitiva da harmonia e da proporção, que é a base da beleza. É a síntese do princípio inspirado e dos meios técnicos que opera dentro da definição da forma para criar aquilo que chamamos de grande arquitetura.

Espera-se que arquitetos, por causa da natureza do seu ofício e das necessidades do seu papel social, expressem aquilo que é belo e verdadeiro, dentro da definição de sólido e vazio e dentro da realidade da construção material. Na busca pela beleza na forma, a arquitetura científica contemporânea foi desencaminhada e efetivamente impedida por causa de seu apego à já exaurida e obsoleta definição materialista da realidade, e por um ingênuo e enganoso conceito de função.

"A forma segue a função", era o grito de convocação dos arquitetos modernos que lideraram a marcha para a aceitação do Estilo Internacional. A máxima é atribuída a Louis Sullivan, o grande arquiteto de Chicago, mas ao que parece ela surgiu com Horatio Greenough, um escultor norte-americano, escritor e crítico de arte. Greenough escreveu no começo do século XIX, mas suas ideias remontam até mesmo a um período anterior ao Iluminismo, e a Edmund Burke e David Hume. Burke e Hume provaram, para a satisfação de seus colegas e sucessores utilitaristas, como Jeremy Bentham e o Conde de Rumford, que a forma não tinha nenhum significado inerente.

Sullivan, que era um mestre da cor e da ornamentação, entendia que o *slogan* se referia às funções psicológicas e espirituais, assim como aos requisitos mundanos

A prova da afirmação de que a "forma" carece de um significado inerente baseava-se em suposições falsas: de que sabemos o que aprendemos apenas por meio de nossa interação com o ambiente e que a comunicação do significado só é possível por meio do discurso, isto é, pela linguagem. Dessa maneira, as artes visuais, incluindo a arquitetura, não poderiam transmitir significado diretamente por meio da forma, mas apenas por meio de cadeias de experiência literária, social e pessoal. Parece de uma ingenuidade inacreditável o fato de que tais suposições sejam aceitas tão prontamente, mas como consequência, todo o antigo sistema — o cânone de proporções de que Palladio foi, talvez, o último grande expoente — foi arruinado, e assim permanece! Em meados do século XX, a filósofa Suzanne K. Langer achou necessário escrever sobre isso detalhadamente, opondo-se ao conceito. Quando fui presidente do programa da Architectural Honor Society, na Penn, trouxe Langer para falar sobre a importância simbólica da forma nas artes visuais. Em certo momento, fui repreendido pelo reitor por ter apresentado material irrelevante na série de palestras!

de um edifício. No entanto, seus sucessores científicos, de acordo com a doutrina do paradigma materialista, reconheciam apenas as funções utilitárias simples como a base adequada para o projeto arquitetônico. Isso os levou a se defrontar com o enigmático problema do lugar ocupado pela "estética", problema de que já falei ao discutir sobre as escolas arquitetônicas.

Uma arquitetura limitada à resolução de funções *utilitárias* nega qualquer significação que a arquitetura possa ter como arte a não ser a de estimular o "senso estético" indefinido do observador. No entanto, como já vimos, é nesse mesmo senso estético que a maioria dos cursos de estúdio das escolas se baseia, e é com base nele que a maior parte da postura profissional dos arquitetos é determinada.

Portanto, existe uma lacuna ideológica entre estética e funcionalismo utilitário, e como consequência, surgiu dentro da academia uma disciplina chamada "teoria arquitetônica" na última metade do século XX. Os teóricos da arquitetura, com algumas exceções, estão completamente comprometidos com o paradigma materialista, e por isso concordam de maneira tácita com a suposição de que a estética situa-se na periferia em relação ao verdadeiro propósito da construção, que é visto como o fornecimento de abrigo utilitário. A maioria defende que a forma deve se basear tão somente na análise lógica das funções materiais de um determinado edifício. A literatura teórica que surgiu durante os últimos cinquenta anos reflete essa visão, uma vez que procura definir uma base filosófica para o método de projetar ensinado nas escolas e advogado na profissão.

Desde a revolução arquitetônica, as funções que devem ser consideradas pelo arquiteto moderno, científico, têm sido, por um lado, aquelas limitadas às necessidades biológicas do organismo humano, e por outro a tecnologia

Alan Colquhoun, famoso arquiteto e teórico, cita o designer e educador Tomas Monaldo, que admitiu, em um seminário na Universidade de Princeton, que nos casos em que não é possível classificar toda atividade observável em um programa arquitetônico, talvez seja necessário utilizar uma tipologia das formas a fim de encontrar uma solução.[2] Mas acrescentou que essas formas são como um câncer no corpo, e que, quando nossas técnicas de classificação se tornarem mais sistemáticas, será possível eliminá-las de uma só vez. Suponho que a citação reflete precisamente o pensamento de Monaldo. De qualquer maneira, ela é infelizmente consistente com a atitude daqueles materialistas que adotam a posição biotécnica.

---

[2] Ensaio de Alan Colquhuon em *Meaning in Architecture*, por Charles Jencks e George Baird (Nova York: George Braziller, 1969), p. 267.

do recinto. Estilos vieram e se foram, mas a mesma abordagem, rotulada como "determinismo biotécnico", está por trás de todos eles. Seus defensores mais radicais sustentam que, por meio da aplicação de instrumentos cada vez mais precisos de análise e determinação lógica, a forma de um edifício emergirá como uma realidade objetiva, sem o envolvimento intuitivo ou egotista de um único arquiteto. Os exemplos citados para sustentar essa ideia se baseiam, em sua maioria, nas várias disciplinas da engenharia. Diz-se que navios, locomotivas, aviões e pontes surgiram a partir delas sem a intervenção da intuição estética nem de uma imagem mental preconcebida ou de um padrão estabelecido pela experiência prévia. Enquanto alguns arquitetos e teóricos sentem que os edifícios deveriam, de algum modo, expressar ideais como a responsabilidade política, a igualdade sexual e a redistribuição de renda, a busca pela beleza na forma é considerada irrelevante.

A beleza não é reconhecida como um valor objetivo nem como uma meta arquitetônica. Espera-se que essas qualidades definidas pela tradição como "beleza" se originem naturalmente da análise completa do programa e das conclusões lógicas obtidas pelo arquiteto. Em sua forma extrema, a dependência com relação à intuição pessoal e também com relação ao conhecimento de uma série de formas típicas que podem ser adaptadas ou diretamente aplicadas em um novo uso são rejeitadas como incompatíveis com o processo científico de análise e resolução.

O modelo da abordagem biotécnica é frequentemente representado por R. Buckminster Fuller, o criador da cúpula geodésica e da *octet truss*. A obra de Fuller foi e é amplamente incompreendida, e até certo ponto, até mesmo pelo próprio Fuller. Lembro-me de uma conversa que tive em 1958 com Jerry Batey, um dos jovens arquitetos que trabalhavam para Fuller nos escritórios da Geodesics, Inc., em Raleigh, Carolina do Norte. Jerry não conseguia encontrar uma razão lógica pela qual uma configuração geodésica fosse superior a uma configuração circular menor, e mais tarde ele construiu com sucesso cúpulas circulares menores para a Spitz Planetarium Company. Do ponto de vista lógico, Jerry estava certo, mas as cúpulas circulares menores nunca foram tão belas quanto as geodésicas. Somente anos depois percebi que as cúpulas de Fuller eram belas porque exemplificavam uma verdade matemática *a priori* que estava apenas fracamente relacionada com a análise biotécnica do problema arquitetônico. A existência de tal verdade só poderia ser negada pelos teóricos da arquitetura, que seguiam os princípios estabelecidos no século XVIII por Burke e Hume, os quais sustentavam que as formas, independentemente da maneira como são derivadas, não têm nenhuma significação em si mesmas.

Os arquitetos e teóricos pós-modernos do fim do século XX se rebelaram contra a rigidez e o vazio da abordagem biotécnica. Eles procuraram uma arquitetura que, por meio de alusões à linguagem, aos símbolos e à história transmitisse significado. Mas todos eles concordam que nossa reação às várias formas e espaços que vivenciamos como arquitetura é um comportamento fundado na situação social. Para esses teóricos, *semiologia* tornou-se uma palavra-chave, a ciência dos signos, por meio da qual um edifício, ele mesmo um abrigo decorado desprovido de forma significativa, comunica o motivo de sua existência. E na ausência, ou ainda na exclusão, do Divino, a teoria arquitetônica procurou encontrar uma ética apropriada na interação entre o arquiteto e o contexto social dentro do qual a obra foi produzida. Um edifício tem portanto o propósito de comentar, por meio de seus truques decorativos, sobre seu contexto social e político, assim como sobre outros edifícios. Essa "função ética da arquitetura" (o título do livro de Karsten Harrie) nesse contexto representa um humanismo em que a centelha da Divindade, o elemento mais vital do ser humano, é ignorada.

Arquitetos não trabalham nem podem trabalhar da maneira que os funcionalistas científicos propõem. Nem conseguem aplicar um pastiche de signos, símbolos e ornamentos pré-modernistas em um abrigo utilitário.

No processo do *design* arquitetônico, os arquitetos reúnem o máximo de informação possível sobre o propósito a que se destina um edifício ou complexo de edifícios. Eles ficam cientes das restrições da estrutura, das técnicas de construção disponíveis, do controle do clima, da natureza dos materiais disponíveis e da predisposição dos clientes. Presumir que essa informação irá organizar-se de uma maneira coerente requer um ato de fé que além de ser não científico também é ilógico.

Há infinitas maneiras pelas quais os determinantes funcionais podem ser selecionados por meio do processo de análise e resolução. E há infinitas maneiras por meio das quais eles podem ser incorporados em uma forma arquitetônica. Como, então, eles podem determinar a forma de um edifício?

Alguns teóricos admitiram a dificuldade, e propuseram preencher a lacuna entre função e forma com uma confiança na intuição pessoal. As funções significantes são supostamente apreendidas intuitivamente pelo arquiteto e organizadas de modo abrangente em função da importância relativa da hierarquia das formas para expressar o propósito e o significado de um edifício. No Capítulo 6, vimos que a intuição é, de fato, parte essencial de qualquer criação artística, mas na busca pela forma, a intuição requer um direcionamento. Sem um entendimento do lugar ocupado por ela no fenômeno da mente, ela pode ser empregada de modo incorreto, e levar a uma excentricidade egoísta. De qualquer maneira, a admissão da intuição cria um problema adicional para os teóricos uma vez que carece de uma explicação "racional" e, portanto, é julgada com desconfiança científica. Além disso, formas derivadas da intuição podem ou não estar relacionadas com a análise lógica das funções biotécnicas.

O efeito da teoria contemporânea da arquitetura é o de confundir e encobrir o problema real, o de que uma

Como é estranho ver consumados materialistas voltarem-se, em desespero, para a intuição.

*A sentença abaixo não foi
selecionada de modo cuidadoso,
mas apanhada quase
aleatoriamente das páginas de
uma coleção de ensaios sobre a
teoria da arquitetura:*

*"A vocação urbana da
arquitetura foi teorizada nesse
discurso estruturalista-
formalista como uma
reconciliação liberal da
heterogeneidade e da autonomia
ou das formas individuais
fragmentadas e eventos
contrários a uma
fundamentação gramatical
coordenada que, em sua forma
canônica, a da 'cidade-colagem'
de Colin Rowe, manifestou-se
tanto fisicamente quanto
conceitualmente em uma grade
planimétrica."[3]*

*A teoria da arquitetura
permanece sem leitores e
continua a florescer uma vez
que, na ausência de uma ética
arquitetônica transcendental, é
reconfortante para estudantes,
professores e administradores, e
também para os arquitetos
praticantes, saber que os teóricos
estão presentes, sustentando o
que é ensinado universalmente e
geralmente aceito.*

arquitetura dedicada a refletir uma realidade superior é incompatível com a nossa ciência materialista. Porém, a nova disciplina acadêmica tem sido muito bem-sucedida, mas não no sentido de que forneceu uma percepção reveladora ou um direcionamento para os estudantes ou os arquitetos praticantes. Teve sucesso como um empreendimento escolástico, ganhando aprovação escolar, privilégios e o apoio do *establishment* educacional. Os teóricos encontraram uma posição aparentemente invencível nessa sua torre de marfim. Seus textos são escritos em um jargão denso e especializado que é impenetrável sem um esforço contínuo da parte do leitor comum para decifrá-los. É um fato bem conhecido, para não dizer lamentável, que poucos arquitetos leem mais do que as legendas das revistas de arquitetura. Eles são, afinal, orientados visualmente por aptidão e treinamento. É improvável que estudem os escritos desoladores dos teóricos, a menos, como foi o caso de Venturi, que sejam apresentados com algum tipo de perspicácia cativante e lidem com suas preocupações imediatas.

As teorias do determinismo funcional são claramente inapropriadas e enganosas: na melhor das hipóteses conduzem a edifícios que refletem os interesses dos engenheiros. Os vários outros "ismos" que se sucederam ao Modernismo, um a um, levaram a um beco sem saída ou se subordinaram à cultura comercial. Mas em sua busca pelas formas que expressem a beleza, a graça e aquela indefinível qualidade de grandeza, para onde devem voltar-se os arquitetos em busca de inspiração? Quanto ao *slogan* "A forma segue a função", se a suprema função da arquitetura – e de todas as outras artes – é a de abrir a mente para níveis mais elevados de entendimento e percepção, o aforismo é válido apenas em um sentido restrito. É válido porque as funções materiais de um edifício são os *parâmetros* dentro dos quais um arquiteto deve buscar

---

[3] K. Michael Hays, org. *Architecture Theory Since 1968* (Cambridge, Mass.: M. I. T. Press, 2000), p. 780.

A SOLUÇÃO DA FORMA

intuitivamente o poder expressivo, a beleza e a significação profunda da forma arquitetônica.

A busca pela forma

É amplamente aceito, mesmo pelos teóricos da arquitetura, que ao buscar formas que satisfaçam as exigências funcionais já discutidas e que sejam agradáveis em sua estética – talvez até belas – os arquitetos precisam contar com o conhecimento intuitivo da mente inconsciente. Mas a intuição requer um certo direcionamento; ela necessita de um campo, por assim dizer, dentro do qual possa operar para cristalizar a imaginação. Em um clarão de percepção intuitiva, um grande artista ou arquiteto pode, à maneira de um Mozart, visualizar uma síntese que transforma funções discrepantes em beleza. No entanto, mesmo um Mozart precisa estar apoiado em sua arte pelo sistema de expressão, os significados amplamente aceitos associados a certas estruturas formais, ou padrões, por meio dos quais as intenções do artista tornam-se compreensíveis, para outros e para si mesmo.

A Sydney Opera House, na Austrália, uma forma "fantástica e inusitada", destinava-se a ser um exemplo da então tecnologicamente audaciosa e elegante construção de concreto em casca fina, mas não pôde ser construída de acordo com o projeto e, a um tremendo custo, a forma de casca fina foi imitada usando-se a construção-padrão em concreto. Apesar desse fiasco, o edifício foi prodigamente elogiado pela crítica e pela imprensa. Também é popular entre o público em geral, que detesta caixas de vidro e reage melhor a uma imagem romântica. (Fotografia reproduzida por cortesia de Enoch Lau, Wikimedia Commons, com licença concedida pela GNUFDL.)

No jargão da teoria contemporânea da arquitetura, isso foi chamado de "apoiar-se na tipologia das formas". Nesse contexto, significa a adaptação de arranjos formais do passado aos problemas funcionais do presente, alcançando-se assim uma continuidade de expressão. Historicamente, o conhecimento de uma "tipologia das formas" era uma parte essencial das habilidades de um arquiteto, e quando o projeto arquitetônico era direcionado por meio de formas herdadas do passado, as mudanças em estilo apareciam de modo cumulativo. A arquitetura era, até a revolução arquitetônica, um esforço comunal, prosseguindo através dos séculos e evoluindo por meio dos esforços criativos de muitos indivíduos. A revolução abortou o processo e limitou os modelos de protótipos disponíveis a edifícios modernistas e pós-modernistas do passado recente. Os arquitetos contemporâneos, portanto, se veem folheando números antigos de revistas de arquitetura, procurando alguma forma original que possa se encaixar nas exigências utilitárias de um determinado edifício.

Formas selecionadas dessa maneira são raramente adotadas sem adaptações: nenhum programa ou local é igual a outro, e as diferenças são valorizadas por si mesmas, uma vez que se espera que se ensinou para os arquitetos contemporâneos que eles precisam ser "criativos". A criatividade, no entanto, raramente está envolvida em uma síntese das funções espirituais e temporais discutidas no capítulo anterior, mas sim na escolha do modelo, no sucesso da adaptação, e em qualquer efeito original que possa ser dado ao projeto. E, na prática real, os engenheiros estruturais e mecânicos têm de lutar com as assim chamadas funções biotécnicas depois que uma forma foi escolhida.

Aqueles que são identificados como arquitetos ou escritórios de arquitetura líderes têm um problema um tanto diferente. Embora eles tenham de defender o princípio da função biotécnica da boca para fora, suas necessidades de serem diferentes, continuamente "interessantes", e de justificar sua eminência é mais urgente. Como "líderes",

198

eles são incapazes de tomar emprestado livremente dos seus predecessores imediatos e são forçados a buscar formas originais. Essas formas também são derivadas, mas não de edifícios recentes, nem de formas naturais de conchas, minerais e plantas.

Elas derivam de fontes como máquinas, produtos manufaturados e modelos de equações matemáticas obscuras. A última leva de museus e salas de concerto projetada para o *establishment* cultural reflete modos variados de escultura e pintura abstratas. O influente arquiteto e teórico Robert Venturi e sua colaboradora Denise Scott Brown chegaram a recomendar aos arquitetos que se voltassem para a cultura pop, para Las Vegas e para o "estacionamento da A&P" em busca de inspiração.[4]

Formas derivadas desse modo podem ou não estar relacionadas com as funções biotécnicas, ou, de fato, com quaisquer funções. Colquhoun, por exemplo, ressalta que, paradoxalmente, "na maioria dos projetos em que os determinantes da forma são tidos como técnicos ou operacionais em um sentido vanguardista, o racionalismo e o custo são descartados em prol de formas de um tipo fantástico ou expressionista".[5]

Em outras palavras, a função como determinante da forma em tais projetos é abandonada, e a forma, apesar de derivada, é apresentada como a expressão de um ego individual. Tais formas, amplamente aclamadas pela mídia, podem ou não ser belas, mas a beleza, de qualquer maneira, está além do alcance da teoria funcionalista e da filosofia materialista por trás delas.

As formas pessoais e idiossincráticas desenvolvidas pelos gurus da arquitetura e imitadas por seus contemporâneos de menor prestígio não duram muito. Na busca do original e do "interessante", tais formas, mesmo que sejam

---

[4] Robert Venturi, Denise Scott Brown e Steven Izenour, *Learning from Las Vegas*.

[5] Alan Colquhuon, *Meaning in Architecture*, p. 274.

O Centro Rosenthal de Arte Contemporânea em Cincinnati, de Zaha Hadid. O centro recebeu a costumeira crítica brilhante dada a edifícios "de ponta" – nesse caso por Paul Goldberger na *New Yorker*.[6] Mas a forma é claramente não funcional. Foi derivada da pintura e da escultura abstrata do século XX e é deliberadamente dissonante dentro do seu ambiente urbano. (Fotografia reproduzida por cortesia de Roland Halbe, 2002.)

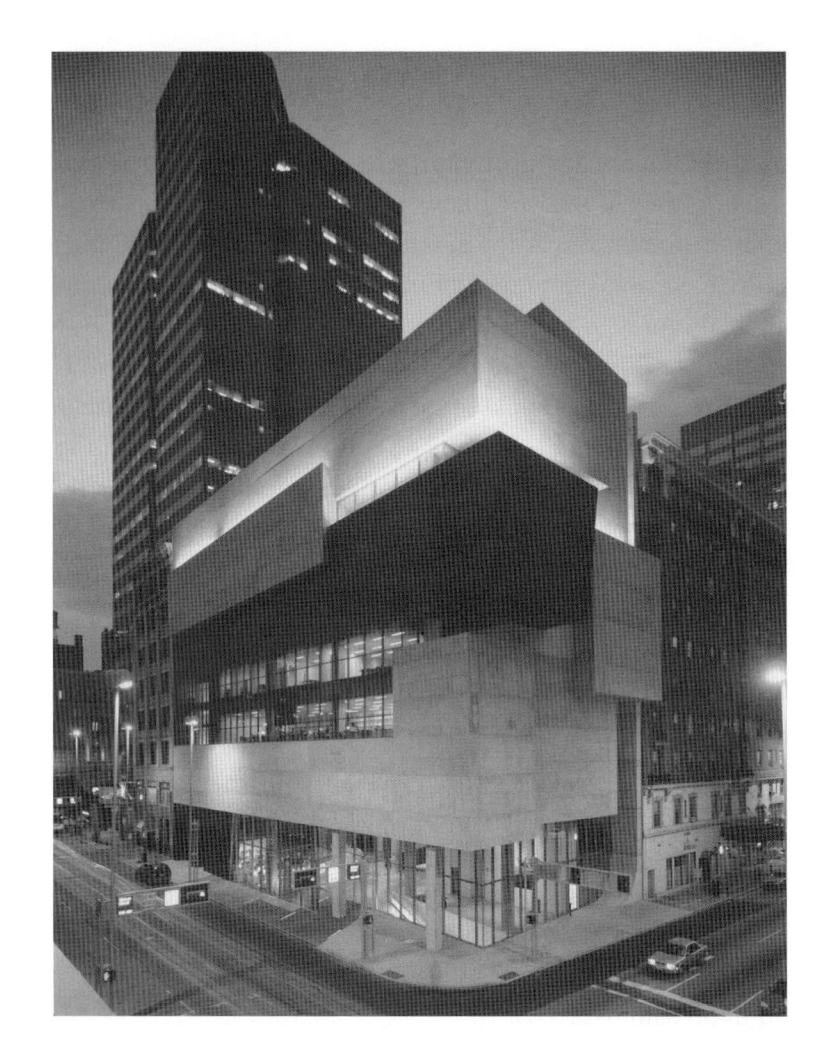

poderosas e expressivas, ou mesmo belas, são rapidamente descartadas em favor daquelas que entram mais de imediato na moda. O Estilo Internacional, com todos os seus defeitos, era um estilo inteiramente articulado, mas desde a ascensão do pós-Modernismo e de seus sucessores, estilos amplamente compreensíveis como o Gótico ou o Renascentista nunca tiveram a oportunidade de se cristalizarem.

A continuidade da tradição arquitetônica foi estilhaçada, e os esforços dos arquitetos pós-modernistas para usar motivos clássicos como decoração a fim de dar vida às fachadas frias do modernismo científico não foram con-

---

6   Paul Goldberger, "Artistic License", *The New Yorker*, 2 de junho de 2003, pp. 99-101.

vincentes nem fizeram sucesso. Um novo estilo arquitetônico é necessário, baseado em formas e ornamentos que surgirão da interação do clima, dos materiais e da técnica com as percepções psíquicas inspiradas do artista. Dentro de tal estilo, a criatividade poderia originar-se de modo natural e espontâneo. As formas do passado, mesmo as do passado recente, não precisariam mais ser adaptadas para se adequar a uma função alheia, mas estariam livres para servir de inspiração às realizações do presente.

O estilo deveria ser tanto local como universal. Deveria ser local no sentido de que responderia aos ambientes regionais e às tradições nativas, e universal no sentido de que os princípios subjacentes devem ser os mesmos em qualquer lugar. Não pode ser o produto de uma única mente organizadora. Precisa, em vez disso, surgir e desenvolver-se à medida que se torne amplamente aceito e compreendido o fato de que a ideia de função vai além das preocupações do simples materialismo biotécnico.

Os arquitetos criativos que formulam o novo estilo precisam ir além do conhecimento utilitário e técnico, e se abrir a uma percepção do complexo de associações ligadas à sua experiência e de significados simbólicos que estão subjacentes à forma visível. Dependerão, e precisam depender, da intuição para sintetizar funções discrepantes em uma forma. Edifícios criados dentro de um tal vocabulário novo seriam necessariamente decentes, inteligíveis e satisfatórios como abrigo humano, mas precisamos nos lembrar de que ainda não existe nenhuma garantia de que possuirão as qualidades indefiníveis da beleza e da verdade. A beleza continuará a depender da habilidade e da intuição do arquiteto, uma intuição que está no momento sem direção e sem informação de qualquer princípio de orientação diferente do egotismo destrutivo pessoal. A grande arquitetura, contudo, precisa satisfazer às exigências arquetípicas e instintivas universais da psique.

Outrora os arquitetos eram dotados de um "toque" infalível pelo qual eram capazes de impregnar até mesmo

Uma miscelânea de ornamentos pós-modernistas na Sainsbury Wing da Galeria Nacional de Arte, em Londres, 1991. Venturi, Rauch e Scott Brown foram os arquitetos. É difícil imaginar o que se passava na mente deles quando reuniram colunas dóricas, arcos colados e arcos que não são arcos. Será que representam uma tentativa honesta, talvez mal orientada, de satisfazer o desejo do cliente de ligar estilisticamente a nova ala ao antigo edifício? Ou será que constituem um comentário cínico acerca da insensatez de esperar qualquer tipo de integridade naquilo que Venturi chamaria de um "abrigo decorado?"

O mosteiro de Ephrata foi construído no sul da Pensilvânia em 1741-1743 por Conrad Beissel (1691-1768) e seus seguidores. Beissel era músico, e o "solitário", como eram chamados os irmãos e irmãs celibatários, encontrou Deus na compreensão da harmonia e da melodia. Sua apreensão intuitiva da matemática arquetípica da música é demonstrada na beleza serena de seus edifícios.

o edifício mais convencional com uma chama criativa. O que aconteceu com esse toque? Como ele foi perdido na era do materialismo científico? Admiramos hoje a beleza de edifícios como o Mosteiro de Ephrata e nos perguntamos o que o arquiteto anônimo que o projetou sabia que nós não sabemos, ou esquecemos. Será que podemos recuperar, nessa era de materialismo desenfreado, alguns dos princípios que guiaram a sua mão?

Sim, podemos! A mensagem do passado é a mesma em todos os lugares: Há uma base objetiva que está subjacente à grande arquitetura de todas as culturas e de todas as eras, e essa base é a matemática. No entanto, não é a matemática comum, científica, da pura quantidade. O trabalho de muitos estudiosos, arquitetos, arqueólogos, e, acima de tudo, amadores brilhantes estabeleceu, sem dúvida alguma, que os princípios essenciais sobre os quais os grandes edifícios da Antiguidade foram erguidos devem ser encontrados na compreensão *esotérica* do número e da geometria. São esses os princípios que foram perdidos na

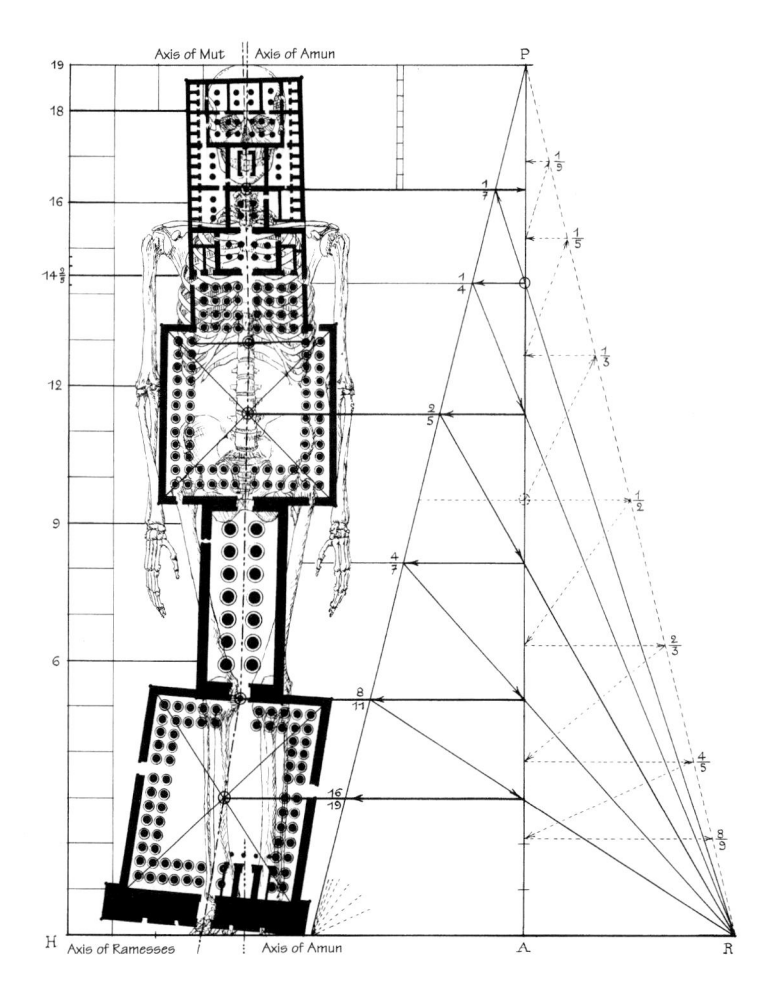

Schwaller de Lubicz demonstra aqui como as proporções matemáticas do corpo humano estão incorporadas no projeto do grande Templo de Luxor, no Egito, o Templo do Homem.[7] (Imagem reproduzida por cortesia da Inner Traditions International, Rochester, Vermont.)

era do paradigma materialista, e são esses princípios que os nossos arquitetos precisam entender e retomar se quiserem construir edifícios dignos de ser comparados com aqueles do passado.

A base matemática da arquitetura

As antigas ciências numérica e geométrica, a arte e a arquitetura da Antiguidade foram fundadas sobre a convicção de que o homem e o cosmos eram uma só unidade, e a estrutura da nossa mente refletia a estrutura do universo. O velho provérbio: "Conhece-te a ti mesmo", portanto, re-

---

7 R. A. Schwaller de Lubicz, *The Temple of Man*, p. 335.

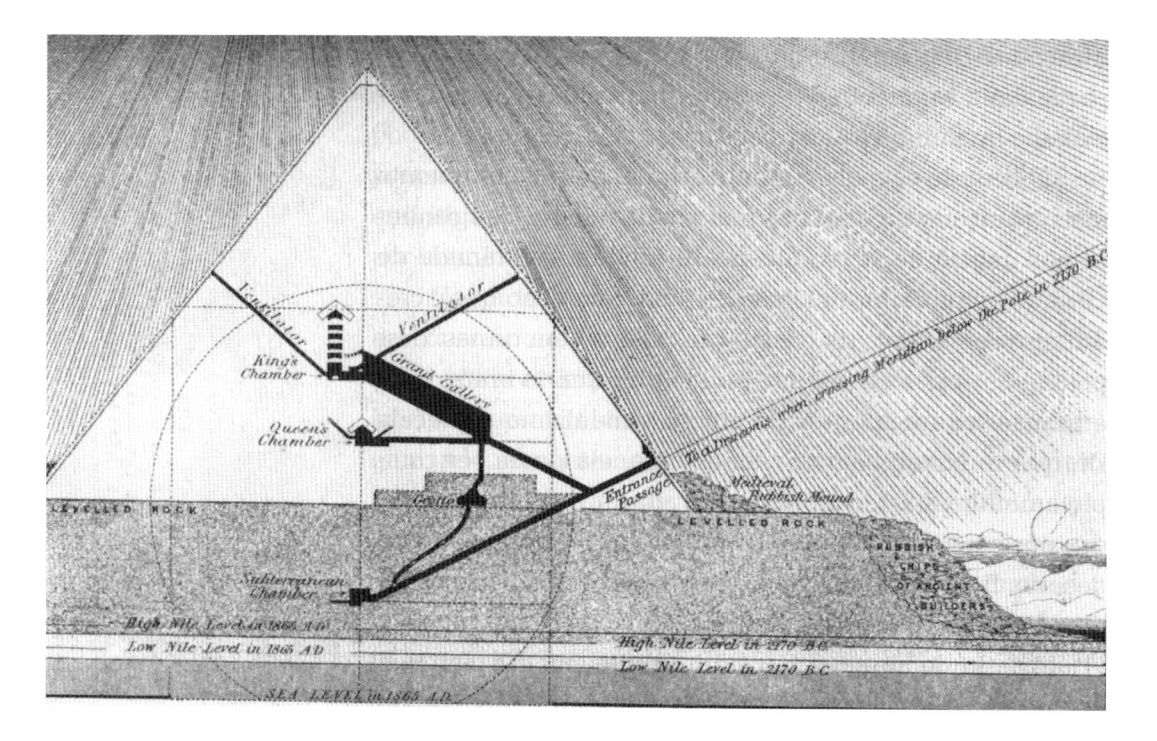

Embora os arqueólogos contemporâneos se apeguem resolutamente à teoria da "tumba e a tumba apenas", não há nenhuma evidência de que a Grande Pirâmide no Egito alguma vez foi usada para abrigar um cadáver. Ninguém sabe realmente por que ela foi construída. Ninguém sabe sequer como ela poderia ter sido construída. O desenho acima apareceu em *The Great Pyramid*, publicado pelo estudioso vitoriano Piazzi Smith em 1880.[8]

nores, juntamente com pontes, vestíbulos, fortificações e outras estruturas foram erguidas em toda a França, e também em menor número em outros países europeus. Esse foi um dos maiores empreendimentos de obras públicas, proporcionalmente ao tamanho da população, de que temos conhecimento. A habilidade artística desses edifícios, especialmente das catedrais, reflete o mesmo conhecimento avançado sobre a importância esotérica do número e da geometria que caracterizou as obras do Egito antigo.

A força motriz por trás desse imenso aumento súbito e rápido do número de edifícios parece ter sido os Cavaleiros Templários e a Fraternidade de Salomão, o misterioso grupo de artesãos que construía para os templários. Estes se estabeleceram no Oriente e tinham conhecimento direto do saber remanescente das grandes civilizações do Mediterrâneo oriental. O conhecimento esotérico poderia,

---

[8] Piazzi Smith, *The Great Pyramid: Its Secrets and Mysteries Revealed*, 4ª ed. (Nova York: Crown Publishers, 1978), prancha VI.

A SOLUÇÃO DA FORMA

portanto, ter-lhes sido transmitido. A destruição dos templários por Filipe IV da França, com o consentimento do papa, e a revogação dos privilégios especiais concedidos à Fraternidade coincidiu com o início de um período de declínio arquitetônico e econômico que só foi interrompido dois séculos mais tarde, na Renascença Italiana.

Naquela época, muito já havia sido perdido; como ou por quê, não sabemos. Os edifícios do período Gótico posterior careciam da simplicidade geométrica e da autoridade de seus predecessores, e os arquitetos da Pré-Renascença não tinham mais o entendimento do Phi, a razão áurea, apesar de reterem e usarem a raiz quadrada de dois. Na época de Andrea Palladio,[9] até mesmo essa raiz irracional era considerada com desconfiança. Palladio indicou que salas quadradas podiam ser estendidas com base no comprimento da diagonal, mas na prática efetiva ele admitiu em seu cânone de proporção apenas as razões que estavam presentes no sistema harmônico musical. Com base nesse cânone limitado, ele alcançou resultados notáveis. Palladio usava razões de números inteiros na arquitetura, em analogia com os tons musicais de uma oitava dupla (ou duas oitavas consecutivas). Dessa maneira, por meio da interação de números e proporções, ele foi capaz de criar edifícios e espaços que eram harmoniosos e, mesmo em sua complexidade, sinfônicos.

A loja templária mostrada acima está localizada em uma estrada pequena entre Chartres e Orléans. É mantida pelo governo francês.

O sistema de Palladio foi infelizmente reduzido a uma fórmula pelos seus seguidores. E depois de Isaac Newton, com a publicação dos *Principia Mathematica*, a teoria sobre a qual a arquitetura do último período da Renascença se assentava foi gradualmente abandonada. Não havia lugar no universo mecânico de Newton, o mundo de Burke e Hume, para a tradição da geometria sagrada e o sig-

[9] Andrea Palladio, 1518-1580, o principal arquiteto italiano do último período da Renascença e autor do influente *Quattro Libri dell' Architettura*, ou *The Four Books of Architecture*, traduzido por Robert Travernor e Richard Schofield (Nova York: Dover Publications, 1965).

Uma das quatro grandes escadarias dispostas em perfeita simetria ao redor da famosa Villa Rotunda, em Vicenza, Itália. O impacto monumental dessa elegante residência particular projetada por Andrea Palladio é tão notável quanto as proporções belas e harmoniosas de cada parte da estrutura.

nificado esotérico dos números. Até mesmo a identidade numérica entre tons musicais e medidas espaciais e o entrelaçamento de razões (*ratios*) em totalidades melódicas e harmônicas foram rejeitados pela ciência pós-Iluminista como algo de pouco valor. Também acabou se perdendo para a arquitetura, apesar de a prática arquitetônica ter sido, até recentemente, tão conservadora que alguns usos de princípios geométricos persistiram no século XX graças à influência das escolas de Belas Artes da França e de suas imitações em outros países.

Com o advento da nova arquitetura científica e o nascimento do Estilo Internacional, até as disciplinas das Belas Artes foram descartadas, embora o próprio Le Corbusier tenha experimentado com o Phi.[10] Ele estava evidentemente fascinado pelo poder gerador dessa raiz,[11] mas malogrou em reconhecer seu significado esotérico, embora realmente tentasse estabelecer essa função sagrada como a base de um sistema racional de componentes de edifício manufaturados! A tentativa de Le Corbusier de utilizar o Phi representou essencialmente o fim da tradição. Em nosso mundo materialista, a geometria mundana como parte de uma ciência matemática logicamente rigorosa e útil ainda é aceitável. Ela é ensinada em nossas escolas públicas e reconhecida como o meio usado pelos arquitetos na elaboração de suas plantas. A geometria sagrada, no entanto, embora valorizada pelos vislumbres religiosos e filosóficos que pode proporcionar, é ignorada

---

[10] Le Corbusier, *The Modulor*, traduzido por Peter de Francis e Anna Bostock (Cambridge, Mass., M. I. T. Press, 1968).

[11] O número Phi tem uma tal capacidade de desdobramento e autorreferência, que se mantém inalterada até mesmo em suas potências e em seus inversos, que os autores que escrevem sobre Geometria Sagrada se referem a ele como "raiz" e "função". No entanto, ele não é função no sentido matemático convencional (uma correspondência entre variáveis), e embora seja raiz da equação $x^2 = x + 1$, para eles Phi é raiz num sentido muito mais amplo que o matemático, e é uma função porque opera como um princípio organizador cósmico. (N. do R.)

tanto pelos arquitetos como pela sociedade em geral, ou simplesmente recebida com incompreensão.

No entanto, para um olhar sem preconceitos, os edifícios do mundo pré-moderno, projetados quando os arquitetos entendiam o significado esotérico da geometria e do número, são visivelmente superiores a qualquer coisa que possamos realizar hoje. A geometria e o número constituíam então o meio graças ao qual um edifício e todas as suas partes separadamente atingiam equilíbrio e harmonia. Um edifício concebido e erguido de acordo com os princípios da geometria sagrada tinha o propósito de replicar a ordem do universo e exercer um efeito criativo imediato sobre os seres humanos que viviam em seu interior. A realidade dos efeitos espirituais e emocionais que eram alcançados é indubitável, pois ainda reagimos à beleza desses edifícios mesmo quando os encontramos em ruínas. A Catedral de Chartres, por exemplo, é considerada a maior realização dos mestres de obras medievais. Mesmo em nossa era materialista, os peregrinos continuam a ir, não mais para cultuar a estátua da Virgem Negra ou para adorar o famoso véu da Virgem Maria, mas simplesmente para vivenciar a maravilha de estar entre essas paredes.

É espantoso que um esforço tão pequeno tenha sido feito pelos arquitetos para entender como esses sublimes efeitos eram alcançados, muito menos para replicar os princípios que os tornavam possíveis. E quando rastreamos algumas das maneiras pelas quais a geometria e o número eram usados nas artes como base para os padrões de espaço e forma que achamos tão belos, é difícil para a nossa mente condicionada pela lógica trivial compreender a abordagem filosófica dos nossos predecessores no tocante à forma e ao número. Na geometria sagrada e na aritmética, que em sua forma primitiva abrangia todo o conhecimento numérico, considerava-se que as formas geométricas e os números a elas associados tinham uma correspondência significativa tanto com o mundo da percepção sensorial – que é o mundo da realidade material – como com o mundo superior, o mundo espiritual. A geometria e os números eram então considerados como símbolos arquetípicos da realidade suprema, que abrangia a forma do cosmos e o propósito da existência. Eram intermediários entre o humano e o divino.

É o entendimento filosófico do que é chamado corretamente de geometria "sagrada" que está subjacente aos profundos efeitos espirituais e emocionais produzidos pelos edifícios construídos por nossos predecessores antigos. Nas construções do passado, formas geométricas e números eram manipulados de maneira consciente pelos arquitetos e cuidadosamente associados a outras formas e números para expressar a percepção reveladora de uma verdade superior. Tal manipulação não poderia ter se originado a partir de uma base de análise racional, ou mesmo de uma intuição mais profunda e dirigida. Ela precisa ter se originado em um corpo sistemático de conhecimento, uma ciência matemática do esoterismo do número e da forma. Os arquitetos de hoje, na ausência desse conhecimento, e dependendo de sua visão intuitiva, podem incorporar de modo inconsciente a beleza da verdade matemática em suas obras, mas para criar novamente edifícios que sejam comparáveis aos projetados por nossos predecessores, precisamos adquirir o conhecimento sistemático, a tradição perdida, da matemática das formas.

É possível que recuperemos o conhecimento esotérico perdido da geometria e do número? Poderíamos novamente projetar nossos edifícios, cidades e até mesmo nossas paisagens de acordo com o cânone antigo? Há cinquenta anos, a possibilidade, e até mesmo o desejo, de proceder dessa maneira seria rejeitada. Mas agora que as certezas de nossa crença em um universo mecânico se desfizeram, começamos a procurar uma realidade mais profunda no arquétipo e no mito, religião e na filosofia, e até mesmo na própria ciência. À medida que essa realidade vai sendo mais profundamente explorada e vai se tornando uma parte aceita da nossa cultura, a matemática esotérica será novamente reconhecida como a base da arte e da arquitetura.

Os arquitetos que estudaram a significação esotérica da geometria e do número, e que compreendem as formas e as proporções (*ratios*) essenciais, estão equipados com uma percepção da função da própria mente. Os padrões derivados dessa percepção são os padrões da mente universal, e uma arquitetura que surge da geometria sagrada possuirá verdade e beleza, pois incorporará esses padrões na realidade material.

10

A GEOMETRIA E O NÚMERO

Recuperando a tradição antiga

As informações a respeito do significado esotérico da geometria e do número não foram adquiridas prontamente, uma vez que elas não são valorizadas em nossa sociedade nem são ensinadas em nossas escolas. Aqueles que desejam aprofundar-se no assunto precisam contar com o trabalho de alguns poucos indivíduos que dedicaram grande parte de suas vidas ao seu estudo. Mesmo que o conhecimento da ciência antiga nunca tenha sido completamente perdido, grande parte do que sabemos hoje chegou ao nosso conhecimento recentemente, por intermédio do trabalho de R. A. Schwaller de Lubicz e de seus seguidores.[1] Schwaller de Lubicz demonstrou que a filosofia numérica atribuí-

O grande Templo de Luxor no Egito estava semienterrado em ruínas quando foi avistado pelos soldados de Napoleão, que marchavam em direção à margem oeste do Nilo. Foi escavado e parcialmente restaurado nos séculos XIX e XX e cuidadosamente analisado durante quinze anos pelo alquimista e estudioso R. A. Schwaller de Lubicz. A partir de seus estudos, Schwaller conseguiu deduzir a existência de uma "ciência sagrada" sobre a qual a arquitetura – e a civilização – egípcia antiga foi fundada. A fotografia acima mostra como era o templo quando Schwaller estava vivo. (Fotografia reproduzida por cortesia da Inner Traditions International, Rochester, Vermont.)

---

[1] René Schwaller de Lubicz (1887–1961) é conhecido por seus vários trabalhos que expressam revelações espirituais e cosmológicas profundas sobre o antigo Egito, incluindo a crença segundo a qual os antigos egípcios possuíam um entendimento dinâmico das leis da harmonia e da proporção. Os vários livros de Schwaller sobre o assunto incluem *Esotericism and Symbol*, *The Temple in Man*, *Symbol and the Symbolic*, *The Egyptian Miracle* e *The Temple of Man*.

213

R. A. Schwaller de Lubicz, talvez o maior filósofo do século XX. (Fotografia reproduzida por cortesia da Inner Traditions International, Rochester, Vermont.)

John Anthony West vem liderando a luta pela aceitação das ideias de Schwaller.

da a Pitágoras, e sobre a qual baseou-se a filosofia de Platão, já era conhecida muito antes pelos antigos egípcios, e foi um determinante essencial das formas adotadas nas insuperáveis obras arquitetônicas de sua civilização. Quando Platão e Pitágoras estudaram no Egito, aprenderam sua filosofia a partir de uma tradição ainda viva. Apesar de essa tradição não existir mais, Schwaller foi capaz, em um feito intelectualmente notável, de reconstruir algumas das técnicas por meio das quais a filosofia pitagórica era aplicada a um edifício. Em Luxor, suas medições cuidadosas e detalhadas revelaram a existência dos princípios geométricos e simbólicos subjacentes à estrutura. Posteriormente, ele deduziu de seu trabalho em Luxor e em outros lugares no Egito suas conclusões sobre o significado esotérico. Os resultados de seus estudos foram disponibilizados em uma enorme obra em dois volumes denominada *The Temple of Man*,[2] assim como em vários livros menores, mas é preciso nada menos que uma revolução em nossa maneira de pensar para que possamos compreender as ideias mais obscuras.

Apesar de *The Temple of Man* continuar a ser a exposição mais abrangente e profunda da filosofia pitagórica, aqueles que buscam o conhecimento antigo podem abordar o assunto mais facilmente por meio do estudo de outros livros escritos sobre o mesmo assunto. *A Serpente Cósmica: A Sabedoria Iniciática do Antigo Egito Revelada*, de John Anthony West, ainda é o trabalho mais definitivo, se não o único, que foi capaz de tornar a interpretação de Schwaller, arcana e difícil, da arte e da cultura do Egito antigo disponível para o leitor comum.[3] West não apenas apresenta ao leitor, usando um estilo claro e lúcido, a base filosófica por trás do pensamento de Schwaller, como também

---

[2] R. A. Schwaller de Lubicz, *The Temple of Man* (Rochester, Vt.: Inner Traditions, 1998).

[3] John Anthony West, *Serpent in the Sky: The High Wisdom of Ancient Egypt.* [*A Serpente Cósmica*, publicado pela Editora Pensamento, São Paulo, 2009.]

bém fornece um comentário sobre os malabarismos dos egiptólogos convencionais quando tentaram evitar ou negar a importância da sua obra.

Sacred Geometry: Philosophy and Practice, de Robert Lawlor,[4] dedicado a R. A. Schwaller de Lubicz e a sua enteada Lucie Lamy, será particularmente valioso para arquitetos e artistas. Lawlor aliou uma discussão aprofundada sobre os princípios da filosofia pitagórica a uma série de exercícios sobre a construção das figuras geométricas mais importantes com régua, esquadro e compasso. À medida que os exercícios são executados, os princípios subjacentes tornam-se claros. A breve introdução aos princípios da geometria sagrada que eu apresento nas pp. 218-229 baseia-se em grande parte em meu próprio estudo de *Sacred Geometry*.

Aqueles que investigam a ciência antiga descobrirão que seus primeiros esforços para incorporar a forma geométrica significativa ao projeto de um edifício podem ser incrivelmente recompensadores. Com apenas alguns princípios em mente, problemas arquitetônicos podem ser resolvidos com uma facilidade notável e inesperada. O desenvolvimento de um projeto algumas vezes fluirá como que por si mesmo, e um arquiteto às vezes sentirá um curioso desprendimento com relação à sua obra, quase como se fosse um espectador assistindo a uma dança das formas e dos modelos involuntariamente posta em movimento. À medida que os arquitetos forem se libertando das preocupações do ego e da personalidade, eles poderão visualizar esses padrões formais de maneira mais clara e, assim como Mozart, as verdades e as harmonias eternas que são a base da beleza virão à tona.

A ciência antiga também não deve ser valorizada meramente pelo aprimoramento das habilidades que proporciona à criação da arte. Os diagramas, padrões e formula-

---

[4] Robert Lawlor, *Sacred Geometry: Philosophy and Practice* (Nova York: Thames and Hudson Ltd.; Crossroads, 1982).

ções numéricas da geometria sagrada têm vida própria, e tão logo capturem a imaginação, poderão levar a direções inesperadas. O místico e visionário Rudolf Steiner escreveu sobre sua experiência quando era estudante de escola primária e um livro de geometria caiu em suas mãos:

> Durante semanas seguidas, minha mente ficou repleta das coincidências e semelhanças que eu via em triângulos, quadrados, polígonos. Torturei meu cérebro com a questão: "Onde será que as linhas paralelas se encontram?" O teorema de Pitágoras me fascinava. Que um indivíduo pudesse viver dentro de sua mente modelando formas que ele percebia apenas dentro de si, inteiramente sem qualquer impressão proveniente dos sentidos externos, tornou-se para mim a satisfação mais profunda. Encontrei nisso um conforto para a infelicidade causada pelas minhas perguntas sem resposta. Ser capaz de sustentar algo apenas no espírito me trazia alegria interior. Tenho certeza de que aprendi pela primeira vez, por meio da geometria, o que é conhecer a felicidade.[5]

Obviamente, há poucos entre nós que têm o discernimento perceptivo e revelador que um Rudolf Steiner tinha mesmo quando criança, e não podemos esperar que a verdade caia tão facilmente em *nossas* mãos. Robert Lawlor lembra-nos de que Platão dizia que o fogo da alma deve ser gradualmente reaceso:

> Vocês me divertem, vocês que se preocupam com o fato de eu lhes impor estudos sem aplicação prática. Todo homem tem dificuldades em persuadir a si mesmo – e não apenas aqueles que têm a mente medíocre – de que é por meio desses estudos, e também com instrumentos, que se pode purificar o olho da alma, e que se pode perceber uma nova chama ardendo nesse órgão, que foi

[5]   Stewart C. Easton, *Rudolf Steiner*, p. 20.

O Pilar do Aprendiz no interior da Capela Rosslyn, a onze quilômetros ao sul de Edimburgo. A Capela Rosslyn foi construída no século XV sob a influência dos templários, mas após a supressão formal da Ordem. É considerada o último grande edifício gótico e ainda é reverenciada pelos maçons. (Fotografia reproduzida por cortesia de John Mullen, Wikimedia Commons.)

obscurecido e como que extinguido pelas sombras de outras ciências, um órgão cuja conservação é mais importante que a de dez mil olhos, uma vez que é somente por meio dele que contemplamos a verdade.[6]

São Bernardo, o grande cisterciense, disse: "O que é Deus? Ele é comprimento, largura, altura e profundidade."[7] Foi São Bernardo que forneceu a "regra" para os muito difamados e hereges Cavaleiros Templários, os monges guerreiros da Idade Média. Eles, por sua vez, eram inti-

A "regra" era o código de comportamento, maneira de vestir, dieta e regime da vida cotidiana que governava uma sociedade monástica em particular. É significativo que ela tenha sido fornecida por São Bernardo, que se correspondia com o abade Suger, o construtor de Saint-Denis, a primeira grande igreja do estilo gótico.

---

[6] Robert Lawlor, *Sacred Geometry*, p. 10.

[7] St. Bernard of Clairvaux, *On Consideration*. Citado por Robert Lawlor em *Sacred Geometry: Philosophy and Practice*, p. 6.

mamente ligados à Fraternidade de Salomão, o grupo de artesãos que construíram as grandes catedrais.

Acredita-se que os templários foram os financiadores que tornaram possível a construção dessas obras gigantescas. Os maçons da era moderna remontam em suas origens até pelo menos a época dos templários e da Fraternidade. É um fato curioso que na "Busca" por um candidato adequado para o Segundo Grau da Ordem Maçônica encontremos, de algum modo preservada ao longo dos séculos, a seguinte advertência:

> ... a ciência da Geometria... é estabelecida como a base da nossa arte. Geometria ou Maçonaria, termos sinônimos a princípio, de natureza divina e moral, são enriquecidas pelo mais útil dos conhecimentos. Embora ela demonstre as maravilhosas propriedades da natureza, demonstra também as mais importantes verdades da moral.[8]

No "zênite" da arquitetura ocidental, a reflexão e a meditação sobre a forma geométrica era evidentemente necessária a um mestre de obras, o arquiteto daquele tempo distante, e acreditava-se que a geometria tornasse possível uma medida de revelação sobre a própria divindade. Descobri que mesmo em nossa era materialista, a ciência antiga pode às vezes permitir um vislumbre estarrecedor da existência eterna e infinita da natureza.

Os princípios da geometria sagrada

Uma explicação abrangente ou detalhada dos princípios ocultos, ou esotéricos, da geometria sagrada certamente não está no propósito deste livro, e já dei como referência

Talvez eu tenha pensado que aceitar uma disciplina da geometria e de número resultaria em sentimentos de restrição e limitação. Na verdade, aconteceu o oposto, e experimentei sentimentos de liberdade e bem-estar.

---

8   The Grand Lodge of Ancient, Free and Accepted Masons of Maryland [Grande Loja de Maçons Antigos, Livres e Aceitos de Maryland]. *Maryland Manual of Ancient Craft Masonry* (Baltimore, 1935), p. 37.

A GEOMETRIA E
O NÚMERO

aos leitores o livro inspirador de Robert Lawlor.[9] Aqui posso apenas fornecer uma breve introdução à uma maneira de pensar apropriada à abordagem dessa geometria, na qual os conceitos filosóficos estão relacionados a números e formas geométricas. Espero que o interesse dos arquitetos seja despertado e que busquem o livro do sr. Lawlor, passem a estudar a ciência antiga e incorporem seus princípios aos seus trabalhos.

O círculo não é apenas a forma geométrica mais básica: Ele é o símbolo da unidade indiferenciada, e na filosofia esotérica representa o cosmos antes do momento criador fundamental, quando foi dividido em dois. Schwaller de Lubicz descobriu que no sistema do pensamento egípcio antigo, acreditava-se que esse era o acontecimento excepcional e único que deu origem ao universo.

Se o diâmetro de um círculo é considerado "um", o número tradicional da Divindade, a relação entre a cir-

A famosa concha do molusco Nautilus reproduz exatamente a forma de uma espiral áurea, discutida na p. 224.

---

[9] Robert Lawlor, *Sacred Geometry*.

219

O RETORNO DA
ARQUITETURA SAGRADA

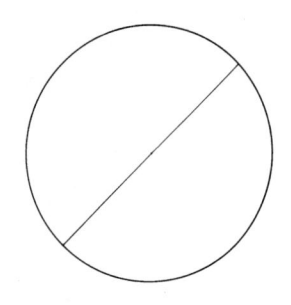

O círculo e seu diâmetro.
O círculo sempre é feminino:
Ele representa a mãe e o útero.

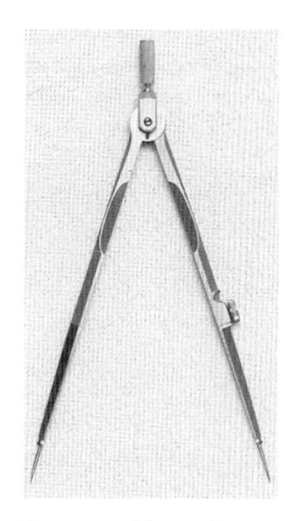

O compasso (da maneira como o instrumento é conhecido pelos maçons). Esse foi feito para mim em 1954 por T. Alteneder & Sons na Filadélfia.

cunferência e o diâmetro é chamada de pi. Essa razão essencial é "irracional", pois não tem uma expressão fracionária. Em outras palavras, não existe um número, não importa quantas casas decimais ele tenha, que seja capaz de dividir exatamente as duas partes. Para os cálculos utilizamos 1:3,1416, mais quantos decimais forem necessários para uma aproximação satisfatória, mas de modo algum seremos bem-sucedidos se quisermos descrever essa razão por meio de um *número*. Os pitagóricos se referiam aos números irracionais como "inexprimíveis", um termo que descreve exatamente a situação.

O círculo é essencial para a construção de outras figuras geométricas. O instrumento utilizado para desenhar um círculo, o compasso, já era reverenciado há muito tempo pelas ordens maçônicas. Na arte ocidental, Deus o Criador é geralmente mostrado com um compasso em sua mão.

Polígonos regulares são aqueles que podem ser circunscritos, isto é, desenhados no interior de um círculo de modo que todas as interseções de seus lados – que são todos iguais – consecutivos toquem a circunferência. De maneira similar, os sólidos regulares, ou platônicos, são aqueles cujos vértices – que também são os vértices das figuras planas e regulares que o constituem – tocam a superfície de uma esfera que os contém. Na geometria sagrada ou filosófica, o círculo é portanto o determinante da forma arquetípica tanto dos polígonos regulares como dos sólidos platônicos, e no processo de construção dessas várias figuras, pode-se ver como elas se desenvolvem e crescem a partir do círculo.

Quando desenhamos um segundo círculo, idêntico, de maneira que o centro de cada um deles esteja sobre a circunferência do outro, a área sobreposta é chamada de *Vesica Pisces* (ver p. 221). A *Vesica* é uma poderosa forma arquetípica. Não apenas representa a ligação entre os dois círculos, mas também implica a existência do "três", a saber, os dois círculos e a *Vesica* que eles definem a área em que se sobrepõem. Além disso, linhas desenhadas que ligam os centros dos círculos com as intersecções da *Vesi-ca* definem triângulos equiláteros. Três é o menor número de linhas que pode definir uma figura geométrica plana, e o triângulo é a mais básica das figuras formadas por linhas retas, as quais incluem os polígonos regulares.

À medida que desenhamos mais *Vesicae*, surge uma sucessão de polígonos, começando com o triângulo, que se desdobra em quadrado, e então em pentágono, hexágono, octógono, decágono e dodecágono. Robert Lawlor observa que a forma dessa construção sugere a árvore, com a *Vesica* inicial representando a semente.[10]

O comprimento do eixo vertical da *Vesica*, que liga seus dois pontos de interseção, obtido pelo teorema de Pitágoras, nos dá a raiz quadrada de três, que é também o comprimento da diagonal de um cubo com lados medindo um. Se uma série de *Vesicae* for desenhada, alternando-se seus círculos internos e externos, a relação entre seus eixos sucessivos resulta em uma progressão geométrica dada por

$$1:\sqrt{3}::\sqrt{3}:3::3:3\sqrt{3}, \text{ que também pode ser escrita como } \frac{1}{\sqrt{3}} = \frac{\sqrt{3}}{3} = \frac{3}{3\sqrt{3}}$$

A aparência pisciforme da *Vesica* era considerada especialmente importante na arte e na arquitetura medieval, uma vez que o peixe era o signo zodiacal da Era de Peixes, a época de Jesus. Na arte medieval, Jesus era geralmente representado sentado sobre a *Vesica*, mediando os dois círculos que simbolizavam Deus e o homem.

Keith Critchlow demonstrou em seu estudo das ruínas da outrora imponente Abadia de Glastonbury que tal progressão é a base do projeto arquitetônico da Capela de Santa Maria, construída para encerrar e proteger o local da igreja de barro original que se acredita ter sido fundada por José de Arimateia.[11] Jonathan Hale mostrou o uso da *Vesica* em um pequeno edifício de escritórios em Chelsea, Vermont, que data aproximadamente de 1825, onde uma estrutura comum em uma rua urbana recebe graça e tranquilidade em virtude dessa forma geométrica.[12]

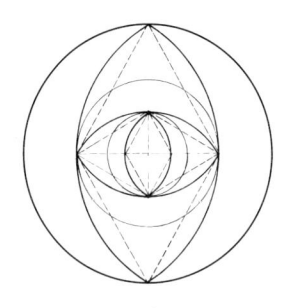

A progressão da *Vesica Pisces*.

[10] *Ibid.*, p. 34.

[11] Keith Critchlow, *Glastonbury: A Study in Patterns* (Londres: RILKO, como ilustrado por Robert Lawlor), p. 35.

[12] Jonathan Hale, *The Old Way of Seeing*, p. 51.

Assim como o círculo representa a unidade original, imensa e indiferenciada, o espírito e o céu, também o quadrado e o número quatro associado representam a Terra, ou a ordem material. A cruz representa o quadrado: uma cruz com braços iguais define um quadrado, e Jesus sobre a cruz representa o homem perfeito crucificado sobre o quadrado da materialidade.

O quadrado, considerado como unidade, é dividido por cada uma de suas diagonais em duas partes iguais. O processo é análogo ao ato primordial de criação, em que o um (unidade) passa a ser dois, e o diagrama é portanto uma expressão do ato.

A razão entre o lado e a diagonal, obtida pelo teorema de Pitágoras, é igual a um dividido pela raiz quadrada de dois: $1:\sqrt{2}$. Uma vez que a diagonal é potencialmente o lado de um quadrado maior com o dobro da área, e o lado é potencialmente a diagonal de um quadrado menor com metade da área, o quadrado pode ser facilmente transformado em uma série de dimensões, infinitamente maiores e infinitamente menores. Dimensões que dessa maneira oscilam entre um lado e uma diagonal estarão inerentemente em harmonia, pois estão todas relacionadas com a raiz quadrada de dois.

O quadrado é particularmente importante para o arquiteto. O poder da própria forma e a série de dimensões proporcionais e geométricas que surgem dele definem uma estrutura dentro da qual pode-se inventar ainda mais. Esse princípio é exemplificado na pequena Igreja Batista mostrada nas pp. 125 e 235.

O quadrado duplo, um retângulo constituído de dois quadrados idênticos com um lado em comum, pode ser gerado facilmente a partir do quadrado. A razão entre os dois lados do retângulo é de um para dois e a diagonal é, novamente obtida por meio do teorema de Pitágoras, a raiz quadrada de cinco, outro número irracional.

A razão de um para dois do quadrado duplo está relacionada à música por meio da oitava. Se uma nota é toca-

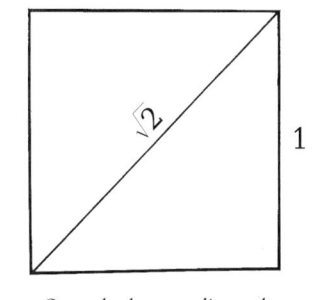

O quadrado e sua diagonal.

da em uma corda esticada, e essa corda é então dividida ao meio, a nota tocada em qualquer uma das partes da corda será a mesma, apenas uma oitava acima; em outras palavras, quando a corda é dividida pela metade, a frequência da vibração é duplicada. Essa razão de um para dois era considerada a mais importante, ao lado do uníssono (ou um para um), por Santo Agostinho, que também era músico. Como resultado de sua influência e da de São Bernardo, é a razão do quadrado duplo que domina o projeto das catedrais medievais. Até mesmo a ideia dos "quatro cantos da Terra", que tem importância de destaque na teologia medieval, não se referia ao quadrado, mas sim ao quadrado duplo ou de dois para um.

A partir do quadrado duplo, a maravilhosa e misteriosa razão escrita em nosso alfabeto como *Phi* e geralmente designada pela letra grega Φ pode ser prontamente desenvolvida. Phi representa a única maneira pela qual um segmento de reta de um dado comprimento pode ser

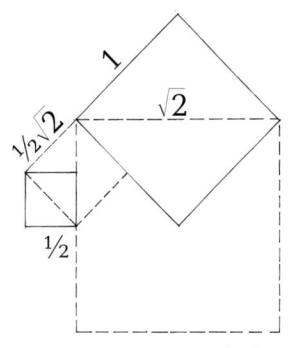

Uma sequência de quadrados.

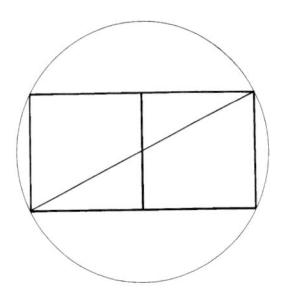

O quadrado duplo. A ideia da Terra como um quadrado duplo plano era uma vulgarização do entendimento místico do quadrado como símbolo da ordem material.

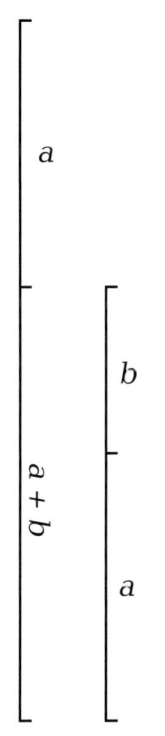

Uma ilustração que representa as razões de Phi, conhecida como razão áurea.

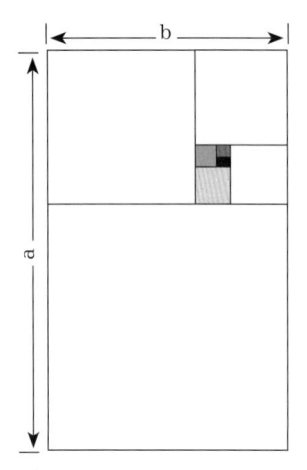

Sucessivos retângulos áureos e
seus quadrados.

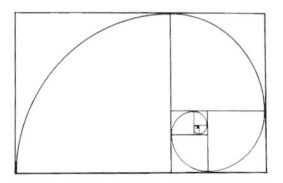

A espiral áurea gerada a partir
de uma sucessão de retângulos.

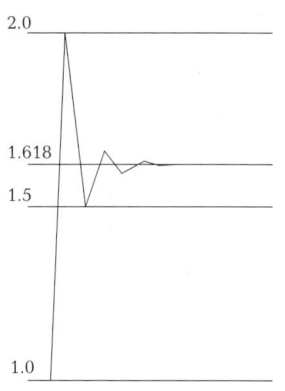

1, 1, 2, 3, 5, 8, 13, 21, 34, 55, 89 . . . .

A série de Fibonacci e Phi.
Observe a rapidez com que o
quociente de quaisquer dois
números sucessivos aproxima-
se de Phi à medida que os
números crescem.

224

dividido de tal modo que a razão entre a parte menor e a parte maior é igual à razão entre a parte maior e o todo. Por exemplo, no diagrama abaixo, Phi = a/b = $(a + b)/a$ = 1,618 ou, mais precisamente, 1,6180339.

Essa razão única, 1,618, é chamada de *razão áurea*. Define o *retângulo áureo*, importante na arquitetura, um retângulo em que a razão entre o seu lado maior e o seu lado menor é Phi.

Como consequência das propriedades matemáticas singulares dessa figura geométrica, um quadrado adicionado ou subtraído do retângulo define outro retângulo áureo. Se retângulos sucessivos gerados dessa maneira são ligados em uma curva contínua, esta define uma *espiral áurea*, a forma tão bem representada na natureza pela concha do Nautilus, mostrada na p. 219.

A função está intimamente relacionada com a série numérica de Fibonacci, matemático do Renascimento que chamou a atenção para as suas propriedades. Em uma série de Fibonacci, considerando-se um número qualquer que a constitui, o próximo número da série é a soma desse número com o seu precedente. Por exemplo, a série, começando com um, é a seguinte: 1, 1, 2, 3, 5, 8, 13, 21, 34, 55, 89, 144, e assim por diante. É um fato notável que em uma série de Fibonacci, a divisão de qualquer número por seu precedente é um valor aproximado de Phi, e ele será tanto mais próximo do valor exato quanto maiores forem os números.

Por meio da série de Fibonacci, vemos a proporção áurea expressada como número na natureza. Enquanto escrevo, tenho diante de mim a parte central, que contém as sementes, de um girassol comum, adquirido aleatoriamente em uma feira local.

Contei cuidadosamente o número de linhas espiraladas que determinam as posições das sementes. Havia 55 à direita e 89 à esquerda. Como vimos anteriormente, esses são números de Fibonacci, e a divisão de 89 por 55 é igual a 1,618182, uma boa aproximação de Phi, que é

Quando concluí a contagem das espirais formadas pela distribuição das sementes na parte central de uma flor de girassol, descobri que o número de espirais à esquerda e o de espirais à direita eram de fato números de Fibonacci.

Quando são divididos um pelo outro, o quociente é um valor aproximado do número mágico Phi. Então, de maneira extraordinária, tomei consciência da presença imanente de um grande mistério.

Conjunto de sementes distribuídas na cabeça de uma flor de girassol, uma estrutura orgânica composta a partir de números de Fibonacci.

1,618034 no mesmo número de decimais. Tal experiência da presença difundida da proporção áurea em fenômenos naturais chama enfaticamente a atenção para a nossa relação com o mundo dos números e a forma subjacente à superfície visível das coisas.

É impossível superestimar a importância filosófica e arquitetônica da razão áurea. Uma vez que a informação apresentada aqui pode apenas dar uma vaga ideia dessa razão mágica, recomenda-se que o público leigo, assim como arquitetos, estudem o Capítulo 5, Proporção e a Seção Áurea, no livro *Sacred Geometry* de Robert Lawlor. Uma observação de Johannes Kepler, o descobridor das leis do movimento planetário, é geralmente citada: "A geometria tem dois grandes tesouros: um é o teorema de Pitágoras, o outro é a divisão de uma linha em média e extrema razão, ou seja, a razão áurea. O primeiro

Nave lateral da Catedral de Chartres.

pode ser comparado a uma porção de ouro, o segundo a uma pedra preciosa."[13]

Do que restou dos grandes edifícios da Antiguidade, fica evidente que a proporção áurea era conhecida e aplicada à arquitetura e às artes correlatas desde o início da civilização. Ela não é encontrada apenas nas arquiteturas antigas da Índia e do Egito, da Mesopotâmia, da Grécia e de Roma, mas também nas da China e do Japão, e até mesmo no México pré-colombiano. O quadrado duplo, preferido pela Europa medieval, está relacionado com o retângulo áureo por meio da diagonal $\sqrt{5}$. O próprio retângulo áureo persiste nas grandes catedrais medievais: na Catedral de Chartres, por exemplo, ele é a forma geométrica que caracteriza as passagens das naves laterais. Era proeminente na arte da Renascença, e continuou a exercer alguma influência sobre o *design* arquitetônico até a extinção definitiva da educação das Belas Artes. Apenas em nossa época, a época do paradigma materialista, a razão áurea foi relegada à condição de curiosidade matemática, e o antigo personagem central da geometria sagrada, com suas enormes implicações filosóficas e religiosas, passou a ser ignorado tanto por arquitetos como pela sociedade em geral.

Não apenas a razão áurea, mas também todas as formas básicas descritas acima têm um grupo característico de associações esotéricas. Cada uma delas configura um complexo de sabedoria intuitiva. É um fato notável que as razões de importância-chave – pi, Phi e as raízes $\sqrt{2}$, $\sqrt{3}$ e $\sqrt{5}$ – envolvidas na descrição dessas formas básicas arquetípicas, sejam, todas elas, números "irracionais". Não podem, dessa maneira, ser capturadas na rede dos números "normais" ou descritas em palavras. São, como os pitagóricos diziam, "inexprimíveis", e ainda assim podem ser reconhecidas perfeitamente por intermédio da geometria.

---

[13] Citado em Robert Lawlor, *Sacred Geometry*, p. 53.

Pode-se ter uma ideia do significado esotérico dessas "funções" por meio de Robert Lawlor, que escreve:

> As funções irracionais (que consideraremos na verdade como suprarracionais) são uma chave que abre uma porta para a realidade superior do Número. Demonstram que, independentemente das unidades que são adotadas para medir o lado ou o diâmetro, a relação permanece invariável, pois em essência esse aspecto funcional do Número não é grande nem pequeno, não é infinito nem finito: é universal.[14]

A arquitetura, diferentemente da pintura, não está relacionada apenas com a geometria do plano, ou das formas bidimensionais; é uma arte de volumes externos e internos gerados a partir do estudo de planos. Um edifício e a paisagem associada a ele são projetados, primeiramente, como uma planta. Uma *planta* na arquitetura é uma projeção em um plano traçado horizontalmente sobre ou acima do piso ou da superfície do terreno onde se erguerá um determinado edifício. Volumes são então produzidos erguendo-se planos verticais a partir do plano horizontal da planta. As projeções desenhadas sobre esses planos verticais são chamadas de projeções verticais e, juntamente com a planta, definem volumes arquitetônicos.

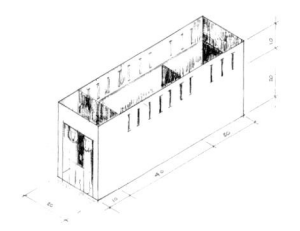

Projeções verticais erguidas sobre uma planta. O desenho ilustra as proporções do Templo do Rei Salomão, como são dadas no Livro dos Reis. Os volumes estão todos expressos em razões de pequenos números inteiros.

Até recentemente, os volumes arquitetônicos estavam limitados a variações da esfera, do cone e de prismas retangulares e triangulares. Agora há também volumes baseados em formas geométricas como a parábola e a hipérbole. Outros volumes, de "forma livre", baseiam-se na fantasia do arquiteto, e representam uma tendência contemporânea que não sobreviverá por muito tempo. A geometria sagrada, no entanto, diz respeito a um grupo de volumes diferente do convencionalmente usado no projeto de edifícios.

---

[14] Robert Lawlor, *Sacred Geometry*, p. 20.

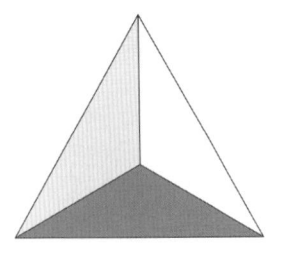

Tetraedro

Os cinco sólidos platônicos. (Ilustração reproduzida de *Time Stands Still*, por cortesia de Keith Critchlow.)

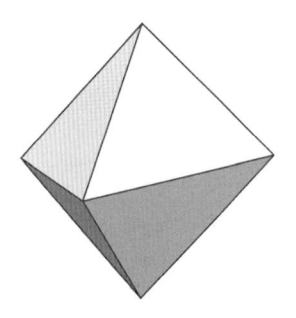

Cubo

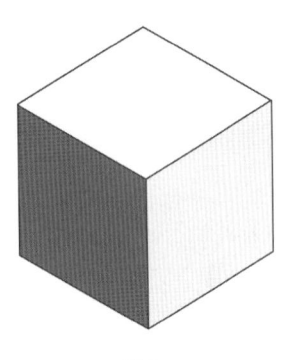

Octaedro

Esses são os cinco volumes arquetípicos, ou platônicos, que foram descritos no *Timeu*, mas deviam ser conhecidos pelo homem desde que ele começou a contemplar os mistérios da geometria. Foram reconhecidos nas Ilhas Britânicas dois mil anos antes de Platão: conjuntos completos de cinco foram encontrados em círculos de pedra neolíticos em Aberdeenshire, na Escócia.[15]

Cubo, tetraedro, octaedro, icosaedro e dodecaedro são os únicos sólidos possíveis em que todas as arestas têm o mesmo tamanho e todos os ângulos internos são iguais. Platão distinguiu os quatro primeiros a partir do dodecaedro, pois os quatro podem ser formados a partir de somente dois triângulos retângulos básicos, os triângulos de 45° + 45° e 30° +60°. Talvez não seja coincidência o fato de que esses sejam os dois triângulos usados tradicionalmente pelos arquitetos ao desenhar suas plantas.

Platão identificou quatro desses sólidos com os quatro elementos: o tetraedro com o fogo, o cubo com a terra, o octaedro com o ar e o icosaedro com a água, fornecendo assim uma revelação a mais a respeito de sua significação arquetípica. Ele não se manifesta com relação ao significado esotérico da quinta forma, o dodecaedro, dizendo que Deus a usou "para enfeitar as constelações de todo o céu". Evidentemente, ele considerava essa forma como dotada de grande importância, mas o seu sentido é obscuro.

---

[15] *Ibid.*, p. 97 (referindo-se a Keith Critchlow, *Time Stands Still*).

Observe a interação das cinco formas e como a forma de uma está implícita na forma de outra. Robert Lawlor demonstra em *Sacred Geometry* como as outras formas podem ser desenvolvidas a partir do icosaedro, que é ele mesmo determinado pela aplicação da seção áurea ao diâmetro de uma esfera.[16] É irônico o fato de que R. Buckminster Fuller, considerado o exemplo típico da arquitetura científica, tenha alcançado a fama como o criador da *octet truss* e da cúpula geodésica, formas que revelam o seu fascínio pelos antigos sólidos platônicos. A *truss* (ver p. 67) é composta de octaedros e tetraedros inter-relacionados enquanto as peças que estruturam as cúpulas geodésicas têm por base conexões entre os vértices tanto do icosaedro como do dodecaedro.

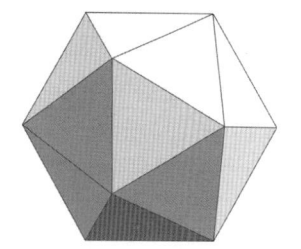

Icosaedro

A beleza dessas formas, e dos edifícios que se baseiam nelas resulta do nosso reconhecimento intuitivo da verdade arquetípica e matemática que exibem. Quando os arquitetos referem-se a essa verdade, fazem-no, de maneira vaga, como "boa proporção". Mas não nos foi ensinada, e poucos de nós entendem, a base matemática da proporção. As figuras geométricas planas e sólidas discutidas anteriormente exemplificam razões e proporções matemáticas. É necessário agora que exploremos mais rigorosamente o significado de *proporção* e como um entendimento da proporção matemática é essencial para a criação de grandes obras arquitetônicas.

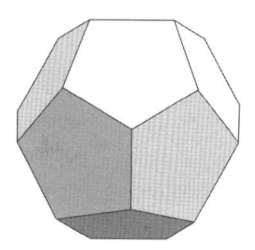

Dodecaedro

O significado da proporção

A proporção é a essência da arquitetura, e ainda assim poucos arquitetos estão cientes de que ela se refere a propriedades matemáticas. Quando falamos de má ou boa proporção, geralmente supomos que a proporção é determinada apenas pela intuição individual e que carece de

---

[16] *Ibid.*, pp. 98-102.

Essa casa de proporções belas foi construída por Andrea Palladio em Vicenza, Itália, sobre uma ponte acima de uma pequena e calma corrente de água. A perfeita exatidão das proporções é evidente mesmo sem o auxílio de uma análise geométrica.

uma base objetiva. Não aceitamos mais, nem temos consciência daquilo que foi compreendido por todas as culturas com exceção da nossa: que a proporção é governada por leis matemáticas que podem ser sistematicamente estudadas por meio da geometria. Nem reconhecemos mais que o conhecimento dessas leis é necessário para alcançar a percepção mística reveladora que se acredita ser o propósito da nossa existência.

O estudo da proporção começa com a ideia de razão. Uma razão pode ser matematicamente expressa por a/b. A proporção representa a equivalência de duas razões e é geralmente expressa como uma *proporção de quatro termos*, ou $a/b = c/d$. Comparações baseadas nos quatro elementos são denominadas *proporções descontínuas de quatro termos*, e constituem o que Platão chamava de "conhecimento especial", que ele diz ter um caráter vulnerável aberto à discussão e à arbitrariedade.

Uma *proporção de três termos* existe quando a razão entre o primeiro termo e o segundo é igual à razão entre o segundo e o terceiro, ou $a/b = b/c$. Em uma proporção de

A GEOMETRIA E
O NÚMERO

três termos, os elementos estão ligados de um modo mais coeso, e é a proporção de três termos que mais interessa aos arquitetos. Platão considerava a proporção de três termos como conhecimento essencial, o conhecimento por meio do qual a mente é capaz de compreender o mundo. Por intermédio do estudo da mediação, das maneiras pelas quais é determinado o termo médio em uma proporção de três termos, ele diz ser possível compreender as leis que governam a criação de todas as coisas.

Uma *proporção de dois termos* pode ser considerada como um caso especial da proporção de três termos: isto é, quando um dos termos (*b*) de uma proporção de três termos está para o outro (*a*) assim como o outro (*a*) está para a soma dos dois (*a* + *b*).

$$\frac{a}{b} = \frac{a+b}{a} = \Phi$$

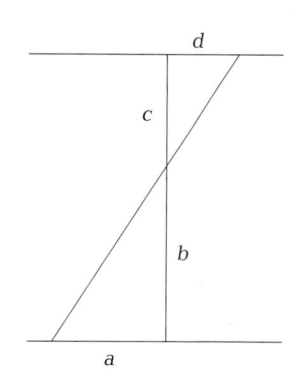

Linhas que cruzam linhas paralelas definem triângulos com a mesma forma, porém de tamanhos distintos. A razão do lado *a* para o *b* é a mesma que do lado *d* para *c*, ou $a/b = d/c$.

Essa, naturalmente, é a razão áurea, discutida nas pp. 223-224. Quando se atribui um valor numérico para um dos dois termos, o outro é um múltiplo da razão Phi.

$$\frac{a}{b} = \frac{a+b}{a} = \Phi \text{ também escrito como } a = \Phi b$$

Além da proporção geométrica ilustrada acima e à direita, dois importantes tipos de proporções de três termos podem ser identificados por meio da introdução da ideia de diferença. Essas são denominadas *aritméticas* e *harmônicas*.

Robert Lawlor escreve:

O caráter mais importante e misterioso da proporção harmônica é o fato de que o inverso de toda progressão harmônica é uma progressão aritmética. Desse modo, 2, 3, 4, 5 é uma progressão aritmética ascendente enquanto a série inversa 1/2, 1/3, 1/4, 1/5 é uma progressão

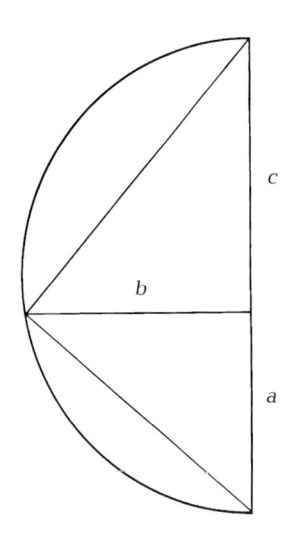

O triângulo retângulo maior é dividido em dois triângulos retângulos similares. Dessa maneira, o lado *a* está para *b* assim como *b* está para *c*, ou $a/b = b/c$.

harmônica descendente. Em música, é a inserção dos meios harmônicos e aritméticos entre os dois extremos em razões duplas – representando a oitava dupla – que nos fornece a progressão conhecida como proporção "musical", isto é, 1, 4/3, 3/2, 2.[17]

A harmonia de razões proporcionais de números inteiros pode ser sentida diretamente por meio da música. A relação da harmonia musical com o número foi reconhecida e demonstrada por Pitágoras, a quem geralmente atribui-se o crédito da descoberta, mas ela é, na verdade, muito mais antiga, uma vez que encontramos proporções musicais representadas na escultura e na arquitetura egípcias. Perto do fim da tradição da matemática sagrada na arquitetura, os projetos de Palladio foram baseados em razões de números que definem as harmonias musicais.

Diz-se que Goethe, diante dos edifícios de Palladio, exclamou "Arquitetura é música congelada!" A maioria de nós já ouviu essa afirmação, mas sempre supomos que ela se referia a um vago efeito estético. Refere-se, no entanto, ao fato de que os mesmos princípios matemáticos são a base das duas artes.

Esses princípios podem ser demonstrados pelo monocórdio. Um *monocórdio* é uma única corda esticada sobre uma placa ou caixa de ressonância. A corda pode ter comprimento fixo ou este pode ser variado. Marcas na placa indicam tamanhos correspondentes a intervalos musicais específicos. Quando a corda é tocada, harmonias agradáveis ao ouvido são obtidas nesses intervalos, que são razões precisas de números inteiros. As razões mais importantes, como já era de se esperar, são as de 1/2, ou a oitava; 2/3, ou a quinta; e 3/4, a quarta. A progressão conhecida como *proporção musical* é portanto determinada empiricamente como 1, 4/3, 3/2, 2. Quase todas as escalas

O termo *harmônico em matemática não se refere ao significado comum da palavra, mas sim ao terceiro dos três tipos possíveis de sistemas proporcionais.*

A GEOMETRIA E
O NÚMERO

[17] *Ibid.*, p. 81.

musicais baseiam-se então em combinações dos números 1, 2, 3 e 4. Arquitetos que se utilizam dessas harmonias não estão traduzindo razões musicais em arquitetura, mas estão fazendo uso de uma harmonia universal evidente nas razões e proporções da música.

O mundo criado exemplifica proporção e harmonia em todos os seus aspectos. Vemos leis matemáticas aplicadas no formato de uma concha, na forma cristalina de um mineral, e mesmo nas proporções do corpo humano. A física moderna demonstra que a própria matéria é composta de padrões geométricos associados à energia luminosa. Expressar as leis de proporção em um edifício, paisagem ou qualquer trabalho criativo é o mesmo que realizar esse trabalho em harmonia com o próprio cosmos.

As formas, razões, raízes e transformações expressando-se em relações numéricas e geométricas foram consideradas pelos antigos filósofos como análogas aos processos essenciais da vida e como uma chave para a construção do cosmos. Pode-se encarar esses sistemas aritméticos ou geométricos no contexto da ciência matemática moderna e ter pouca ou nenhuma percepção mais profunda da natureza da sua significação esotérica. Mas se aceitarmos que essas analogias são "verdadeiras" no sentido de refletirem uma compreensão intuitiva da realidade, que não pode ser traduzida em palavras, temos uma base sobre a qual podemos construir formas arquitetônicas que são atemporais, pois são verdades eternas.

Temos, portanto, em nossas mãos a chave para uma arquitetura livre dos padrões estritos da funcionalidade imposta sobre a criação arquitetônica no século XX e também das excentricidades e modismos dos arquitetos. Se estes se familiarizarem com o material arcano transmitido pelos antigos, e, por meio de estudo e meditação, guiarem sua intuição para perceberem os significados mais profundos dos números e diagramas, os padrões e formas arquetípicos da geometria sagrada passarão a fazer parte de suas obras de maneira natural.

Uma proporção aritmética tal como 3, 5, 7 apresenta uma igualdade de diferença, mas uma desigualdade de razão. Assim 7 − 5 = 5 − 3, mas 7/5 não é igual a 5/3. Em uma progressão geométrica tal como 2, 4, 8 há uma igualdade de razão, mas uma desigualdade de diferença, pois 4/2 = 8/4, mas 4 − 2 não é igual a 8 − 4. A proporção "harmônica" é mais complexa. Na progressão 6, 8, 12, por exemplo, a diferença entre os dois primeiros termos, 2, está para o primeiro termo 6 assim como a diferença entre os dois últimos termos, 4, está para o último termo 12. A equivalência é 1/3 = 1/3. Dados dois termos quaisquer com um termo médio entre eles, esses termos médios, para cada tipo de progressão, podem ser encontrados das seguintes maneiras:

Aritmética: $b = (a + c)/2$

Geométrica: $b^2 = ac$

Harmônica: $b = 2ac/(a + c)$

A Igreja Il Redentore em Veneza, Itália, projetada por Andrea Palladio, é uma sinfonia em pedra. Demonstra as belas harmonias das proporções musicais.

Encontrei essa pirita de ferro em forma de octaedro (lado superior esquerdo da fotografia acima) na mina de French Creek na Pensilvânia quando eu tinha 16 anos. A ocorrência de formas geométricas tão perfeitas no reino mineral ainda é, para mim, algo que me deixa maravilhado.

Exemplos arquitetônicos

Quando tomei as medidas da Igreja Batista mostrada acima (retratada anteriormente na p. 125), descobri que as principais dimensões eram muito próximas daquelas de uma série proporcional que teria sido resultado da aplicação da raiz quadrada de dois à largura interior do edifício. (A importância dessa razão é discutida na p. 222.) Mesmo que não corresponda exatamente a essa razão, está próxima demais dela para que se possa considerar isso uma coincidência, e dentro dos limites de precisão esperados caso o arquiteto anônimo tivesse montado a estrutura usando arcos de linhas.

Igreja Batista, Cambridge, Maryland. Nesta vista de frente, as belas proporções da elevação são evidentes.

A largura de 25 pés era a dimensão-chave, e seria determinada pelo tamanho estimado da congregação e pela distância que pudesse ser facilmente atravessada por caibros de madeira simples. A partir da linha de base de 25 pés, o construtor desconhecido deve ter montado sobre o chão nivelado o que chamo de quadrado primário. Um arco foi traçado a partir da diagonal do quadrado para definir o comprimento do interior do edifício (matematicamente $\sqrt{2}$ x 25), e a sacada para os escravos localizava-se na beira do quadrado primário, mostrado na figura na parte superior da página seguinte.

A geometria da $\sqrt{2}$ foi então usada nas projeções verticais internas e no volume do edifício. A altura da parede a partir do piso até a beira da cobertura foi feita com metade da largura do edifício, e a declividade de um para um – ou 45° – da cobertura a partir do topo da parede até o ápice da cobertura acima dos tirantes horizontais definia outro quadrado com os lados iguais a $\frac{1}{2}\sqrt{2}$.

235

PLANTA: A medida da largura do cômodo é de aproximadamente 25 pés, representada aqui como 1.

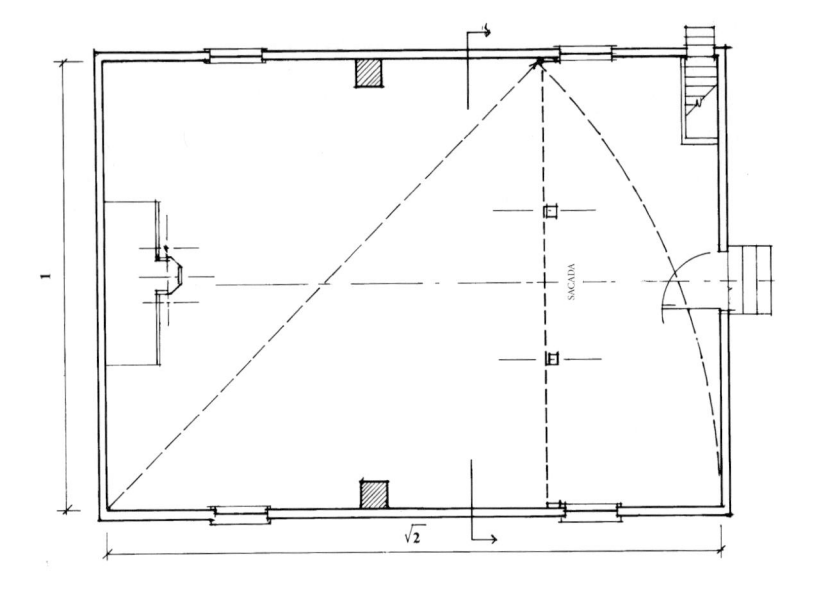

As fachadas da frente e do fundo, são tão belas e facilmente entendidas quanto à seção, pois repetem as mesmas séries proporcionais. As dimensões medidas estão dentro de uma margem de erro de uma ou duas polegadas para as dimensões obtidas pela multiplicação de 25 pés pelos números proporcionais mostrados.

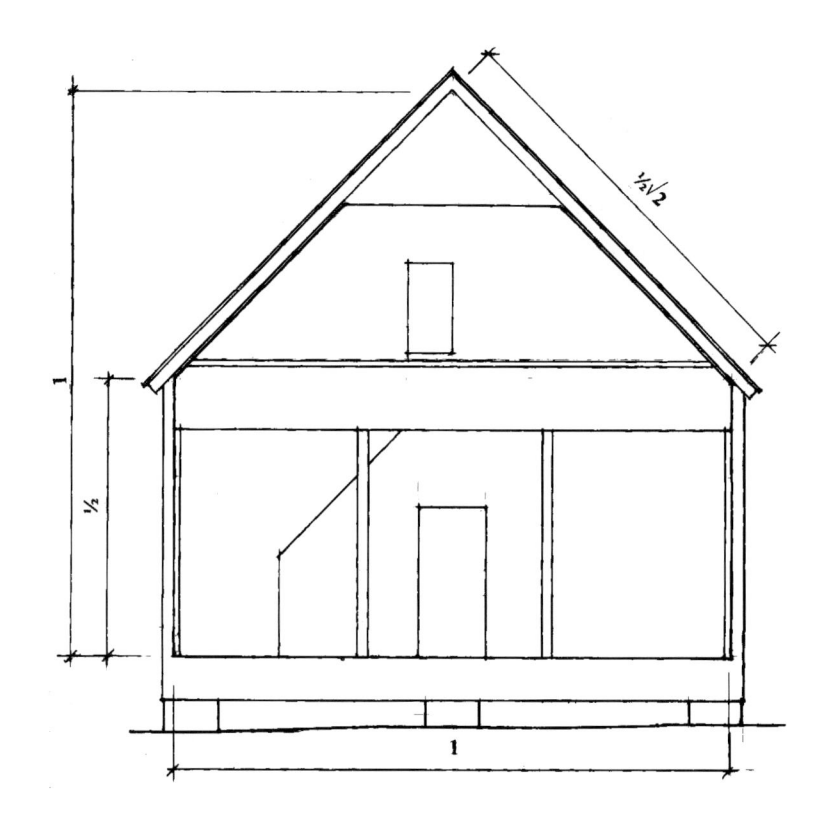

A GEOMETRIA E
O NÚMERO

A série de dimensões é a seguinte:

a = altura da parede   ½
b = cobertura da parede até o ápice   ½√2
c = largura e altura da sala   1
d = comprimento da sala   √2

Não apenas a/b é igual a c/d, uma proporção de quatro termos, mas também $a/b = b/c = c/d$, que é uma progressão geométrica de três termos, e a série está relacionada com a oscilação da raiz quadrada de dois entre diagonal e lado de quadrados sucessivos!

Mas como foi que o construtor anônimo resolveu o problema da importante elevação sul, que fica de frente para a estrada?

Primeiro, observei que as duas janelas de 6' x 3' são quadrados duplos, superpostos, molduras 3' x 3' quadradas e essas, mais as portinholas de 1 ½' x 3', também definem um quadrado. É ainda mais notável o fato de que, quando quadrados são desenhados na elevação, como mostrado da página seguinte na ilustração, suas diagonais cruzam os centros das molduras superiores! E quando a diagonal esquerda é prolongada, ela está centralizada na chaminé quando esta emerge acima da cobertura! O princípio do quadrado organizou a elevação.

Mas, e quanto à proporção total da fachada desse edifício? Na elevação sul, na página seguinte, construí um retângulo áureo, sendo que seu lado direito coincide quase perfeitamente com o lado do quadrado restante. A razão entre a altura e o comprimento é portanto 1:1+Φ, e pelas características notavelmente proporcionais de Φ, 1+Φ é igual a Φ^2. A proporção total da fachada pode, portanto, ser expressa simplesmente por 1:Φ^2!

Agora entendo por que, em um relance, achei que o edifício era belo! Mas será que o construtor desconhecido usou esses princípios geométricos, ou poderia ter escolhido intuitivamente proporções que estariam em harmonia

O interior da Igreja Batista em Cambridge, Maryland.

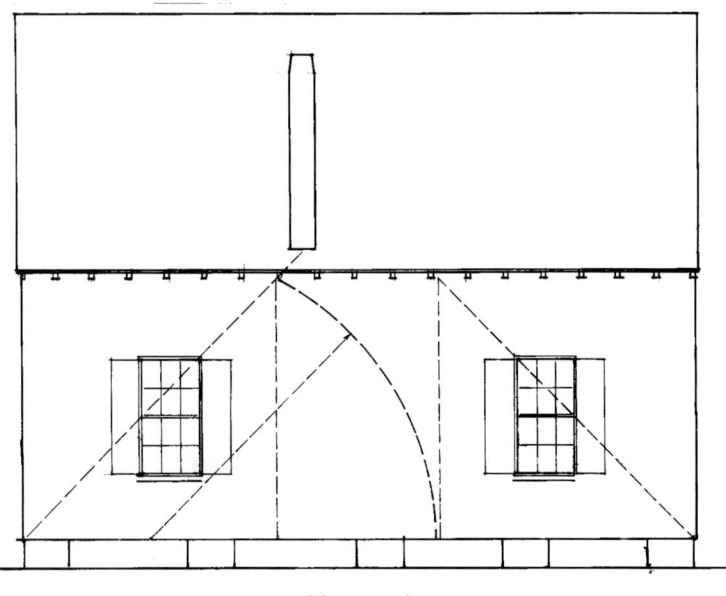

Elevação sul.

sem conhecer a razão disso? Nunca teremos certeza, mas a correspondência repetida entre as dimensões do edifício e os princípios geométricos torna mais provável que ele entendesse conscientemente a construção, e talvez até mesmo as implicações filosóficas, das formas que escolheu.

No final do século XIX e começo do XX, arquitetos treinados na tradição das Belas Artes continuaram a produzir projetos nos quais as proporções relacionavam-se com números e geometria. A casa mostrada na página seguinte foi construída em 1904, não muito tempo antes do início da revolução arquitetônica moderna. Apesar de que, naquele tempo, nem a geometria sagrada nem a teoria das proporções musicais eram ensinadas nas escolas, eu encontrava harmonia e beleza nos espaços das principais salas do térreo. Um conjunto de plantas que "reconstruíam" as originais felizmente foi desenhado mais tarde, e as dimensões foram derivadas delas.

A entrada é um quadrado perfeito, 14′ 6″ x 14′ 6″. Uma vez que a altura da cobertura em todas as salas é de

11' 1", a razão entre altura e largura é quase exatamente 4:3, isto é, a da quarta musical.

As dimensões da sala de visitas são 9' 2" x 13' 2". A altura de 11' 1" da cobertura é, mais uma vez, quase exatamente a média aritmética (11' 2"), e a série 9' 2", 11' 1", 13' 2" é, portanto, quase exatamente uma proporção aritmética perfeita, e uma das três séries proporcionais recomendadas por Palladio para as dimensões de compartimentos!

A largura média da sala de estar é de 14' 4" e o comprimento é de 28' 6". A razão é portanto quase exatamente a do quadrado duplo ou, musicalmente, da oitava. Além disso, quando comparamos essa largura média com a altura de 11' 1" da cobertura, novamente constatamos que a razão, dentro de uma margem de erro de duas polegadas, é a quarta musical!

Casa no estilo Beaux Arts construída em 1904 em Roland Park, um projeto desenvolvido por Olmsted no que era então o subúrbio de Baltimore.

A planta do piso da casa de 1904. O desenho foi feito a partir de um conjunto de plantas que redesenhavam as originais e verificado em campo.

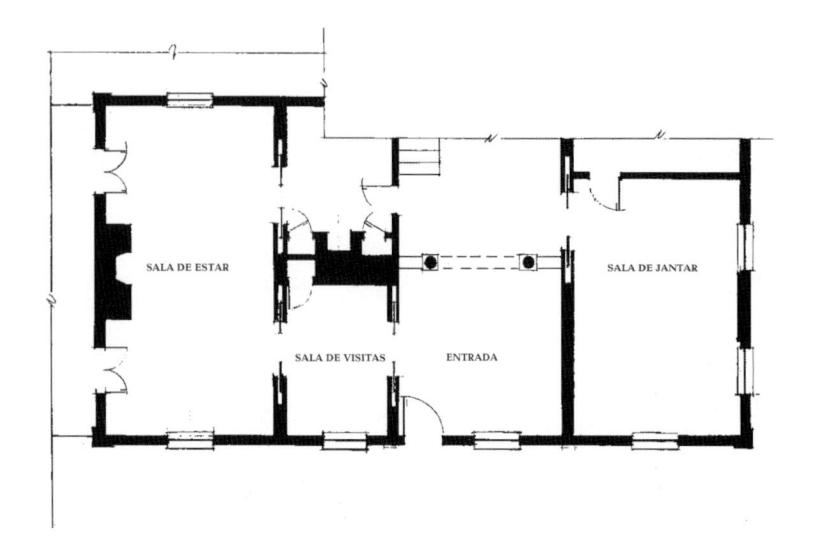

A sala de jantar de 14′ 8″ x 22′ 0″ era ainda mais interessante. Não somente a razão entre o comprimento de 22′ 0″ e a altura de 11′ 1″ é quase exatamente 1:2, ou a oitava, como também a razão entre a largura e a altura, 14′ 8″ / 11′ 1″, é quase exatamente a da quarta musical, e a série das três principais dimensões – 11′ 1″, 14′ 8″, 22′ 0″ – é, com uma margem de erro de menos de uma polegada, uma progressão harmônica perfeita, o terceiro tipo de série proporcional recomendada por Palladio!

Além do mais, se examinarmos o tamanho relativo das salas em função da área, constatamos que formam aproximadamente uma proporção aritmética. As áreas são, em pés quadrados, 121 na sala de visitas, 210 na entrada, 319 na sala de jantar, e 416 na sala de estar, sendo que uma série aritmética exata seria 116,5, 216,5, 316,5, 416,5.

Será que o arquiteto desconhecido usou de fato o conhecimento dos sistemas de proporções matemáticas e musicais no projeto arquitetônico? A convergência de números e teoria não é exata, mas muito próxima. No entanto, é possível que o arquiteto tenha trabalhado a partir de um senso intuitivo de proporção, desenvolvido e refinado pelo estudo intensivo de edifícios projetados por arquitetos anteriores, que *realmente* conheciam e usaram os princípios matemáticos. Diferentemente dos arquitetos de hoje, os arquitetos ecléticos dos séculos XIX e XX estavam familiarizados com um grande número de famosos edifícios do passado que sobreviveram. Mesmo sem entender os princípios envolvidos, eles deviam conhecer as razões e proporções usadas pelos seus predecessores como formas visualmente evidentes que eles então expressavam em suas próprias obras.

Projetei a sala de loja maçônica mostrada na página seguinte no ano 2000, consciente dos princípios esotéricos da geometria sagrada e na esperança de que os maçons adotariam as plantas como guia para a construção de suas próprias lojas, intensificando assim a significação de seus rituais. Embora apenas as proporções e formas globais dessa loja hipotética tenham sido completadas, em um edifício real a fenestragem, os ornamentos e os detalhes seguiriam de fato os mesmos princípios matemáticos e esotéricos.

O quadrado duplo, com sua razão de 2:1 da oitava musical, foi escolhido como a forma da "área de trabalho", a área dentro da qual os rituais maçônicos são executados. Uma vez que todas as salas das lojas são orientadas segundo as quatro direções cardeais, o quadrado duplo, se for centralizado no altar, pode representar os dois hemisférios da terra, separados pelo meridiano sobre o qual está o altar. O equador, os trópicos de Câncer e Capricórnio e o zodíaco podem ser visualizados como se estivessem espalhados sobre o piso.

A largura da borda tradicional ao redor da área de trabalho foi determinada pela construção de um círculo com um perímetro igual ao de um dos quadrados. Obter uma equivalência entre o yin e yang dos domínios material e espiritual era uma das principais questões da geometria sagrada. Como veremos, esse círculo será expressado como o círculo dos céus acima do quadrado da Terra. O método escolhido baseava-se no triângulo 3–4–5 de Pitágoras. Se admitirmos o valor de pi igual a 22/7, a equivalência é exata.

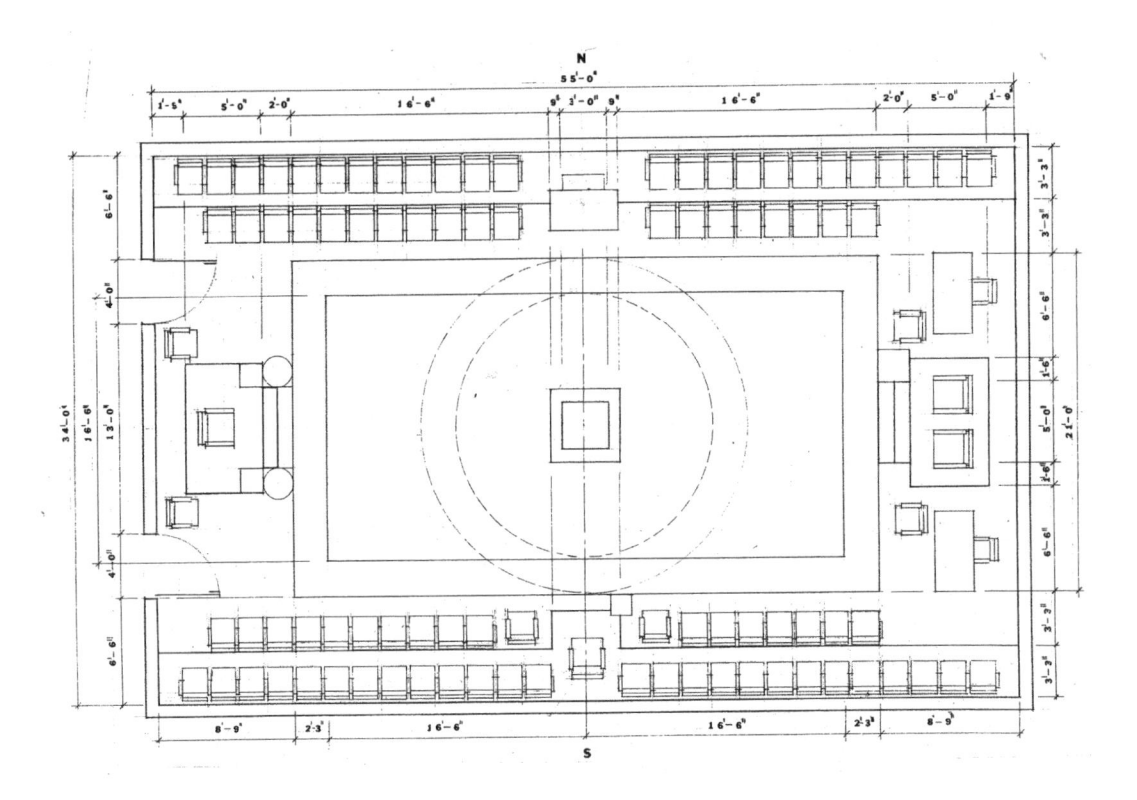

A planta do piso da loja maçônica. O altar está sempre localizado no centro. As plantas e projeções verticais estão disponíveis sem qualquer cobrança dos maçons pela Masonic Service Organization, em Washington, D.C.

À direita, o meridiano do altar divide a área de trabalho para que represente os dois hemisférios do mundo inscritos em um quadrado duplo. As proporções da sala se desdobram a partir dessa figura. Observe o caminho da eclíptica e os signos do zodíaco que podem ser vistos sobre o piso.

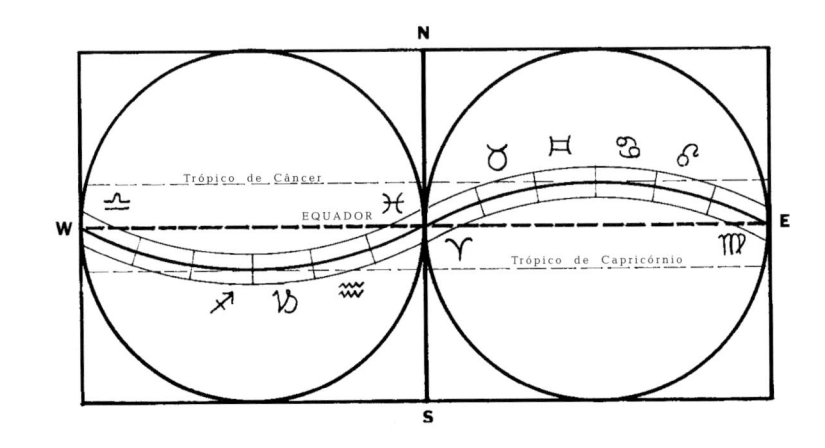

A GEOMETRIA E
O NÚMERO

Por razões funcionais, a largura da área de trabalho e, portanto, o lado do quadrado original deve medir entre 15 e 20 pés, e se estabelecido com 16' 6", o diâmetro do círculo passa a medir 21 pés. Esse é um número na série de Fibonacci, e se permitirmos 6' 6" de cada lado da sala para assentos, a largura total da sala passa a medir 34 pés, outro número de Fibonacci. Se dermos o valor de "um" para a largura de 21' do piso e da borda, a razão pode ser expressada por 1:Φ. Além disso, se então multiplicarmos a largura de 34' da sala por Φ, a razão entre a largura da área de trabalho e o comprimento da sala é igual a 55', ou, em relação à área de trabalho de 21', 1:Φ^2! Todas essas dimensões podem ser construídas geometricamente, e a construção geométrica é na verdade mais significativa uma vez que podemos ver a beleza das figuras matemáticas se desdobrando.

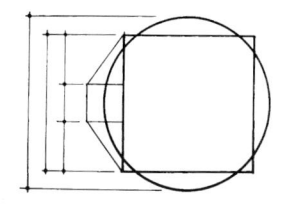

A construção do círculo sobre o quadrado.

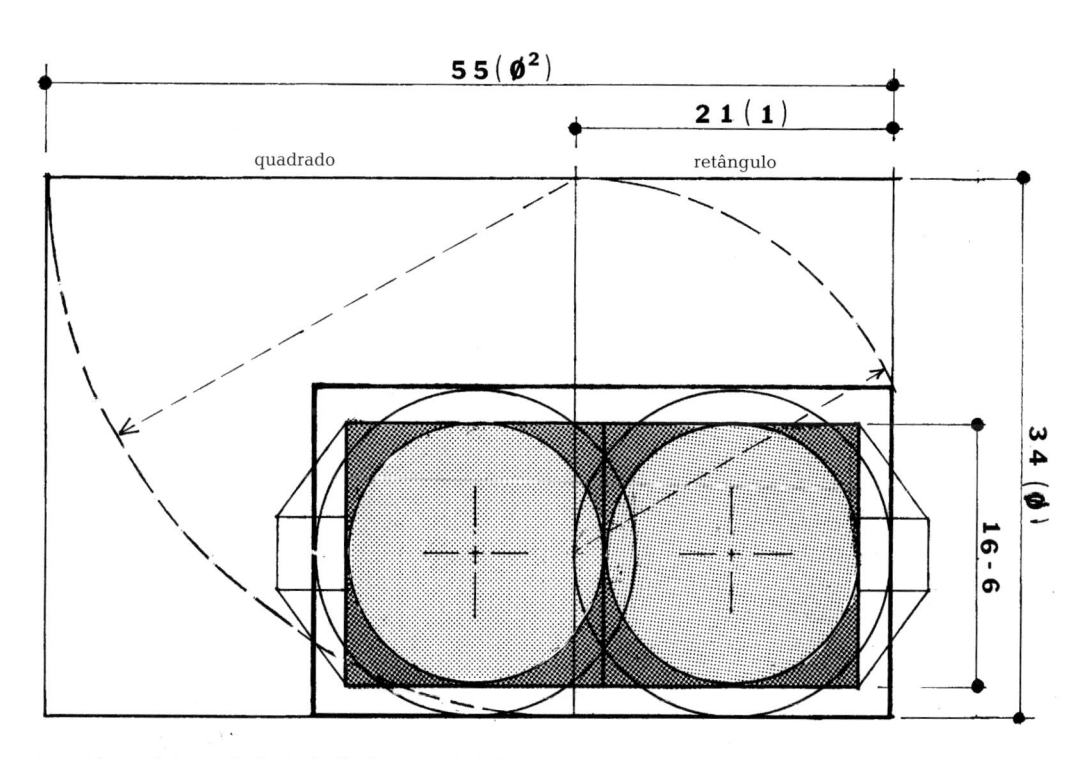

A semidiagonal do quadrado duplo (linha *x* acima) define um retângulo áureo. Um quadrado (à esquerda) adicionado ao retângulo (à direita) produz outro retângulo áureo, no qual o lado menor do segundo é igual ao lado maior do primeiro.

243

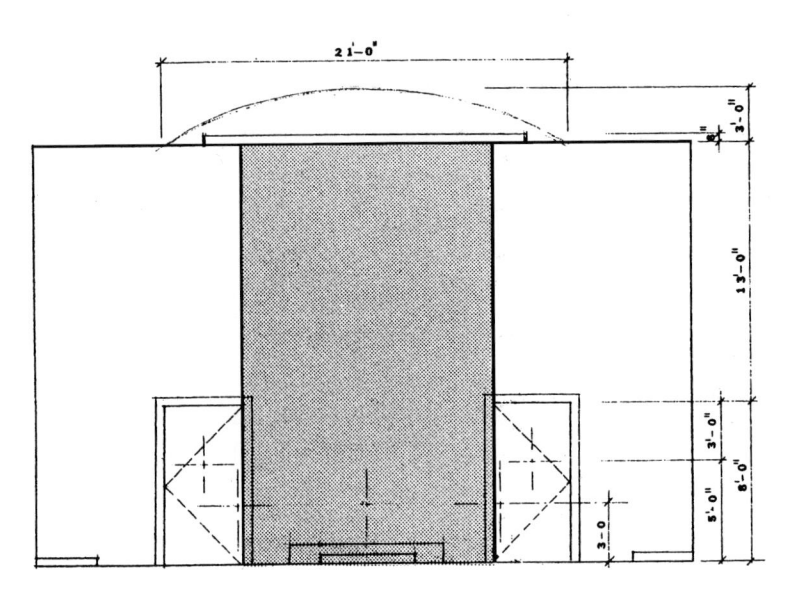

Elevação oeste. A área total das portas é uma boa aproximação da divisão de um pela quarta potência de Phi!

Ao usar números de Fibonacci em vez daqueles derivados diretamente de Phi, as dimensões da sala são expressas como números inteiros muito próximos de Phi. Por exemplo, se multiplicássemos a largura de 21' da sala por Phi, o comprimento teria sido de 33,999' em vez de 34 pés. A diferença é imperceptível aos olhos. Ver p. 224 para uma discussão sobre a série de Fibonacci.

Se fizermos a altura da sala igual à largura da área de trabalho, as paredes leste e oeste tornam-se retângulos áureos. As proporções de Phi são então aplicadas nas dimensões menores das projeções verticais. Na parede oeste, por exemplo, a dimensão de 13', ou $1/\Phi$, na planta torna-se a distância entre os vãos das portas. A altura de oito pés das portas também é um número de Fibonacci e uma aproximação de $1:1/\Phi^2$. Isso resulta em ainda mais relações com Phi: o painel central é um retângulo áureo, as formas dos lados internos das portas em relação às paredes tornam-se quadrados duplos de 1:2, e as portas de 4' x 8' também são quadrados duplos. Essas relações não foram previstas, e é impressionante ver como o uso da proporção áurea nas dimensões maiores resultou na extensão da série proporcional para as menores.

A última série é simétrica em relação ao número 1, que representa a largura combinada da área de trabalho e da borda. Pode ser escrita como $1/\Phi^2:1/\Phi::1/\Phi:1::1/\Phi::\Phi/\Phi^2$, ou alternativamente

$$\frac{\dfrac{1}{\Phi^2}}{\dfrac{1}{\Phi}} = \frac{\dfrac{1}{\Phi}}{1} = \frac{1}{\Phi} = \frac{\Phi}{\Phi^2}$$

1 é o número tradicional da divindade.

A cobertura representa a cúpula dos céus – uma cúpula de fato ou uma a ser construída dentro do espaço permitido por uma cobertura em declive – e deveria ser adornado pelas estrelas do zodíaco. Seu diâmetro é de 21 pés, ou 1, como determinado acima, e seu perímetro é igual ao de um dos dois quadrados originais. Se nos localizarmos acima de tal "quadrado da Terra" – definido no piso e centralizado no altar – vemos um símbolo da perfeita equivalência entre Céu e Terra, como é expressa no antigo aforismo hermético "O que está acima é como o que está embaixo".

A sala foi ligada ao cosmos pela orientação, pelo quadrado duplo centralizado no altar e pelo círculo dos céus, comensurável com o quadrado da Terra. E, movendo-se entre esses conceitos e ligando-os em um todo unificado, está a série proporcional baseada em Phi, a seção áurea.

Os últimos três exemplos mostram uma progressão histórica na definição da forma arquitetônica. No primeiro exemplo, o carpinteiro ou construtor desconhecido projetou sua pequena igreja do século XVIII confiando plenamente no sistema proporcional que fora transmitido a ele por meio da tradição oral ou de manuais de construção que incluíam uma seção sobre geometria.

No segundo exemplo, vemos a preservação da proporção numérica por meio do sistema de instrução arquitetônico da escola das Belas Artes e o ecletismo da prática do século XIX e início do XX. Porém, mesmo naquele período o sistema estava em declínio e não era amplamente compreendido. Sua utilização por um arquiteto do começo do século XX era portanto excepcional, e pouco tempo depois de o edifício ser finalizado, os vestígios do antigo

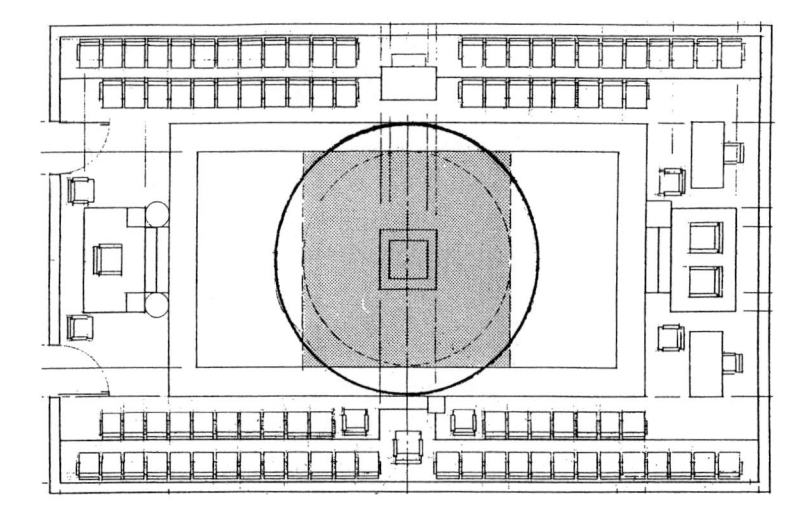

cânone de proporção foram abolidos pela força destrutiva do projeto "científico".

O último exemplo representa o início de uma nova arquitetura na qual a informação esotérica se expressará no espaço e na forma. Nessa arquitetura, o homem estará ligado ao cosmos por meio da geometria sagrada e do cânone da proporção. A arquitetura se tornará novamente uma interação mágica entre o símbolo matemático e a realidade de nossa existência física.

11
O ARQUITETO E O COSMOS

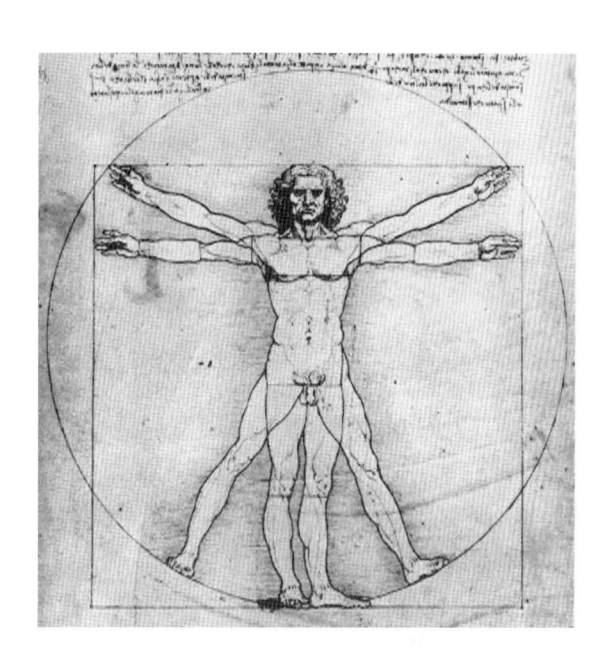

Antropocosmos

O Evangelho de São João, o mais gnóstico dos quatro Evangelhos que compõem o cânone oficial, inicia-se com a seguinte frase dramática: "No princípio era o Verbo, e o Verbo estava com Deus, e o Verbo era Deus."

Essa é a mais profunda afirmação da Bíblia a respeito da criação do Cosmos. A compreensão do texto pode nos escapar, mas estamos intuitivamente conscientes de que algo de enorme importância foi expresso. O tradutor, trabalhando nos tempos do rei Tiago, optou por usar *palavra* para traduzir o grego *"logos"*. *Logos* implica um princípio ativo e seria traduzido de maneira mais precisa por "verbo". O que, então, é a palavra, ou verbo, à qual São João se refere? De acordo com a compreensão antropocósmica, ela só pode ser o maravilhoso poder transformador de Phi, a razão áurea.

Schwaller de Lubicz, em seus estudos dos textos hieroglíficos e da arquitetura do antigo Egito identificou um princípio teológico por ele denominado cisão primordial: a divisão original da unidade suprema de Deus, o ato de

O homem como medida de todas as coisas. Nesse famoso desenho, Leonardo da Vinci sintetiza a compreensão antropocósmica.

247

Ação: a consequência observável da cisão primordial mística, não observável. Ação é a "causa" do universo. A ação primordial é simultaneamente "reação". Esotericamente, a ação é a revolta do espírito contra seu aprisionamento na matéria.

Função: a especificidade da ação; seu papel.

Processo: uma sequência de ação caracterizada por funções organizadas.

Padrão: o esquema do processo; o modo como ele se manifesta.[2]

— John Anthony West

De acordo com West, o processo se manifesta no padrão e na forma.

criação que deu origem ao mundo.[1] Na analogia matemática, o número um, dividido proporcionalmente, se torna o dois e o três, abarcando a dualidade das duas partes e a função transformadora que inicia a divisão. Essa Trindade foi entendida pelos gnósticos egípcios como uma representação de Deus o Pai, ou Um; do Espírito Santo Feminino, ou Dois; e do Filho, o Princípio Transformador, ou Três. A cisão não pode ser igual e estática da maneira pela qual concebemos a divisão de uma célula em duas partes iguais. Ela precisa ser assimétrica, dinâmica: ela só pode ser Phi, girando na forma de uma espiral a partir do infinitamente pequeno para o infinitamente grande.

Assim, vemos Phi – um fato matemático compreensível e visível nas ruínas dos antigos templos egípcios – em sua significação mais profunda como uma representação simbólica da origem do cosmos. Esse é um exemplo característico do modo de pensar subjacente à compreensão antropocósmica do mundo.

No pensamento antropocósmico, o mito e a metáfora arquetípicos, especialmente a metáfora matemática, são os meios pelos quais explicamos o significado da existência. Ele considera nossa consciência individual aparentada à consciência divina. Assim, é possível por meio dos arquétipos do símbolo e do mito direcionar nossa intuição para a percepção da unidade divina.

Não pretendo apreender a essência da compreensão antropocósmica e posso apenas apresentar algumas características óbvias que estão disponíveis ao intelecto consciente. Dessas, a mais significativa é a ideia de que o universo é, em última análise, o puro fluxo de uma consciência divina que não tem começo nem fim. É uma expansão incessante de um espírito sem forma que se manifesta por meio da realidade material. Toda a existência

---

[1] R. A Schwaller de Lubicz, *The Temple of Man*, vol. 1, pp. 88-102

[2] John Anthony West, *Serpent in the Sky*, p. 30. [*A Serpente Cósmica*, publicado pela Editora Pensamento, São Paulo, 2009, p. 61.]

O ARQUITETO E
O COSMOS

está assim intimamente conectada. Há uma progressão evolutiva do simples para o complexo. O homem, como a forma de vida mais complexa e elevada que conhecemos, é a culminação do propósito inerente desde o início de todas as coisas na concepção do cosmos. O propósito de nossas vidas, ao longo dos ciclos de reencarnação e karma, é nos tornarmos conscientes da nossa identidade divina, renascermos como um corpo de luz e nos unirmos de novo à suprema unidade que chamamos de Deus.

A ideia de *anthropos,* ou homem divino, foi formulada de diferentes maneiras por muitas culturas, mas permanece como a base de todas as grandes religiões. Mesmo quando suprimida e indisponível à mente consciente, como o foi sob a hegemonia da Igreja Romana, ela persistiu como percepção intuitiva e continuou a inspirar os místicos cristãos. Ela é a expressão filosófica, a base teórica, da realização da unidade divina que vem sendo procurada – e encontrada – por místicos de todas as crenças religiosas.

Mesmo nós que possuímos um conhecimento limitado podemos contar com a possibilidade de seguir aqueles que atingiram a percepção mística reveladora, e compreendemos intuitivamente uma parte do propósito e do significado da existência. Podemos então exprimir conscientemente algo dessa compreensão na arte e na arquitetura por meio dos símbolos.

Nos templos, igrejas e lares pré-modernos encontramos símbolos derivados dos fenômenos naturais, como as folhas de acanto dos capitéis gregos, os capitéis de lótus da arte egípcia, e as trepadeiras que se entrelaçam nos ornamentos do arquiteto norte-americano Louis Sullivan. Animais, reais ou imaginários, são representados, e os seres humanos são retratados como belos ou grotescos. Há fenômenos astronômicos, como o zodíaco, o sol, a lua e os planetas. Mas, predominante entre as possibilidades simbólicas estão os misteriosos sistemas de números, geometrias e pensamento matemático, que foram outrora incorporados não apenas aos sistemas de ornamentação,

Um furacão se aproxima da costa leste da América do Norte, um vórtice espiralado na atmosfera da Terra. (Fotografia reproduzida por cortesia da NASA.)

Ornamento da loja de departamentos Carson, Pirie and Scott, em Chicago, criado por Louis Sullivan. Eu vejo uma face abstrata e geométrica, entrelaçada em formas de plantas e trepadeiras – o "homem verde" da arte celta medieval.

mas também na própria estrutura de um edifício. Esses sistemas são misteriosos porque a relação entre a matemática e a realidade não é compreendida, embora, de um modo ou de outro, supomos a existência dessa relação. Os cientistas de hoje só reconhecem essa relação crítica de maneira puramente quantitativa. Os cientistas da antiguidade, de acordo com Schwaller, reconheciam nos números e diagramas metáforas do cosmos, tanto do microcosmo da consciência individual como do macrocosmo da totalidade espiritual e material.

A brilhante reconstrução do Templo de Luxor como o "Templo do Homem" por Schwaller de Lubicz é mostrada na figura da p. 203. A correspondência entre as principais divisões do corpo humano e a as principais divisões do grande templo é exata e inegável.[3]

O grande drama da existência, de acordo com a visão antropocósmica, é a transformação do homem em homem cósmico: o renascimento do espírito individual na consciência total de Deus. Eram funções dos antigos templos e das catedrais góticas conduzir o devoto à percepção da sua própria identidade divina, tornar explícita na forma e na ornamentação arquitetônicas o discernimento revelador obtido por meio do estudo da geometria sagrada. Por exemplo, a planta das grandes catedrais góticas representava uma cruz, a cruz da materialidade sobre a qual o homem-deus divino sofre.

No Egito, há um grande templo projetado para representar o corpo humano. É o Templo de Luxor, o edifício estudado de modo tão cuidadoso por Schwaller de Lubicz. O homem cósmico, tanto na arquitetura como nos projetos dos baixos-relevos ritualísticos, está no processo de nascimento.

Na Índia, a tradição de projetos de templos baseados na imagem do homem cósmico ainda está viva, não apenas na construção efetiva, mas também sob a forma da mandala, a pintura sagrada que reproduz a planta do templo. O sutra arquitetônico hinduísta afirma que o universo está presente no templo por meio da proporção.[4]

---

[3] R. A. Schwaller de Lubicz, *The Temple of Man*, p. 335.

[4] Robert Lawlor, *Sacred Geometry*, p. 92.

A imagem da mandala tibetana e budista Mahakala Yantra é a um só tempo uma planta do Templo, uma planta da Terra e uma planta do universo. Reproduzida aqui em preto e branco por cortesia do astrólogo e arquiteto A. T. Mann.

Nossa ciência demonstrou uma singular incapacidade para fornecer qualquer explicação satisfatória para a existência ou para o fenômeno da mente. A ciência e matemática antigas deram de fato uma explicação, e os resultados espirituais da aplicação da antiga ciência à arte e à arquitetura são indubitáveis. Mesmo agora as obras arquitetônicas construídas à luz do conhecimento antigo nos afetam emocionalmente, podem mudar nossa vida e podem continuar a influenciar o desenvolvimento espiritual daqueles que estão dispostos a se aproximar dos remanescentes dessa arte e dessa arquitetura e buscar o seu significado. Por isso, quando introduzimos o simbolismo do número e da geometria sagrada no projeto de um edifício, estamos trilhando um caminho muito antigo. Estamos expressando sob a forma arquitetônica algo da natureza do cosmos e do propósito da existência. Para fazê-lo de modo consciente e deliberado, é essencial um ato religioso capaz de transformar a percepção tanto do arquiteto como de todos aqueles que vivenciarão os resultados dessa obra.

Ainda assim, a introdução do simbolismo, particularmente do simbolismo da geometria sagrada e do número, não pode ser realizada simplesmente por meio do cálculo racional. O arquiteto precisa estar familiarizado pelo menos com algumas das propriedades esotéricas dos sistemas matemáticos e geométricos sobre os quais ele deve se apoiar, mas a visão ou a percepção aguçada e profunda que abarca a totalidade deve aguardar a inspiração. O arquiteto então se torna um xamã ou um sacerdote: sua obra possui o poder mágico de alterar os estados de consciência daqueles que vivem, trabalham e cultuam nos espaços concebidos pela sua arte.

Magia e símbolo

A interconexão de todas as coisas em um fluxo contínuo de consciência divina é inerente à ideia do *anthropos*. Consequentemente, um símbolo, um rito, uma frase musical ou uma forma arquitetônica que sintetiza um pensamento complexo se torna um agente de transformação que pode produzir uma mudança nos domínios espiritual

e material. Essa é a essência da magia e, percebida à luz do conhecimento antropocósmico, a magia é real.

Hoje em dia, definimos a magia como "a pretensa arte de produzir efeitos ou controlar acontecimentos por meio de feitiços, encantamentos ou rituais que supostamente governam certas forças naturais ou sobrenaturais".[5] As palavras-chave nessa definição são *pretensa* e *supostamente*, pois elas indicam o ceticismo e a descrença com os quais a eficácia da magia é encarada na era do paradigma materialista. A magia, para nós, significa os efeitos alcançados por um mágico prestidigitador no palco, por meio da qual as leis da causalidade material parecem estar suspensas, ou se refere a uma crença do passado na magia

Pintura pré-histórica de uma caverna em Lascaux. O uso da magia e do símbolo é evidente nessas grandes obras de arte do Neolítico. (Fotografia reproduzida por cortesia da Wikimedia Commons.)

---

[5] *Webster's New World Dictionary of American Language* (G. & C. Merriam Co., 1971), p. 508.

evocada para descrever um certo tipo de "prazer estético". Jonathan Hale escreveu em seu excelente livro *The Old Way of Seeing* sobre a magia das antigas construções. O subtítulo é *How Architecture Lost Its Magic (And How to Get It Back)* [Como a arquitetura perdeu sua magia (e como recuperá-la)].[6] Mas a magia, para Hale, é o deleite visual proporcionado pelos padrões, pela inter-relação das formas, na vivacidade de uma paisagem urbana ou de uma fachada. Ele está ciente da base matemática das formas que para ele são tão atraentes; ele aprecia o poder de um símbolo como a *vesica pisces* que ele vê gravada no pneu de um caminhão que passa; ele entende que a magia da qual ele fala surge por meio da intuição que vem das profundezas da mente inconsciente. Mas, até mesmo ele, em nossa realidade mundana, reluta em fazer a conexão final e admitir que a magia é verdadeiramente mágica: que as formas e símbolos têm o poder de alterar a personalidade e de afetar até mesmo o mundo real da materialidade.

No entanto, a crença na magia como um modo de produzir uma mudança efetiva na totalidade da realidade espiritual e física foi, até alguns séculos atrás, uma característica consistente da sociedade humana. Até mesmo a Igreja, que não admitiria nenhuma rival à magia institucionalizada de seus próprios rituais e excomungaria todas as outras magias mágicas como "feitiçaria", atestou a sinceridade da crença que se tinha nela pelos horríveis castigos impostos a qualquer suspeito desse crime detestável. As provas da prática da magia e mesmo da feitiçaria, a qual passou a significar magia a serviço do mal, são encontradas entre os mais antigos registros arqueológicos humanos.

Em 1879, uma criança que explorava uma parte baixa e relativamente inacessível de uma caverna em busca de artefatos pré-históricos, na propriedade de seu pai na Espanha, deu um grito de assombro ao avistar magníficas pinturas de animais que adornavam as paredes de cal-

---

[6]   Jonathan Hale, *The Old Way of Seeing*.

cário. Essa foi a primeira descoberta da arte mágica das cavernas do homem de Cro-Magnon.[7] Desacreditada a princípio, a essa descoberta se seguiram outras em Lascaux e em outras partes do sul da França e do norte da Espanha. Como é típico, os "especialistas" repudiaram as pinturas e esculturas como parte de algum rito religioso obscuro ligado à "superstição primitiva". Apenas quando os paralelos óbvios foram traçados entre essa arte e a arte das sociedades primitivas criadas hoje em dia é que eles se deram conta, e muitos deles aceitaram, que as pinturas haviam sido executadas provavelmente como uma tentativa de garantir sucesso na caça por meio da aplicação sistemática da magia.[8]

Hoje, contando com a segurança do nosso materialismo racional, ironizamos nossos ancestrais pela sua tolice. Mas durante os séculos XIX e XX, vários exploradores e antropólogos conviveram intimamente com tribos primitivas, e até mesmo tomaram parte em suas cerimônias e caçadas. Eles atestaram que, por alguma razão que lhes era desconhecida, os rituais mágicos, de fato, garantiam o sucesso da caça, ou em quaisquer outros propósitos nos quais fossem empregados. Nossa sociedade racionalista, muito distante da suposta ingenuidade de nossos ancestrais primitivos, considera tais informações com hostilidade e as reconhece como uma ameaça ao paradigma dominante.

A magia, no entanto, ainda persiste, e é reconhecida por aqueles que estão dispostos a considerar sem preconceito essas evidências como um corpo de fenômenos inexplicáveis, mas reais, capazes de produzir mudanças não apenas na personalidade, nas emoções e na alma, mas também no mundo da materialidade. Apesar da contínua negação daqueles ligados ao paradigma materialista, há

---

[7] Andrew J. Lawson, *Cave Art* (Princes Risborough, R.U.: Shire publications, 1991), pp. 23-5.

[8] *Ibid.*, p. 58. Ver também C. G. Jung, org., *Man and His Symbols* (Londres: Aldus Books, 1964), p. 235.

De acordo com Robert Lawlor, em seu livro *Voices of the First Day*, Joseph Campbell relacionou esse ritual de dança aborígene australiano a imagens semelhantes encontradas em pinturas de caverna da Idade da Pedra em Lascaux.[9] (Fotografia reproduzida por cortesia de Robert Lawlor.)

provas convincentes de que alguns indivíduos que têm esses dons especiais podem dobrar colheres, curar doenças, prever o futuro, encontrar água por meio de rabdomancia e produzir as coincidências incompreensíveis que Jung denominava "sincronicidade". Pode ser até mesmo que esses talentos estejam latentes em cada um de nós, e se aceitarmos a premissa antropocósmica de que o universo é essencialmente um fluxo do pensamento puro, torna-se perfeitamente compreensível, e até mesmo necessário, que a mente do indivíduo ou do grupo possa produzir mudanças tanto nos aspectos do universo espiritual como no universo material.

Se a mágica é de fato real, ela se aplica tanto às formas de nossas habitações como ao nosso sucesso na caça. Portanto, quando falamos da "magia" da arquitetura, estamos usando um termo que tem uma significação muito maior do que aquela que descreve uma sensação estética agradável. A forma mágica de uma construção, uma paisagem ou um jardim age de maneira sutil para mudar o mundo.

A prática da magia está intimamente relacionada com a seleção de símbolos, e os símbolos que ligam o homem ao cosmos estão entre aqueles que são manipulados para produzir a magia da arquitetura. Um símbolo é uma síntese, uma representação de algum aspecto do pensamento ou da vida que incorpora um complexo de associações de modo tal que a consciência se concentra sobre uma força ou função particular representada por ela. O símbolo serve para concentrar a mente: por exemplo, nos casos da arte pré-histórica das cavernas ou da dança do búfalo, ele serve para estabelecer uma identidade entre o caçador e a sua presa. De modo semelhante, um arquiteto pode usar a razão Phi ou as proporções musicais recomendadas por

---

[9] Robert Lawlor, *Voices of the First Day: Awakening in the Aboriginal Dreamtime* (Rochester, Vt.: Inner Traditions, 1991), 320.

Palladio para unir simbolicamente o microcosmos da mente individual ao macrocosmos da unidade suprema.

Os teóricos da arquitetura, em sua obsessão pela semiologia, tendem a confundir símbolos e signos. Jung, todavia, escreveu que os símbolos são produzidos espontaneamente a partir do inconsciente, embora eles possam ser conscientemente elaborados mais tarde. Ele compara a cruz ansada, a *ankh*, o antigo símbolo egípcio da vida, do universo e do homem, com as insígnias das companhias aéreas, as quais ele identifica com signos conscientemente inventados, e não com símbolos.[10] De modo semelhante, podemos dizer que o famoso edifício em forma de "pato" a que Venturi se refere em *Learning from Las Vegas*, e a antena de ouro de TV sobre a Guild House, na Filadélfia, são signos, ao passo que o uso da razão Phi em uma construção é um símbolo da própria função criativa.

A *ankh*, símbolo da vida no antigo Egito.

Os símbolos usados na arquitetura são de vários tipos. Eles podem ser triviais ou profundos. Eles podem abarcar a forma do edifício inteiro, ou apenas partes selecionadas e a ornamentação. Podem até mesmo pertencer ao passado e não serem mais entendidos conscientemente nem pelos arquitetos nem pelo público. No início do século XX, e mesmo hoje, nos edifícios pós-modernos, os símbolos desenvolvidos pelos gregos e pelos romanos continuam a ser usados, não pelo seu significado inerente, que já foi esquecido, mas para refletir uma tradição anterior, mais vital.

Os meios simbólicos que afetam nosso entendimento mais profundo e agem sobre as nossas emoções mais recônditas, e ligam o homem ao cosmos, são arquetípicos. Eles não podem ser completamente esquecidos: estão sempre presentes em todas as culturas, mesmo na nossa, pois surgem da nossa herança comum, na mente inconsciente coletiva. Esses símbolos são predominantemente numéricos e geométricos.

A *ankh* é aqui mostrada em uma forma abstrata para enfatizar os elementos constitutivos do círculo e da cruz.

---

[10] C. G. Jung, *Man and His Symbols*.

O RETORNO DA
ARQUITETURA SAGRADA

Piazza d'Italia, em New Orleans, projetada por Charles Moore. O edifício, ou melhor, o pavilhão, é um pastiche pitoresco e inteligente de formas renascentistas e romanas, cujo significado há muito se perdeu. (Fotografia reproduzida por cortesia da Piazza d'Italia.)

As razões e proporções, os números e os diagramas da geometria sagrada são portanto símbolos arquetípicos. Eles são considerados por aqueles que aceitam a doutrina mística do antropocosmos como metáforas de um conhecimento a priori da estrutura do universo. Esse conhecimento surge em consequência da identidade do homem com o cosmos. Robert Lawlor escreve:

> Nosso cérebro e nosso corpo moldam necessariamente todas as nossas percepções e são eles mesmos moldados pelas mesmas energias visíveis e invisíveis que moldaram cada coisa percebida. Corpo, Mente e Universo devem formar uma identidade paralela, formativa.[11]

As mesmas proporções numéricas e geométricas que são as leis da criação são por isso visíveis em nosso próprio corpo. Essa correspondência notável fascinou os artistas da Renascença. As célebres figuras desenhadas por Leonardo da Vinci e Albrecht Dürer mostram o corpo humano, com os membros estendidos, encerrado dentro de um círculo. Os órgãos genitais dividem o corpo ao meio;

Essas dimensões foram confirmadas por exaustivos estudos biométricos das medidas médias do corpo humano. Descobriu-se que no nascimento o umbigo divide a criança exatamente ao meio, e à medida que o processo de amadurecimento continua, o umbigo se desloca até o ponto da divisão phi e os órgãos genitais dividem o corpo ao meio.

---

[11] Robert Lawlor, *Sacred Geometry*, p. 92.

O ARQUITETO E
O COSMOS

o umbigo o divide segundo a razão um sobre Phi. Dürer também desenhou a figura, vista de frente e de lado, de um homem em marcha no qual o corpo é inteiramente dividido de acordo com a divisão da unidade nas proporções harmônicas, geométricas e aritméticas. A série de Fibonacci pode ser reconhecida nos comprimentos consecutivos dos ossos do braço e da mão do homem.

Mas os símbolos, sejam eles matemáticos ou de outro tipo, não devem ser considerados como se eles existissem isoladamente. Tomados em conjunto, eles podem constituir uma linguagem: uma "linguagem do coração", para usar uma frase de Schwaller de Lubicz, que identificou a existência dessa linguagem nos antigos templos egípcios. Neles, os hieróglifos, os entalhes ritualísticos, e a geometria do espaço e do número se combinam para conduzir a mente a uma percepção espiritual mais elevada. No Egito, havia o que poderíamos chamar de uma "ciência do símbolo".

Os hieróglifos eram um elemento-chave dessa ciência. De acordo com Schwaller, eles constituem uma linguagem sagrada, o significado interior daquilo que só podia ser representado e não proferido. Essa linguagem se encontrava separada e dissociada da fala, representada pela escrita demótica. Os hieróglifos eram usados pelos sacerdotes e eram entalhados em monumentos importantes para expressar um encadeamento complexo de ideias simbólicas associativas.

Nós, é claro, não temos uma linguagem sagrada como essa. Todos os meios simbólicos disponíveis aos arquitetos estão agora severamente limitados. Venturi se refere aos edifícios como "abrigos decorados". Porém, mesmo que aceitemos sua definição limitada e depreciativa, com o que deveríamos então decorar esses abrigos? A arquitetura científica de meados do século XX depreciou cruelmente tudo o que restou da simbologia do passado. Os pós-modernos querem substituí-la por uma mescla de empréstimos arbitrários de uma linguagem simbólica não mais compreensível, e pelos signos e insígnias da nossa

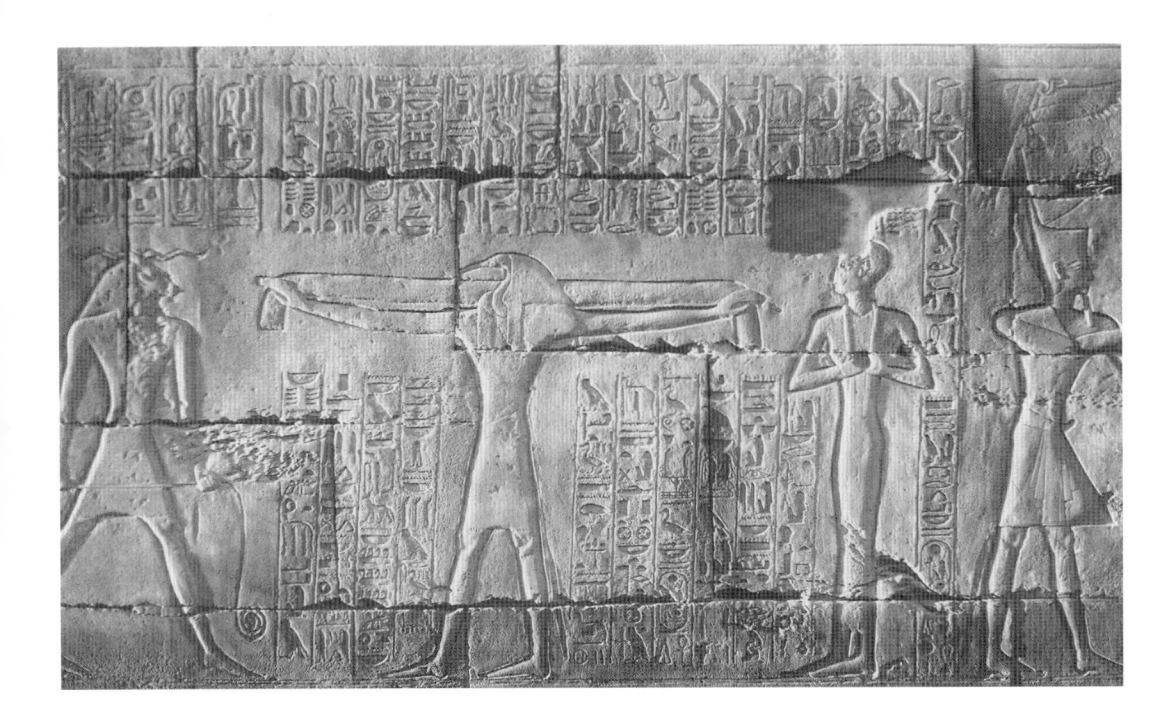

Thot, Mestre do Templo de Net. Relevo em uma parede do Templo de Karnak, no Egito. Schwaller de Lubicz escreveu: "(...) para penetrar o pensamento dos antigos dependemos mais da arquitetura e da geometria que lhe serve de guia do que de textos descritivos. São os gestos que falam e revelam."[12] (Fotografia reproduzida por cortesia da Inner Traditions International, Rochester, Vermont.)

cultura comercial. Isso é admitir o fracasso e abdicar de nossas responsabilidades.

Em vez disso, precisamos buscar o enriquecimento do vocabulário arquitetônico com uma simbologia reconstituída, baseada na nossa percepção intuitiva dos arquétipos significativos. Embora possamos ser guiados por minuciosos estudos do passado, como aqueles empreendidos por Schwaller de Lubicz em Luxor e John James em Chartres, uma reunião de símbolos associativos pode ser difícil de ser constituída.[13] O perigo é que as formas idiossincráticas extraídas do inconsciente pessoal dos arquitetos venham a substituir as imagens intemporais do inconsciente coletivo. A magia da arquitetura pode ser mais bem manipulada por meio do poder dos símbolos que podem ser

[12] R. A. Schwaller de Lubicz, *The Temple of Man*, vol. 2, pp. 796-97. Ilustração, vol. 2, prancha 60.

[13] John James, *The Master Masons of Chartres* (Leura: Austrália, West Grinstead Publishing, 1990).

O ARQUITETO E
O COSMOS

compreendidos tanto de modo consciente como subliminar por qualquer pessoa em qualquer época.

Felizmente, temos disponível para o nosso estudo e uso a simbologia dos números. Schwaller de Lubicz escreveu: "Há um impulso único, original e constante, e o número nos revela seus modos por meio das variedades que compõem a natureza. O número é, portanto, a palavra essencial – mas também a última – para explicar o Universo."[14] E acrescenta: "O caráter funcional dos números não é relativo nem acidental, é cósmico, a revelação consciente do nosso conhecimento inato."[15]

A simbologia esotérica do número é revelada por meio da antiga ciência da geometria sagrada, que é comum a todos os povos e a todas as culturas e era há muito tempo compreendida como a ligação do homem com o cosmos. Por meio do estudo e da compreensão da ciência sagrada da simbologia matemática, os arquitetos podem organizar a estrutura de um edifício, de um jardim ou de uma paisagem de um modo verdadeiramente mágico, e levarão a mente à compreensão de uma verdade superior.

Nossa ciência é uma ciência de objetos. A fonte da vida, o mistério do ser, é inacessível à nossa ciência. A nova ciência, assim como a antiga, compreenderá a significação do mito e do símbolo. Schwaller escreveu:

> Nós temos, portanto, o símbolo e a função como elementos para fazer previsões sobre as coisas e como uma escrita descritiva. O "entendimento" pertencerá necessariamente ao domínio de um novo estado de consciência que ultrapassa o estado tridimensional.
>
> Agora, o objeto dessa ciência é positivo e o poder de sua aplicação é mágico, no sentido de que as causas não são mais particulares, mas cósmicas, e o fenômeno está

---

[14] R. A Schwaller de Lubicz, *The Temple of Man*, vol. 1, p. 81.
[15] *Ibid.*, p. 83.

São Tiago, o Maior, visto do portal sul, na entrada central da Catedral de Chartres. O escultor anônimo medieval dessa obra magnífica não se importava com a fama pessoal. Ele trabalhava em qualquer coisa, de acordo com a necessidade de cada dia: estátuas, moldes e até mesmo paredes lisas. Quando confrontado com um desafio como esse, serenamente se valeu da inspiração que ele acreditava, com devoção, fluir de Deus.

sujeito a um conhecimento das condições cósmicas, nem mais nem menos do que a semeadura de um jardim. Nesse sentido, a ciência é conhecimento.[16]

Os parâmetros da inspiração

A visão antropocósmica implica que um artista ou arquiteto inspirado se torna o canal por cujo intermédio as percepções reveladoras acumuladas do inconsciente coletivo encontram expressão. Essa ideia é diametralmente oposta ao culto pós-renascentista do indivíduo, que continua a moldar a imaginação dos arquitetos, de seus clientes e de seus críticos na sociedade contemporânea. Hoje, espera-se desses arquitetos, considerados líderes da profissão, que encontrem a fonte de sua criatividade dentro do seu eu individual. Uma das consequências dessa expectativa é a aceitação sem crítica de um egoísmo que já se compro-

[16] *Ibid.*, p. 84.

vou ser profundamente destrutivo para a beleza das nossas construções e do nosso meio ambiente.

Autoexpressão é, ao mesmo tempo, a palavra-chave e o ideal sustentado como o espelho para a emulação. Qualquer lixo é aceitável se for encarado como uma expressão autêntica do "eu", ou seja, do ego consciente individual. Não me refiro aqui ao verdadeiro eu, que mesmo segundo o jargão freudiano contém o "superego". O verdadeiro eu representa um aspecto da alma.

Hoje em dia, somos cuidadosos quanto à outra palavra-chave, *inspirado*, que reflete uma qualidade que outrora esperávamos de nossa arquitetura. A palavra *inspirado* se refere ao espírito, e, portanto, ao espiritual. Ela é derivada do latim *spiritus*, que significa "o princípio vital, especialmente no homem, originalmente considerado como um vapor que anima, insuflado pelo sopro, ou *concedido por uma divindade* [grifo meu]".[17] No contexto da compreensão antropocósmica, a inspiração na arquitetura é o fluxo da forma simbólica oriunda do inconsciente coletivo e dirigido à realidade material.

O fluxo inspirado de ideias arquetípicas é moldado e composto pela mente criativa do indivíduo e por meio da qual ele é transmitido. Mozart não consegue explicar por que as ideias que lhe vêm à mente são "mozartianas", nem está preocupado se elas refletem ou não a sua personalidade. Acredito que essa sublime falta de preocupação é uma das razões para a beleza profunda de sua obra. Para Mozart, a recompensa não era a fama, ou a aclamação pública, ou mesmo o prazer de compor, mas a alegria que ele deve ter sentido quando a verdade e a beleza recebidas por ele como uma inspiração emergia na percepção consciente.

Para os arquitetos, a alegria da criação é encontrada no fluxo de padrões geométricos à medida que ele surge na prancheta de desenho, e mais tarde quando as formas se tornam evidentes no volume, no espaço e nos ornamen-

Cabeça de Buda esculpida em diorito. Vi essa escultura num mercado de pulgas em Zurique e me senti impelido a comprá-la. Com frequência, eu paro para admirá-la e meditar diante dela, fascinado pela interação das formas geométricas. Em tais ocasiões, sinto a presença do seu criador e percebo a inspiração espiritual que ele alcançou nessa obra.

---

[17] *Webster's New World Dictionary of the American Language*, p. 438.

tos. O objetivo final é a própria obra e não qualquer esperança de fama. Schwaller de Lubicz escreveu:

> Para o homem ocidental, tornou-se muito difícil discernir o verdadeiro do falso. E por isso ele agrega todo valor ao produto do seu trabalho, que, no entanto, não contribui em absolutamente nada para a sua realidade, ou seja, para a expansão da sua consciência, o objetivo da sua existência. Ele se esqueceu de que é apenas o amor que ele investe em seu trabalho, apenas a busca por viver em unidade com a vida do material que ele modela, que pode expandir a sua humanidade.[18]

Submeter-se à disciplina da verdade matemática, incorporar as imagens simbólicas que emergem do inconsciente coletivo é expandir o nosso ser.

E, no entanto, mesmo os sistemas matemático e geométrico sobre os quais devemos fundar a arte simbólica e a arquitetura do futuro estão sujeitos a serem modificados pelo senso intuitivo. Eles não devem, de modo algum, serem pensados como fórmulas, mas antes como o arcabouço de cujo interior a qual a criação artística deve se originar. Essas modificações podem até mesmo ser desarmonias deliberadas, ou o que John Anthony West chamou de "inexatidões legítimas".

Tenho um amigo que é escultor de dia e baterista de um grupo de jazz à noite. Alguns anos atrás, quando ainda era um iniciante, ele teve a oportunidade de tocar com um músico renomado e respeitado. Ele teve o cuidado de manter o ritmo de modo exato, o que levou o músico à exasperação. O ritmo, ele disse, parecia o de uma máquina, não tinha "vida", nem refletia as nuanças do fluxo emocional da linha melódica. "Você tem de acelerar e desacelerar, cara! Você precisa sentir o modo como o ritmo quer se manifestar!" As mudanças requeridas eram pra-

---

[18] R. A Schwaller de Lubicz, *The Temple of Man.*

ticamente imperceptíveis, mas fundamentais para o fluxo das ideias musicais.

Em minha casa tenho exposta uma antiga cabeça chinesa de Buda. Com frequência, paro para contemplar a tranquilidade e o poder que emana dessa obra, e estudar os padrões matemáticos subjacentes à sua forma. No âmbito de sua geometria global, há distorções sutis na simetria: o lado direito da cabeça é distintamente maior do que o esquerdo, a saliência do topo da cabeça é inclinada para trás a fim de compensar essa irregularidade, e o plano facial e frontal esquerdo é maior do que o direito. A organização geométrica é tão poderosa que é capaz de absorver essas irregularidades deliberadas na estrutura geral, e conferir à peça uma força tremenda ao jogar com a serena geometria das formas ovais e triangulares que se interseccionam.

Quando Mozart escreveu sua música, a estrutura matemática usada por ele já estava lá. Os padrões de vibração do som respondem a leis matemáticas, mas mesmo essas leis foram aperfeiçoadas pelos seus predecessores. O sistema de notação musical no qual ele escreveu era o "temperado", que fora ligeiramente ajustado, mas de modo imperceptível, para tornar possível as harmonias complexas e as composições polifônicas que são a glória da música ocidental. E, no entanto, mesmo dentro dessa estrutura e desse sistema, que efeitos maravilhosos ele alcançou! As notas e intervalos não eram considerados como limitações – em vez disso, eram libertadores. Dentro da estrutura matemática que ele herdou, sua imaginação estava livre para passear à vontade.

Nos *Quattro Libri*, os Quatro Livros sobre arquitetura escritos por Andrea Palladio, ele expôs o seu método para a determinação das proporções dos aposentos. Mas, como seria de se esperar, seus sucessores rapidamente converteram o seu sistema em fórmulas, e a interação mágica, não apenas da geometria e do número, mas também das

O poeta William Blake fez uma distinção entre harmonia e melodia. A harmonia é diretamente acessível aos sentidos, pois é uma expressão do número e da geometria. As leis da harmonia precisam ser observadas, mas dentro de qualquer sistema harmônico as possibilidades imaginativas de combinação e recombinação são infinitas. A melodia, pensava Blake, é puro significado, pura imaginação, embora não tenha significado se considerada matemática e fisiologicamente. Blake escreveu que os próprios Céus são apenas um instrumento com o qual a música da Imaginação é tocada.[19]

E, no entanto, é igualmente verdadeiro que as leis matemáticas atravessam como uma chama viva toda manifestação material do espírito de Deus.

---

[19] Kathleen Raine, "Blake, Yeats and Pythagoras", pp. 274-80.

A famosa Villa Rotunda, em Vicenza, Itália, projetada por Andrea Palladio. Os belíssimos quartos raramente são vistos. Palladio diz que as dimensões dos aposentos devem ser determinadas por três diferentes conjuntos de proporções. Ele nos dá exemplos de cada um, mas embora compreenda os princípios matemáticos dessas razões e proporções (brevemente descritos na p. 232), ele preferiu não revelá-las.[20]

sutis alterações naquilo que poderíamos chamar de "ritmo" se perderam.

No capítulo anterior, chamei a atenção para a necessidade de uma ciência da simbologia geométrica, que constituiria a parte essencial da estrutura, o "ritmo" em meio ao qual a criação artística e arquitetônica se originariam. Mas tal ciência não deve ser absoluta, nem deve ser governada com exatidão por fórmulas matemáticas quan-

---

[20] Rudolf Wittkower, *The Architecture of Humanism*, 4ª ed. (Londres: Academy Editions, 1973), pp. 108-09.

titativas da mesma maneira que a nossa ciência materialista é baseada em fenômenos. Ela precisa ser sensível ao fluxo sutil dos padrões no corpo humano e na mente. Essa ciência precisa ser permeável a modificações. Ela precisa se adequar exatamente ao senso intuitivo.

Ao sentido intuitivo mais profundo, "a sabedoria do coração", precisa ser concedida a autoridade para modificar até mesmo a precisão das verdades arquetípicas e geométricas em cujo interior essa sabedoria encontra expressão. Mas essas verdades precisam ser aceitas como parâmetros dentro dos quais a nossa imaginação é livre para criar.

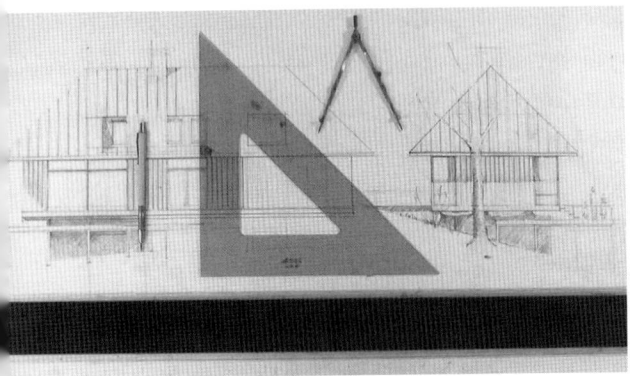

12
UMA ÉPOCA
DE TRANSIÇÃO

A prancheta de desenho de um arquiteto do final do século XX não era muito diferente do cavalete de um mestre de obras medieval. A régua T foi substituída por réguas paralelas móveis com fios e polias, compassos e lápis são feitos de metal em vez de madeira, e triângulos são feitos de plástico, mas o processo de desenhar uma planta ainda é o mesmo. Todavia, tanto os instrumentos do arquiteto como o processo de desenho mudaram drasticamente com o advento do computador.

Princípios e processos

Nos capítulos anteriores, identifiquei um grupo de princípios arquitetônicos que são tão básicos, tão intrinsecamente relacionados às necessidades da psique humana, e tão fundamentais para a organização do espaço e da forma que eles acabariam por ser reconhecidos como subjacentes a qualquer processo de criação significativo. Embora não sejam identificados nas escolas ou na literatura teórica, e se oponham ao paradigma materialista, alguns arquitetos são levados, por meio da intuição, da reflexão e do estudo, a expressar esses princípios em suas obras. Mas entre um princípio e suas expressões na forma se encontra um processo técnico, o modo pelo qual uma construção toma forma, primeiro como concepção, depois na prancheta, e finalmente como um fato visual e tátil.

Assim como o trabalho de escultura é sensível às ferramentas e ao material, da mesma maneira o trabalho de arquitetura é sensível ao processo técnico de se criar uma construção. Esse processo não envolve somente os métodos de construção, mas também o modo pelo qual o pensamento de um arquiteto se expressa e se comunica para todos os envolvidos no trabalho da construção. Hoje, como no passado, isto é feito basicamente por meio de modelos e desenhos concebidos inicialmente na mente de um arquiteto.

Tradicionalmente, o projeto arquitetônico seguiu uma série de etapas, desde o croquis feito com lápis e à mão, passando por plantas e projeções verticais preliminares feitas com a régua T e esquadros até os desenhos em escala e os desenhos de execução que serão usados no local da construção. Até poucos séculos atrás, a etapa final era a supervisão direta de uma obra pelo seu arquiteto. Foi durante a Renascença que arquitetos tornaram-se "cavalheiros" que concebiam desenhavam as plantas, mas não sujavam suas mãos com o trabalho. Esse ideal permeava as estruturas de classes da Europa para a América e para o restante do mundo, e foi reforçado pela eficiência produtiva alcançada graças à divisão de trabalho característica de uma economia industrial. Em uma grande empresa de hoje, a maioria dos arquitetos trabalha com plantas e especificações descriminadas no papel, e estão quase que completamente isolados da construção propriamente dita. Os arquitetos projetistas, em cujas mentes as construções são originalmente concebidas, se tornaram especialistas na produção das plantas preliminares. Os desenhos de execução, incluindo os executados pelos engenheiros, as especificações, as ilustrações em perspectiva feitas para a imprensa e para os clientes, e até mesmo a supervisão da construção são produzidas por outros especialistas. O projetista inicial passa então a se dedicar a outras plantas preliminares e pode nunca chegar a ver o edifício concebido por ele!

Quando as grandes catedrais da Europa medieval foram construídas, o sistema não podia ser diferente, pois o arquiteto era então o construtor e tinha controle total sobre todo o projeto. O mestre de obras da Idade Média iniciava sua carreira a partir das atividades mais básicas, e

Até mesmo durante a Alta Renascença, Palladio foi treinado como um pedreiro.

estava familiarizado com as várias tarefas dos homens que supervisionava. Quando apanhava seu lápis, havia toda uma profundidade de significado em cada linha que ele traçava. Por exemplo, uma linha que representava uma parede de pedra era entendida em toda a sua realidade técnica – o material na pedreira, a fabricação dos blocos separados com malho e cinzel, e por fim a junção de blocos e argamassa em uma massa sólida. Enquanto esboços, diagramas, plantas em papel e modelos eram então, assim como são hoje, os métodos por meio dos quais uma ideia original era plasmada em um projeto completo, o arquiteto medieval entendia, de corpo e alma, as implicações de cada linha. Esse conhecimento se perdeu e a abstração no papel tornou-se uma finalidade em si mesma. Os arquitetos estão hoje alienados e isolados com relação aos ambientes que suas abstrações definem.

Mas até mesmo a abstração em papel tornou-se ainda mais alienada em relação à criatividade direta e intuitiva da mente do arquiteto. O lápis foi o instrumento fundamental durante muito tempo, mas anteriormente era usado para produzir desenhos à mão livre. Arquitetos aprendiam a desenhar; desenhar, na verdade, era reconhecido como uma habilidade necessária ao homem instruído.

O arquiteto contemporâneo faz uso de linhas "rígidas" até mesmo para desenhos preliminares, nos quais a linha desenhada pelo lápis é direcionada e limitada por réguas que garantem uma qualidade uniforme, mas inevitavelmente restringem a imaginação. Um exemplo do efeito dessa restrição pode ser encontrado no *design* ornamental de Frank Lloyd Wright. Seus sistemas de ornamentos que lançavam mão da régua T e de esquadros foram merecidamente aclamados, mas não se comparam aos ornamentos projetados livremente por seu mentor e precursor, Louis Sullivan.

Arquitetos criativos em uma época de transição devem aprender a desenhar, mas também devem reconsiderar as propriedades dos instrumentos usados para produzir as li-

nhas "rígidas" necessárias aos desenhos de execução. Tradicionalmente, esses instrumentos foram as réguas T ou as réguas paralelas, que juntamente com esquadros são usados para estabelecer um sistema cartesiano de linhas que se cruzam formando ângulos retos. Compassos são usados para desenhar círculos, e escalas são utilizadas para determinar as dimensões no papel. Dos esquadros, apenas os de ângulos fixos de 30° e 45° são comumente usados; esquadros ajustáveis graduados em graus são usados para qualquer outra dimensão angular. Os esquadros de 45° e 30° são realmente importantes: Eles apresentam as raízes sagradas de dois e de três, e são os dois triângulos mencionados por Platão no *Timeu* como os únicos necessários para a construção dos quatro primeiros sólidos regulares.

Há, entretanto, outros esquadros cujo uso poderíamos explorar. Há o esquadro em triângulo retângulo que representa em seu lado e em sua base a razão Phi; há o quadrado duplo, o esquadro com a raiz quadrada de 5; e o esquadro com o triângulo sagrado pitagórico com os lados 3, 4, e 5. E por que os compassos são tão raramente usados, por que a maioria dos arquitetos usa, em vez

Esquerda: O vão da entrada de uma antiga casa em Oak Park, Chicago, projetada por Frank Lloyd Wright, é belo por sua graça e dignidade clássicas. *Direita*: O ornamento de Louis Sullivan está impregnado de um entusiasmo sombrio e criativo. A "melodia" inspirada — para usar as palavras de William Blake — interage dentro dos parâmetros da forma geométrica subjacente. (Carson Pirie and Scott Department Store, Chicago, construída em 1904.)

Talvez Wright tenha sido influenciado de maneira inconsciente a usar exclusivamente os esquadros de 30° e 45° por causa dos blocos de construção com que brincou durante a infância.

Recentemente, arquitetos distanciaram-se ainda mais da base geométrica de sua arte pelo uso de computadores e programas de computador destinados a auxiliar o processo de desenho. Um computador é um instrumento, e, como qualquer outro instrumento, influencia a forma do material sobre o qual está sendo empregada. Mas, diferentemente do lápis, dos esquadros e dos compassos simples, o computador é uma máquina complexa e poderosa, que provou ser, pelo menos para os arquitetos, uma máquina perigosa.

Meu próprio treinamento e minha experiência na arquitetura ocorreram antes de o uso de computadores para projetar edifícios tornar-se amplamente adotado. Meus comentários, portanto, baseiam-se em conversas com amigos que ainda estão na prática e em minhas impressões como um observador distante.

dele, um gabarito de círculo? O que vemos na escolha dos instrumentos é o reflexo de uma perda de interesse pela base geométrica da arte. Até mesmo Wright, que ocasionalmente deixava para trás a grade cartesiana de ângulos retos, parece ter se limitado pelo seu treinamento ao uso de dois esquadros convencionais com exclusão de outras possibilidades, como as possibilitadas pela razão Phi ou pelo triângulo pitagórico.

Um esquadro não é apenas um simples instrumento para desenhar linhas em ângulos retos; ele também representa razões e séries proporcionais significativas. Por exemplo, ter à mão um esquadro que representa a proporção Phi é ser constantemente lembrado do princípio do Phi. Usar o compasso é expressar, por meio do ato de desenhar um círculo, a natureza sagrada dessa forma essencial.

O computador representa mais uma camada de abstração e de alienação da realidade da construção efetiva. Com a difusão do uso de computadores, a capacidade criativa da mente do artista é direcionada não apenas para as plantas no papel em vez da realidade física da construção, mas também para o uso eficiente da máquina que produz essas plantas no papel. As plantas desenhadas à mão, mesmo que não tenham sido feitas à mão livre, pelo menos trazem a impressão do lápis do artista, o toque físico de sua mão, e os próprios documentos eram um produto artístico. O produto computadorizado, ao contrário, é regular e uniforme: não há toque, nem personalidade. Como uma mistura instantânea comercial de bolo, ele é palatável, mas nunca muito saboroso.

É improvável que pessoas que têm facilidade com computadores sejam bons arquitetos. Para essas pessoas, a criatividade reside no uso do computador: a manipulação da máquina substituiu a habilidade de desenhar, e um processo racional e mental substituiu uma maneira intuitiva e artística de pensar. O ponto central para essas pessoas é sua habilidade de operar o sistema.

Se for usado de maneira apropriada, o computador pode ser uma vantagem. Muitos de nós nos lembramos das horas perdidas na tarefa tediosa e demorada de produzir desenhos de execução e escrever especificações em detalhe necessárias aos documentos legais, e é nisso que hoje as plantas arquitetônicas se tornaram. Antes do computador, pequenas mudanças tinham de ser correlacionadas por meio de folhas e mais folhas de papel, um trabalho fatigante e interminável. O computador é capaz de realizar tais mudanças rápida e facilmente, e se as plantas e projeções verticais preliminares, os ornamentos e os detalhes são produzidos diretamente pela mão do arquiteto, o material resultante pode ser computadorizado sem destruir a integridade da concepção artística. Alguns arquitetos trabalham hoje dessa maneira, mas o impulso de nossa sociedade obcecada pela tecnologia está direcionado para uma dependência cada vez maior das máquinas como instrumentos básicos de criação.

Na ausência de um imperativo ético, o futuro da arquitetura moderna é o computador, e isso pode ser visto hoje nas escolas. Em uma recente visita à Penn, fiquei perplexo com a dramática mudança no ambiente de trabalho que ocorreu durante os últimos cinquenta anos. Quando eu era estudante, trabalhávamos todos juntos em uma sala grande e naturalmente iluminada, onde podíamos aprender uns com os outros. Quando retornei, encontrei a escola em um novo edifício projetado de maneira científica e desoladora, onde os estudantes trabalham com computadores em pequenas salas de aula. A ênfase da escola deixou de ser o companheirismo de iguais e a interação de ideias e tornou-se a relação entre um indivíduo e sua máquina. A mesma transformação também ocorreu rapidamente na maioria dos escritórios de arquitetura: proficiência no uso dos vários programas CAD (Computer Assisted Design, ou Planejamento Auxiliado por Computador) é hoje requisito para posições de cargo mais baixo, um fator que influencia os métodos ensinados nas escolas. E, como já

Um estúdio de *design* arquitetônico na Universidade da Pensilvânia, Filadélfia.

vimos, a graduação em uma escola de arquitetura tornou-se um requisito para a obtenção da licença tão cobiçada. O sistema assegura que os jovens arquitetos mais promissores e aspirantes fiquem presos a um método que reprime o exercício pleno de seu talento.

Os poucos arquitetos prudentes que rejeitam o computador e escolhem trabalhar ao modo antigo, usando outros para transferir seus projetos para os computadores, são geralmente mais velhos, já se estabeleceram na profissão, e receberam a formação tradicional. É cada vez mais difícil, para os que aprenderam a projetar usando o computador, trabalhar com os velhos instrumentos e, no entanto, eles devem fazê-lo se desejam realizar-se como arquitetos em uma época de transição.

O processo de criação dos que praticam a nova arquitetura será talvez diferente, de um modo sutil, do daqueles que operam dentro dos parâmetros do paradigma materialista. O desejo de definir e expressar a integridade matemática da forma levará necessariamente ao reconhecimento da importância primária da planta, e ao embasamento da planta, das projeções verticais e dos ornamentos em grupos relacionados de padrões derivados matematicamente.

A planta é uma representação bidimensional de um volume tridimensional. Ela *implica* volume e é o traçado de nosso movimento ao longo do espaço sobre o plano do piso. As projeções verticais, seções e ornamentos precisam emergir *organicamente* da planta.

Na grande arquitetura, tanto do passado como do presente, a planta rege o projeto, mas desde a descoberta da perspectiva mecânica na Renascença, há uma tendência crescente de projetar em perspectiva, enfatizando o único ponto de vista de um observador sobre a organização geométrica da planta. A tendência foi ainda mais reforçada pelo desenvolvimento da fotografia. Hoje, conhecemos edifícios principalmente por meio de fotografias selecionadas e reproduzidas em revistas e livros.

Compare essa fotografia, com sua perspectiva audaciosa e exagerada, nuvens dramáticas e o céu azul profundo com a imagem da mesma proeza arquitetônica mostrada na página 32. Um fotógrafo hábil manipulou deliberadamente a câmera para transmitir uma imagem falsa do verdadeiro edifício. (Fotografia © 1988, cortesia de *Baltimore Sun*.)

Essas imagens, em maior ou menor grau, são enganosas, assim como os desenhos em perspectiva que são produzidos para informar o arquiteto ou persuadir o cliente a prosseguir com o projeto. São enganosas porque a construção é um conjunto. Ela existe como uma realidade geométrica, definindo forma no espaço. Nunca é vivenciada a partir de uma série única ou múltipla de posições isoladas, mas sim como uma totalidade construída na mente por meio de impressões contínuas recebidas enquanto o observador atravessa o espaço. E, é claro, as imagens em perspectiva são enganosas pois refletem a habilidade de um fotógrafo ou artista em escolher um ponto de vista, a iluminação, a cor e até mesmo as nuvens no céu, em vez do mérito do próprio edifício.

Apesar de alguns arquitetos ainda terem facilidade com um lápis e possam esboçar rapidamente a aparência proposta de uma construção de qualquer posição, até mesmo esse exercício em particular pode ser perigoso: não porque iludirá o cliente, e sim porque também iludirá inevitavelmente o próprio arquiteto. Isso foi percebido por Le Corbusier, que se recusava a usar suas consideráveis habilidades gráficas para produzir algo além de esboços

O quadriculado superposto à imagem egípcia mostrado à direita é uma análise feita por R. A. Schwaller Lubicz e sua assistente Lucy Lamy da parede interior do Templo de Karnak, no Egito, mostrada na página 260. (Fotografia reproduzida por cortesia da Inner Traditions International, Rochester, Vermont.)

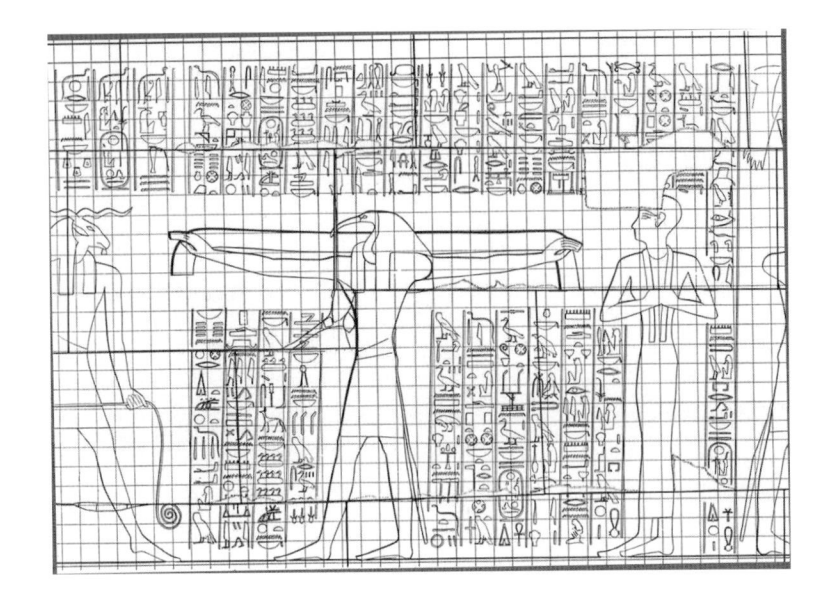

grosseiros de suas intenções. No entendimento dele, essa atividade manual não podia substituir a minuciosa e rigorosa visualização da geometria de uma forma proposta por meio do estudo da planta e das projeções verticais.

Por trás da construção da planta e das projeções verticais deve haver uma compreensão dos padrões. Padrão é a expressão dos princípios matemáticos que constituem a base do projeto. O padrão mais comum é o quadriculado, que os artistas visuais e arquitetos usam desde o tempo dos egípcios.[1]

A vantagem de se trabalhar com esse tipo de grade é que as razões de números inteiros e as proporções de números inteiros das formas ortogonais se tornam imediatamente evidentes. Mas as grades padronizadas que se usa como base nos projetos precisa ter uma complexidade muito maior. Wright, por exemplo, parece ter se apoiado muito na assim chamada grade entrelaçada.[2] Ela foi identificada por Owen Jones como a base da ornamentação

[1]   R. A. Schwaller de Lubicz, *The Temple of Man*, vol. 2, prancha 61.

[2]   Paul Laseau e James Tice, *Frank Lloyd Wright: Between Principle and Form* (Nova York: Van Nostrand Reinhold, 1992), p. 64.

islâmica.[3] O uso dessas grades estava outrora muito disse-
minado. No ano passado, pude testemunhar a construção
de uma mandala de areia por um grupo de monges budistas tibetanos. Eles começaram por traçar com o auxílio de
compassos e linhas feitas com giz o que nós chamaríamos
de uma grade entrelaçada. A mandala, que representa a
planta do templo ideal e da casa de Deus, foi então construída dentro da geometria da grade.

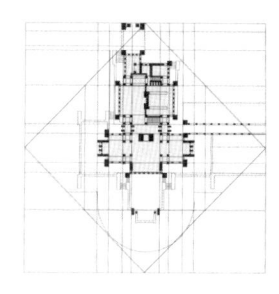

Planta da Residência Martin,
em Buffalo, Nova York,
projetada por Frank Lloyd
Wright. (Extraída de *Frank
Lloyd Wright: Principle and Form*,
de Paul Laseau e James Tice.)

A geometria do círculo e das formas circulares pode
continuar a ser traçada, no entanto, com ou sem a ajuda
de uma grade ortogonal. Keith Crichlow, que investigou as
ruínas de um grande complexo monástico em Glastonbury,
na Inglaterra, foi capaz de determinar que a *Vesica Pisces*
havia sido a forma sobre a qual o projeto se baseou. Em
The Old Way of Seeing, Jonathan Hale demonstra o uso do
círculo em vários edifícios convencionais pré-modernistas.

Como sempre, naturalmente, é o pensamento que
há por trás da forma visível, assim como os princípios do
criador, que de alguma maneira misteriosa são refletidos
na criação. Mas os próprios instrumentos tendem a impor
padrões matemáticos, e eles inevitavelmente influenciam
os arquitetos quando esses se empenham em expressar
em suas plantas a verdade intuitiva mais profunda de que
estão conscientes. Portanto, a escolha e manipulação dos
instrumentos por meio dos quais a imagem ou a visão podem ser realizadas são muito importantes.

Um arquiteto deve trazer à reflexão consciente a interação
entre a visão e os meios técnicos, do sonho inicial e intuitivo até o resultado final. O que acontece sobre a sua prancheta de desenho é o primeiro estágio de um processo longo e complexo e, à medida que o projeto segue por seus
vários estágios em direção à construção efetiva, ele torna-

---

3   Owen Jones, *The Grammar of Ornament: A Unique Collection of More
Than 2,350 Classic Patterns*, publicado pela primeira vez em 1856 (Nova
York: D. K. Publishing, 2001).

O primeiro passo na construção dessa mandala tibetana de areia consistiu em dispor um quadriculado com linhas e círculos de giz. Estes últimos foram seletivamente apagados e outros acrescentados. Não parecia que os monges trabalhavam a partir de um padrão predeterminado, mas, é claro, o tracejado de vários desses padrões poderia ser memorizado. A areia colorida era então derramada por tubos de papel. A mandala foi rapidamente construída e rapidamente destruída para demonstrar a impermanência das coisas materiais. (Fotografia reproduzida por cortesia da Inner Traditions International de *Navajo and Tibetan Sacred Wisdom*, por Peter Gold.)

se cada vez mais sujeito às forças sociais que representam a orientação da sociedade. O impacto dessas forças, e a maneira pela qual elas podem ser solucionadas em uma época de transição, é o tema do próximo capítulo.

O arquiteto e a sociedade

Um arquiteto que quer ser um artista criativo precisa rejeitar a abordagem atual, fatal e corporativa de construir o ambiente humano, e deve procurar suas oportunidades em outros lugares. Os arquitetos corporativos de hoje produzem conjuntos elaborados de plantas computadorizadas e especificações que indicam da maneira mais completa cada detalhe do trabalho. Esses conjuntos constituem um documento legal que define as responsabilidades do arquiteto, do construtor e do proprietário, e o arquiteto que trabalha de acordo com esse sistema passou a aceitar uma posição entre o proprietário e o construtor. Ele representa o interesse do proprietário *versus* o do construtor, e em nossa sociedade propensa ao litígio, arquitetos tendem a concentrar sua atenção na produção de um documento legal e não na criação de uma obra de arte.

Além disso, no mundo corporativo, assim como na sociedade em geral, "tempo é dinheiro", e até mesmo a produção de arte é governada por princípios de eficiência produtiva. Mas a arte está além do tempo. Alguns artistas trabalham rapidamente; outros são lentos. A prática arquitetônica corporativa, no entanto, está sob constante pressão do tempo para completar o projeto atual e seguir para o próximo. Certamente, ninguém deve perder tempo e há limitações de tempo legais, mas o processo criativo não deve nem pode ser agendado. E no interesse da eficiência produtiva, até mesmo o próprio processo de criação arquitetônico está agora funcionalmente fragmentado. Um arquiteto está geralmente confinado à sua área de especialização, e não tem consciência das etapas de criação, do esboço às plantas arquitetônicas, mesmo dentro do escritório.

O sistema existente está desesperançadamente distorcido, e se os arquitetos desejam satisfazer os seus sonhos, eles precisam ser diretamente responsáveis pela

Caminhei pelo labirinto da Catedral de Chartres seguindo as sinuosidades e as curvas, evitando os bancos de madeira que bloqueavam o caminho. Não há becos sem saída: para alcançar o centro é necessário apenas manter-se fiel e obstinadamente no caminho delineado pelas pedras do piso. (Fotografia reproduzida por cortesia de Wikimedia Commons, por licença de GNUFDL.)

construção dos edifícios que projetam e tornar-se construtores no sentido antigo da palavra. As equipes de criação e construção, como são chamadas, seguem a ideia certa, mas ainda assim são chefiados por pessoas ligadas ao atual sistema de instrução arquitetônica. Infelizmente, há mais a ser desaprendido do que aprendido pelos que passam pelas escolas de arte como elas estão constituídas atualmente. Aqueles que aspiram à prática da arquitetura no sentido de sua significação antiga descobrirão que um currículo em artes liberais, combinado com o aprendizado de um construtor, juntamente com a experiência prática, obtida no trabalho diário, e um programa intensivo de autoinstrução é o melhor modo de adquirir as habilidades e a compreensão necessárias.

Aqueles de nós que passaram pelas escolas de arquitetura e tentaram seguir uma carreira convencional, mas ficaram frustrados pelas suposições que estão por trás da nossa cultura materialista têm um problema diferente. Podemos entender que o materialismo é fundamentalmente hostil à criação da grande arte, e querer criar a partir de uma posição ideológica e moral diferente, mas estamos presos à posição delegada à arquitetura na sociedade materialista. Para a maioria de nós, é tarde demais para começar novamente. Precisamos funcionar dentro de uma prática mais ou menos convencional, e fazer o melhor que pudermos.

Um artista que passa fome em um sótão pode continuar a procurar sua arte, mesmo que seja até o inoportuno fim de sua existência, mas os arquitetos, para criarem, precisam de clientes que mobilizem as forças sociais necessárias para concretizarem seus projetos. Aqueles que tomam o outro caminho precisam se esforçar ainda mais que os arquitetos convencionais para encontrar clientes que compreendam o significado e o propósito mais profundos das formas e imagens delineadas em suas pranchetas de desenho. Isso já deixou de ser uma tarefa quase impossível. O desespero que uma vez afetou apenas as almas mais sensíveis, agora já afetou muitos, e, como

Escritórios de construção e arquitetura contratam pessoas para projetar e construir determinado edifício. Diferentemente das grandes firmas corporativas dominadas por construtores ou engenheiros, que contratam arquitetos como membros subordinados de suas equipes, as pessoas encarregadas são reconhecidas como arquitetos, estando ou não licenciados ou formalmente treinados.

Os requisitos para obter uma licença são selecionados de maneira a obrigar os arquitetos aspirantes a passar pelas escolas. Constituem uma barreira formidável, porém não intransponível, que pode ser evitada, especialmente para aqueles arquitetos focados na construção de residências e outras construções menores.

resultado, ideias relacionadas ao propósito da vida e à função da arte, anteriormente desdenhadas, recebem agora uma consideração mais séria. Os clientes em potencial estão dispostos a ouvir; o problema passa então a ser *como* transmitir a visão essencial.

Uma das principais dificuldades é a devoção unilateral de nossa cultura aos modos discursivos de comunicação. Pintura, escultura, música e arquitetura não são discursivas: isto é, comunicam-se por vias diferentes daquelas expressas pela linguagem. Precisamos, portanto, traduzir nossos conceitos visuais em palavras antes que eles possam tornar-se amplamente influentes. Isso é difícil, mas necessário, e mesmo para aqueles cujo treinamento, aptidão e compromisso seguem por outras direções, e para o caso dos conceitos simbólicos mais profundos, pode não ser possível. Certamente tomaria tempo, dedicação e persistência, e nesse meio-tempo, até que a nova visão seja aceita de maneira mais ampla, o que um arquiteto deveria fazer? Sem o apoio de clientes instruídos e bem informados, como um arquiteto pode construir com um padrão superior que não é reconhecido como tal pelo mundo?

Aqueles que seguem pelo outro caminho devem ter em mente que "grande" não significa necessariamente melhor; na verdade, é geralmente feio. Em geral, "o pequeno é belo", um ditado de E. F. Schumacher, e o título de um de seus livros mais famosos.[4] Precisamos começar com coisas menores, não somente porque os clientes das corporações de nossa época são em sua maioria inacessíveis àqueles entre nós que rejeitam o sistema atual, mas também porque o tamanho e a escala de muitos dos edifícios que hoje construímos são inapropriados ao "uso humano por seres humanos".

Comecemos então pelas construções menores – residências, escritórios e lojas, e até anexos e reformas. Essas são ignoradas pelas grandes firmas comerciais por não

---

[4] E. F. Schumacher, *Small Is Beautiful* (Nova York: HarperCollins, 1975).

serem lucrativas e então fornecem uma brecha graças à qual um arquiteto dedicado pode criar edifícios que enriquecerão em vez de degradar a Terra.

E, afinal, não é isso o que realmente buscamos? A fama na arquitetura e as imagens de nossos edifícios em revistas podem outrora ter conferido um certo valor, mas essa moeda tornou-se tão desvalorizada que perdeu o significado. A maior parte de nós entrou na profissão porque queria criar coisas belas, não apenas para nós mesmos, mas também para nossos semelhantes. Em uma sociedade que não valoriza a beleza exceto quando ela interfere no rendimento, tal objetivo é difícil, mas não impossível de se alcançar.

Uma das passagens mais comoventes no Sermão da Montanha é quando Cristo declara:

Pedi, e se vos dará;
Buscai, e achareis;
Batei, e vos será aberto:
Porque todo aquele que pede, recebe;
E quem busca, acha;
E para quem bate, abrir-se-á.[5]

Com base em minha experiência pessoal, posso atestar a verdade simples e literal desse ensinamento. Há uma força no universo que ressoa em nossa percepção individual e deseja que cresçamos em direção a uma compreensão mais profunda de si mesma. Pode ser o que chamamos de Deus; pode ser expressa por meio de uma forma menor de um ser superior, não corpóreo; pode ser que haja alguma organização misteriosa da realidade que opera para assegurar que nossas necessidades mais profundas sejam satisfeitas. Pode até ser que nós mesmos interajamos em um nível desconhecido e inconsciente do ser com o cosmos para avançar em nossa compreensão.

---

[5] Mateus 7:7-8.

A pirâmide de vidro projetada por I. M. Pei para a entrada do Louvre pode representar o fim de uma tradição e o início de outra: o fim do Modernismo e início de uma nova tradição arquitetônica fundada em uma fusão das necessidades arquetípicas da psique humana com a disciplina esotérica da matemática sagrada. Pei descreveu sua busca pela forma correta como um processo intuitivo de comparação de alternativas, enquanto a grande pirâmide de Gizé foi obviamente projetada com conhecimento total sobre o complexo de princípios matemáticos incorporados em sua estrutura. Prevejo uma arquitetura do futuro que combinará o brilho técnico do empreendimento de Pei com a consciência "científica" da importância dos princípios geométricos sagrados que estão subjacentes às formas antigas.

Quero dizer que é na natureza antropocósmica do universo, a natureza da realidade espiritual divina, que, se buscarmos com um espírito de amor desinteressado, encontraremos um caminho em que aquilo que buscamos se tornará disponível para nós. Para aqueles que são fiéis à visão de uma nova arquitetura que lhes foi concedida, se abrirá um caminho pelo qual eles poderão compreender suas visões e satisfazer suas vidas.

A nova arquitetura

A tentativa de explicar o cosmos como uma máquina gigantesca e a nossa existência como um acidente forjou uma mudança radical em nossa concepção da natureza da realidade. Teve como consequência um rompimento decisivo com os sistemas religiosos e místicos do passado, e despedaçou a crença na existência de um propósito na arte e na vida. A expressão artística desse paradigma materialista dominante em nossa época culminou na arquitetura científica do século XX. De modo semelhante, o aparecimento de um novo paradigma que reconheceria a importância transcendental do espírito causará outra mudança dramática no caráter dos edifícios que nós, como uma sociedade, escolheremos construir.

Argumentei que se os arquitetos quiserem construir de maneira bem-sucedida, tanto agora como na próxima nova era, eles precisam negar o paradigma materialista. Eles precisam reconhecer que não são apenas os herdeiros de uma tradição arquitetônica outrora grandiosa, mas também de uma tradição espiritual profunda, a "outra tradição", que remonta à origem da sociedade humana. Acredito que os que aceitam a outra tradição, juntamente com a visão mística e a reveladora percepção antropocósmica, descobrirão que é possível fundir os elementos materiais e espirituais da existência em um novo paradigma, uma nova síntese. Dessa nova síntese surgirá uma arquitetura fundamentada sobre uma diferente compreensão da natureza da psique, da ordem do cosmos e do lugar que ocupamos dentro do supremo mistério da existência.

É possível visualizar a forma material de uma nova arquitetura? Podemos prever como os edifícios do futuro serão diferentes dos do presente? Profecia sempre é algo difícil, uma vez que as esperanças e os desejos do profeta estão indissoluvelmente ligados à natureza de sua visão. No entanto, se uma grande transformação nas suposições subjacentes e que permeiam nossa sociedade ocorrer como é prevista, é possível predizer algumas das características da nova arquitetura.

Certamente, os edifícios do futuro serão mais do que meros abrigos biotecnicamente adequados que são atualmente requisitados dos nossos arquitetos. A nova arquitetura se relacionará com as exigências primordiais, arquetípicas da mente inconsciente. As imagens da caverna e da clareira, do ventre e do céu, sempre estiveram conosco. Elas são parte do tecido do nosso ser. Quando forem reconhecidas e aceitas, não somente de maneira intelectual, mas também por meio de um processo de conhecimento intuitivo, os arquitetos trabalharão em uma percepção de nossa resposta psicológica comum aos elementos de abrigo e de espaço. As imagens arquetípicas de nossa experiência coletiva serão então uma parte da estrutura de nossas residências e do padrão da nossa vida.

Uma arquitetura baseada sobre princípios intemporais será necessariamente simples e despretenciosa. Arquitetos que compreendem a tecnologia, não como um fim em si mesma, mas como um meio para um fim, não projetarão monumentos grotescos dedicados às realizações técnicas do século XX, tais como o Museu de Bilbao e o Sydney Opera House. Seus trabalhos também não se parecerão com artefatos alienígenas instalados em um prado, como a Residência Farnsworth e a Ville Savoy. Eles pertencerão à Terra.

Projetados com a consciência de que existem princípios morais transcendentais, os grandes edifícios do futuro, diferentemente dos do presente, não serão peças de escultura glorificadas ou a expressão egoísta de arquitetos individuais. Representarão a combinação e a recombinação artística de elementos típicos por diferentes homens e mulheres trabalhando dentro de uma mesma tradição. Esses elementos típicos incluirão as grandes áreas de vidro tornadas disponíveis graças à tecnologia contemporânea e que abrem espaços interiores ao sol, ao jardim, à piscina. Incluirão coberturas que respondem ao clima e não são sempre arbitrariamente planas: por exemplo, quando os verões forem quentes e a precipitação for alta, as coberturas poderão ser inclinadas, com projeções bem acentuadas. Incluirão o uso de pedra, tijolo e madeira como textura e como meio de expressar a natureza dos materiais

O zodíaco circular no teto do Templo de Hathor, em Dendera, no Egito, foi construído na época de César Augusto e Jesus Cristo. Nessa época, o nascer do sol no equinócio vernal estava deixando a região astrológica de Áries para entrar na de Peixes. (Fotografia reproduzida por cortesia da Inner Traditions International, Rochester, Vermont.)

que vêm diretamente da Terra. Incluirão uma orientação de acordo com o sol e os ventos, a chuva e a neve, a inclinação do solo, os padrões da paisagem e a rotação da Terra ao redor do Sol.

Essa arquitetura será necessariamente local e nativa, uma vez que responderá à combinação de fatores que variam de região para região. Não precisamos de templos gregos, palácios renascentistas, ou igrejas góticas construídas nas ruas e nos campos norte-americanos. A época deles já se foi há muito tempo. Agora, deveríamos buscar nossa inspiração a partir daqueles edifícios convencionais de nosso passado recente, que foram adaptados à terra e derivados das formas naturais que encontramos à nossa volta.

Uma nova arquitetura simbólica pode então alcançar as camadas inconscientes e míticas do ser e nos guiar para um estado de percepção espiritual mais elevada. Nós, como um povo e uma cultura, podemos mais uma vez entender a significação de um edifício como algo análogo à própria criação, e o ato de construir como um ato de devoção. E se aceitarmos que tudo na vida é sagrado, e que a Terra em si mesma é divina, será impossível abusar do nosso mundo da maneira tão imprudente e descuidada como fizemos.

À medida que renovamos nossa fé em uma existência significativa e reafirmamos nossa crença em um cosmos ordenado, nossos arquitetos certamente irão compreendendo a importância da geometria sagrada que está subjacente à nossa experiência sensorial do mundo material. A geometria e o número serão então entendidos não apenas como modos de representar quantidades, mas também como expressões simbólicas de uma realidade superior. A exploração dessa realidade superior será reconhecida como a preocupação primordial e suprema da mente humana e, à medida que continuarmos a compreender os princípios subjacentes às aparências das coisas, as negligenciadas leis da proporção e da harmonia serão revitalizadas. A importância transcendental e espiritual de nossa existência material será então expressa em um vocabulário novo e comum da forma arquitetônica.

Enquanto nossa Terra gira em torno de seu eixo, o Sol está agora deixando o signo de Peixes e começando a surgir no equinócio da primavera na constelação de Aquário. Concluímos uma das doze partes do ciclo precessional de 26 mil anos. Estamos em uma época de transição astrológica, e nos movendo em direção a uma nova era, sob um novo signo do zodíaco. No passado, essas épocas de transição estavam associadas a grandes mudanças na maneira como as sociedades funcionam e na maneira como pensamos a respeito de religião, política e arte. Nossa época é, portanto, uma época em que o materialismo do presente será freado por uma compreensão maior das complexidades incessantes da interação entre espírito e matéria. Em nossa época e na que está por vir, arquitetos passarão a desempenhar, mais uma vez, seu papel tradicional e construirão os templos da Era de Aquário.

E para aqueles de nós que não viverão para ver essa terra prometida, resta a oportunidade de conduzir tarefas menores com habilidade e dedicação. Se, dentro dos limites da nossa cultura, nós, que vislumbramos esse sonho, somos capazes de construir uma casa simples, podemos construí-la até os limites da percepção reveladora que alcançamos. Essa casa fornecerá então não somente conforto para aqueles que habitarem seu interior; ela refletirá também, magicamente, a ordem do universo e, assim, será bela e verdadeira.

BIBLIOGRAFIA

Alexander, Christopher. *The Nature of Order*. Berkeley, Calif.: Center for Environmental Structure, 2002.

Bamford, Christopher, org. *Homage to Pythagoras: Rediscovering Sacred Science*. Hudson, N.Y.: Lindisfarne Press, 1994.

Blake, Peter. *The Master Builders: Le Corbusier/Mies van der Rohe/Frank Lloyd Wright*. (Relançado com capítulos e ilustrações adicionais). Nova York: W. W. Norton & Co., 1996.

Blavatsky, H. P. *Isis Unveiled*. 1877. Reimpressão: Pasadena, Calif.: Theosophical University Press, 1988. [*Ísis sem Véu*, publicado pela Editora Pensamento, São Paulo, 1990.]

_____. *The Secret Doctrine*. 1888. Reimpressão: Wheaton, Ill.: Theosophical Publishing House, 1993. [*A Doutrina Secreta*, publicado pela Editora Pensamento, São Paulo, 1980.]

Calatrava, Santiago. *Conversations with Students: The MIT Lectures*. Nova York: Princeton Architectural Press, 2002.

Capra, Fritjof. *The Turning Point: Science, Society, and the Rising Culture*. Nova York: Bantam Books, 1983. [*O Ponto de Mutação*, publicado pela Editora Cultrix, São Paulo, 1986.]

_____. *The Tao of Physics: An Exploration of the Parallels Between Modern Physics and Eastern Mysticism*. Boston: Shambhala Publications, 1991. [*O Tao da Física*, publicado pela Editora Cultrix, São Paulo, 1985.]

Cerver, Francisco Asencio. *Houses of the World*. Barcelona: Arco Editorial, 2000.

Charpentier, Louis. *The Mysteries of Chartres Cathedral*. Traduzido por Ronald Frazer em colaboração com Janette Jackson. Orpington, Kent: R.I.L.K.O. Books, 1972.

Cook, Theodore Andrea. *The Curves of Life*. Nova York: Dover, 1979.

Critchlow, Keith. *Order in Space: A Design Source Book*. Nova York: Thames and Hudson, 1987.

De Sola-Morales, Ignasi, Christian Cirici e Ferdinand Ramos. *Mies van der Rohe Barcelona Pavilion*. Traduzido por Graham Thomson. Barcelona: Gustave Gilli, 1993.

Doczi, Gyorgy. *The Power of Limits: Proportional Harmonies in Nature, Art and Architecture*. Boston: Shambhala, 1981.

Easton, Stuart C. *Rudolf Steiner: Herald of a New Epoch*. Hudson, N.Y.: Anthroposophic Press, 1980.

Freud, Sigmund. *The Psychopathology of Everyday Life*. Traduzido e organizado por James Strachey. Nova York: W. W. Norton & Company, 1989.

Gay, Peter. *The Enlightenment: An Interpretation*. Nova York: W. W. Norton & Company, 1977.

Giedion, Siegfried. *Space, Time, and Architecture*. Boston: Cambridge Press, 1974.

Ghyka, Matila. *The Geometry of Art and Life*. Nova York: Dover, 1977.

Hale, Jonathan. *The Old Way of Seeing*. Nova York: Houghton Mifflin Co., 1994.

Harries, Karsten. *The Ethical Function of Architecture*. Cambridge, Mass.: M.I.T. Press, 1997.

Hays, Michael K., org. *Architecture Theory Since 1968*. Cambridge, Mass.: M.I.T. Press, 2000.

Herrigel, Eugen. *Zen in the Art of Archery*. Traduzido por R. F. C. Hull. Introdução de D. T. Suzuki. Nova York: Pantheon Books, 1999. [*A Arte Cavalheiresca do Arqueiro Zen*, publicado pela Editora Pensamento, São Paulo, 1993.]

Hochman, Elaine S. *Architects of Fortune*. Nova York: Random House Value Publishing, 1993.

H. R. H. the Prince of Wales. *A Vision of Britain: A Personal View of Architecture*. Londres: Doubleday, 1989.

Huntley, H. E. *The Divine Proportion: A Study in Mathematical Beauty*. Nova York: Dover, 1970.

Huxley, Aldous. *The Perennial Philosophy*. Nova York: Harper Colophon, 1970. [*A Filosofia Perene*, publicado pela Cultrix, São Paulo, 1991 – fora de catálogo.]

James, John. *The Master Masons of Chartres*. Leura, Austrália: West Grinstead Publishing, 1990.

_____. *The Traveler's Key to Medieval France*. Nova York: Knopf, 1986.

Jencks, Charles e George Baird, orgs. *Meaning in Architecture*. Nova York: George Braziller, Inc., 1989.

Jones, Owen. *The Grammar of Ornament*. Reimpressão, Nova York: D. K. Publishing, 2001.

Jung, C. G. *The Archetypes and the Collective Unconscious*. Traduzido por R. F. C. Hull. Nova York: Princeton/Bollingen, 1990.

Jung, C. G., M. L. von Franz, Joseph L. Henderson, Jolande Jacobi e Aniela Jaffe. *Man and His Symbols*. Nova York: Doubleday & Company, 1979.

Kaufmann, Edgar, org. *An American Architecture: Frank Lloyd Wright*. Nova York: Horizon Press, 1955.

Laseau, Paul e James Tice. *Frank Lloyd Wright: Between Principle and Form*. Nova York: Van Nostrand Reinhold, 1992.

Lawlor, Robert. *Sacred Geometry: Philosophy and Practice*. Londres: Thames and Hudson Ltd.; Nova York: Crossroads Publishing Company, 1982.

Lawson, Andrew J. *Cave Art*. Princes Risborough, R.U.: Shire Publications, 1991.

Leach, Neil, org. *Rethinking Architecture: A Reader in Cultural Theory*. Nova York: Routledge, 1997.

Le Blanc, Sydney. *The Architecture Traveler: A Guide to 250 Key Twentieth-Century American Buildings*. Nova York: Norton, 2000.

Le Corbusier, [Charles-Edouard Jenneret]. *The City of Tomorrow and Its Planning*. Traduzido e com uma introdução por Frederick Etchells. Nova York: Dover, 1987.

_____. *The Modulor*. Cambridge, Mass.: M.I.T. Press, 1971.

_____. *Towards a New Architecture*. Nova York: Dover, 1986.

_____. *The Radiant City*. Londres: Grossman Publishers e Faber and Faber, 1967.

Lundy, Miranda. *Sacred Geometry*. Nova York: Walker & Company, 2001.

Mann, A. T. *Sacred Architecture*. Rockport, Mass.: Element Inc., 1993.

Milton, Richard. *Shattering the Myths of Darwinism.* Rochester, Vt.: Inner Traditions, 1997.

Milton, Richard. *Alternative Science.* Rochester, Vt.: Inner Traditions, 1996.

Rand, Ayn. *The Fountainhead.* Nova York: Penguin Books, 1993.

Schneider, Michael S. *A Beginner's Guide to Constructing the Universe: The Mathematical Archetypes of Nature, Art and Science.* Nova York: Harper, 1995.

Schwaller de Lubicz, R. A. *The Temple in Man: Sacred Architecture and the Perfect Man.* Rochester, Vt.: Inner Traditions, 1977.

_____. *Sacred Science.* Rochester, Vt.: Inner Traditions, 1988.

_____. *The Temple of Man.* Traduzido por Robert e Deborah Lawlor. Rochester, Vt.: Inner Traditions, 1998.

Schulze, Franz. *Mies van der Rohe: A Critical Biography.* Chicago: University of Chicago Press, 1985.

Seaman, David, org. *Dwelling, Seeing, and Designing: Toward a Phenomenological Ecology.* Nova York: Albany, State University of New York Press, 1993.

Spaeth, David. *Mies Van der Rohe.* Prefácio de Kenneth Frampton. Nova York: Rizzoli, 1985.

Stevenson, Ian. *Twenty Cases Suggestive of Reincarnation: Second Edition Revised and Enlarged by Ian Stevenson.* Charlottesville: University of Virginia Press, 1974 (brochura, quinta impressão, 1999).

Tzonis, Alexander. *Le Corbusier: The Poetics of Machine and Metaphor.* Nova York: Universe Publishing, 2001.

Underhill, Evelyn. *The Mystic As Creative Artist.* Cópia fotográfica extraída de *The Quest,* julho de 1913. Ramona, Calif.: Mountain Wind Press, 1977.

Venturi, Robert. *Complexity and Contradiction in Architecture.* Nova York: Museum of Modern Art, 1985.

Venturi, Robert, Denise Scott Brown e Steven Izenour. *Learning from Las Vegas: The Forgotten Symbolism of Architectural Form.* Edição revista, Cambridge, Mass.: M.I.T. Press, 1997.

West, John Anthony. *Serpent in the Sky: The High Wisdom of Ancient Egypt.* [*A Serpente Cósmica: A Sabedoria Iniciática do Antigo Egito Revelada,* publicado pela Editora Pensamento, São Paulo, 2009.]

Wheaton, Ill.: Theosophical Publishing House, 1993.

_____. *The Traveler's Key to Ancient Egypt*. Wheaton, Ill.: Theosophical Publishing House, 1993.

Wilson, Colin. *The Occult: A History*. Nova York: Barnes and Noble, 1995.

_____. *The Outsider*. Nova York: G. P. Putnam's Sons, 1982.

Wittkower, Rudolph. *Architectural Principles in the Age of Humanism*. Nova York: St. Martin's Press, 1988.

Wolfe, Tom. *From Bauhaus to Our House*. Nova York: Farrar Straus Giroux, 1981.

Wright, Frank Lloyd. *The Natural House*. Nova York: Bramhall House, 1954.

_____. *When Democracy Builds*. Chicago: University of Chicago Press, 1945.